JN437104

스킨십 경제학

임 상 일 저

도서출판 두남

머리말

IMF 경제위기를 벗어난 지 불과 10년도 안 돼 미국 발 금융위기로 인해 우리나라는 물론 세계경제가 수렁에 빠져 불안한 상태에 놓여 있다. 세계가 하나의 시장으로 묶여가고 있어 과거와는 다른 양상의 경제 불안이 곳곳에서 벌어지고 있다. 이제 국가의 운명이든 개인의 운명이든 시장에서의 성패에 의해 결정되는 시대로 접어들고 있다. 따라서 시장을 잘 이해하는 국가나 개인이 보다 안정되고 풍요로운 삶을 살게 될 것이라고 확신한다.

경제학은 사회과학의 근본이 되는 학문이다. 수학, 통계학과 같은 자연과학의 힘을 빌려 논리적인 설명을 하고 있으며 역사학, 철학, 인류학, 심리학과 같은 인문학의 자양분을 뽑아와 하루하루 치열하게 삶을 살아가고 있는 인간을 잘 설명하고 있다. 때로는 치열하게 남과 싸우지만 때로는 뜨겁게 남을 위해 희생까지 하는 존재인 인간의 삶을 잘 설명할 수 있는 논리적 틀과 도구를 경제학은 잘 갖추고 있다.

철학과 수학이 학문의 계통상 최상류에 있는 학문이라고 할 때, 경제학은 상류에 있는 여러 기본학문에서 받은 지식과 분석수단을 잘 체계화하여 나름대로 탄탄한 학문으로서의 입지를 굳히고 있다. 뿐만 아니라 하류에 있는 다른 사회과학에 기초를 제공하고 있다. 이렇게 볼 때 경제학은 기초과학의 마지막 부분에 있으며 사회과학의 출발점에 있다고 본다.

그래서 저자는 경제학은 마당발 학문이며 오지랖이 넓은 학문이라고 부르고 싶다. 이런 현상을 '경제학 제국주의'라고 비판하는 있는 학자들도 있지만 경제학 원리와 분석방법은 경영학, 무역학, 법학, 사회학, 정치학 등 사회과학에 널리 응용되고 있다. 경제학에 영향을 미치는 학문이 많고 기본적인 학문이기 때문에 경제학을 공부하려면 배워야 할 학문도 많다. 수학, 통계학, 철학, 사학, 심리학 등을 배워야 한다. 모래시계에서 중간 목부분에 해당하는 학문이라고 비유할 수 있을 것 같다.

경제가 갖는 현실성은 사람들로 하여금 경제 원리를 배우게 하는 쪽으로 이끌지만 경제학이 갖는 과학성은 누구나 쉽게 배울 수 없게 하고 있다. 배우고 알고는 싶은데 경제학 책을 보면 어렵고 딱딱해서 오히려 멀리 하게 되는 것이 현실이다. 이런 부조화를 타개하기 위해 요즈음 교과서에는 이론뿐만 아니라 현실에서 볼 수 있는 적절한 사례를 보여주고 있어, 이론과 현실이 조화되는 모습을 쉽게 볼 수 있는 것은 아주 바람직한 일이라고 평가할 수 있겠다. 또 일상생활에서 흔히 볼 수 있는 일을 경제학 원리로 설명하는 우수한 단행본도 상당히 많다.

이렇게 일상생활에 친근한 소재와 경제학 원리를 연결하는 많은 책이 있음에도 불구하고 저자는 보다 더 피부에 와 닿는 장삼이사(張三李四)들의 이야기를 대상으로 하였다. 그래서 『*스킨십 경제학*』이라고 제목을 붙였다. 점심식사 여부와 메뉴를 고민하는 직장인, 전도를 위해 지하철에서 전단지를 나누어 주고 있는 교인, 명절 때 진지하게 속칭 고스톱을 치는 친인척, PC방에서 담배 한 까치를 나누어 피우면서 우정을 나누는 젊은이들의 이야기를 쓰고 있다. 보통 사람들이 무심결에 한 생각과 행동이 경제 원리로 설명된다는 사실을 보여 주고 싶은 심정에 이 책을 쓰게 되었다. 한 걸음 더 나아가 이런 원리를 적극적으로 실생활에 활용함으로써 보다 안정적이고 풍요로운 삶을 살기를 기대하고 있다.

이 책에서 저자는 일반적으로 시장은 경제활동을 조직하는 좋은 수단임에 틀림없지만 한계 역시 무시할 수 없음을 보여 주고자 노력하였다. 시장의 중요성과 한계를 정확히 인식하고 적절히 대처할 수 있는 능력을 가진 경제주체만이 풍요로운 삶을 누릴 수 있음을 보여주려고 하였다.

이 책은 4부로 구성되어 있는데, 1부에서는 우리 생활에 깊게 침투해 있는 시장경제의 양상을 소개한 후, 시장경제체제의 장점과 단점을 설명하였다. 2부에서는 주로 소비자의 경제원리를 3부에서는 기업의 경영원리를 중심으로 설명하였다. 4부에서는 시장에서 성공하기 위해 강조하고 싶은 몇 가지 원칙과 예를 보여주고자 한다.

저자는 그 동안 『*경제학으로 엿본 스포츠 현장이야기*』, 『*실감나는 스포츠 @ 살아있는 경제학*』, 『*너 경제 아니*』, 『*통계학은 성공의 나침반이다*』 등 책을 출간하였다. 제목에서 알 수 있듯이 독자들로 하여금 경제학과 통계학의 원리를 일상생활과 접목시켜 쉽게 공부하고 응용할 수 있도록 만들어진 책들이다. 이 책도 같은 취지로 쓴 책이기 때문에 가급적 중복을 피하려고 노력하였으나 기존의 저서 내용과 중복되는 부분도 없지 않다. 책의 완성도를 높이기 위해 피할 수 없는 일이었고 독자들이 양해하기를 바란다.

비록 보잘 것 없는 책이지만 저자는 개인의 성공이나 국가의 번영을 위해 아래 세 가지의 메시지를 꼭 전하고 싶다.

"시장은 대단한 능력을 가지고 있지만 전지전능하지는 않다."

"시장의 장단점을 잘 파악하고 경제원리를 잘 실천하는 사람이 성공할 확률이 높다"

"시장에서 성공하는 사람이 영웅이 되는 시대다"

여기에 더 하여 경제학에 대한 바른 이해를 꼭 남기고 싶다.

"경제학은 개인의 부가 아닌 사회의 부를 위해 고민하는 학문이다."
"경제학은 마당발에 오지랖이 넓은 학문이다. 모래시계의 중간 목이다."
"경제학은 보통사람의 생각과 행동을 잘 설명해 주는 학문이다."

이 보잘 것 없는 책이 나오기까지 여러 분들의 도움을 많이 받았다. 저자를 경제학의 길로 이끌어 주신 이학용 교수님과 곽상경 교수님을 비롯한 은사님 모두에게 감사를 드린다. 특히 저자의 학창시절 일상의 일과 경제학 원리를 잘 연결시켜 주셔서 저자에게 경제학의 매력을 보여주셨던 고 서상철 교수님(아웅산 폭파사고 때 유명을 달리하신)의 영전에도 감사의 글을 올린다. 저자가 재직하고 있는 대전대학교 경제학과 동료 교수님, 특히 서종덕 교수님께서 언제나 그랬듯이 초고에서부터 탈고 때까지 꼼꼼히 읽어 주고 지적해 준 것에 감사를 드린다. 또 도서출판 두남의 전두표 사장님, 이승구 상무님, 그리고 수고해 준 편집자에게도 감사의 글을 올린다.

책을 쓰는 동안 자식으로서, 남편으로서, 부모로서 못한 일을 이해해 주시고, 어떤 때는 저자 몫까지 해준 사랑하는 부모님과 아내, 혜진, 찬혁에게도 감사의 글을 올린다.

2010년 8월 1일
저자 임 상 일

차례

제 1 부 시장경제체제와 스킨십

제 2 부 시장경제원리와 스킨십

제 3 부 기업경영원리와 스킨십

제 4 부 시장에서 성공하기

제 1 부

시장경제체제와 스킨십

101

‘요람에서 무덤으로’+‘시장에서 시장으로’

✎ 인간의 삶에 대한 또 하나의 표현
✎ 시장의 보편화

시대에 따라 인생을 함축적으로 나타내는 말이 여러 가지로 표현되는 것 같다. 옛날부터 쓰여 오던 ‘어머니 뱃속에서 왔다가 북망산(北邙山)으로 간다’는 표현에 더하여 복지국가를 지향하면서부터는 ‘요람(搖籃)에서 무덤까지’라고 한 표현도 많은 사람의 동의를 얻고 있다.[1)]

저자는 감히 위 두 표현에 21세기 자본주의 사회를 살고 있는 현대인의 인생은 ‘시장에서 왔다가 시장으로 가는 것’이라고 표현을 더하고 싶다. 현대인은 태어나기 이전부터는 물론 죽어서까지도 시장의 테두리를 결코 벗어날 수 없으며, 앞으로 인간의 시장에 대한 의존도는 더 커질 것이기 분명하기 때문이다. 놀라운 속도로 우리 일상

---

1) ‘요람(搖籃)에서 무덤까지’라는 표현은 1942년 영국 베버리지 보고서(Beveridge Report)에서 처음 사용된 개념으로서 사회보장제도의 개선과 완전고용을 실현하려는 복지국가의 의지를 담고 있다.

생활이 시장에 포섭되어 있음에 당혹함을 느낄 때도 없지 않다.

하루가 다르게 크고 있는 김치 시장

김장 김치의 예를 들어 보기로 하자. 과거에는 사먹는 김치를 상상도 못하였고 특히 김장 김치는 반드시 집에서 직접 담그어야 하는 가장 중요한 음식이었다. 김장때가 되면 온 동네 아낙들이 모여 잔치 분위기에서 김장을 담그었고 끝날 쯤에 학교에서 온 저자에게 김치 겉절이를 주시던 어머니의 고춧가루 묻은 손이 생각난다.

과거에도 김장을 담글 때 시장거래가 아주 없었던 것은 아니지만 가정에서 배추, 고추, 마늘 등 중요한 재료 대부분을 시장에서 구입하여 손수 담그었던 것이다. 일반 가정이 100% 자급자족은 아니더라도 일시적으로 가내(家內) 생산기업 노릇을 한 셈이다(자가생산). 자동차로 말하면 부품시장은 활성화되어 있는 가운데 가정집이 바로 조립 완성차 공장이었던 것이다.

그러나 요즈음은 핵가족화, 여성의 사회 참여 확대, 고급 인력화 등의 요인으로 인해 김장을 손수 담그는 가정이 크게 줄었다. 따라서 주부들이 김치를 담글 수 있는 능력이 크게 감소하였다는 사실을 간파한 김치 생산자들이 대규모 생산체제를 갖추면서 '완성 김치시장'이 형성된 것이다.

김장철이 되면 주부는 고민에 빠지게 되는데 대개의 경우 재료를 사서 손수 담그던가(자가생산) 시장에서 완성된 김치를 사오던가(시장구입) 둘 중의 하나를 선택하게 된다.[2] 완성 김치시장이 활성화되

2) 엄밀하게 분류하면 자가생산과 시장구입 이외에 친정어머니 혹은 시어머니

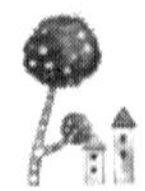

지 않았을 때는 대안이 없기 때문에 손수 담그는 쪽을 선택하지 않을 수 없었으나 완성 김치시장이 잘 형성되어 있는 요즈음에는 비용과 시간 등을 고려하여 김치를 사오는 쪽이 경제적이라는 판단이 들면 돈을 주고 시장에서 사오는 쪽을 택하게 된다.

다시는 볼 수 없는 엄마의 도시락

이번에는 학교 급식시장 이야기를 해 보기로 하자. 도시락하면 제일 먼저 떠오르는 것이 아마도 엄마의 정성, 주부의 손맛일 것이다. 온 식구가 잠들어 있는 새벽에 일찍 일어나 정성과 사랑으로 싸 주시던 도시락, 이제는 박물관에서나 볼 수 있는 옛날 추억으로 남아 있을 뿐이다. 식판에 담겨지는 급식하고는 비교할 수 없는 그 맛이다!

우리는 왜 엄마의 도시락이 학교급식에 밀렸는가를 생각하여야 하며 제대로 된 학교급식을 위해서는 어떤 방안이 필요한가에 대해 생각해 보기로 하자. 학교급식이 엄마 도시락을 대체하게 된 이유로는 여성들의 사회참여 증가를 들 수 있으며 이런 생활의 변화에 맞게 학교급식업이 성장하였기 때문이다. 시장과 관련되어 있음을 쉽게 발견할 수 있다.

〈표 1〉에서 볼 수 있듯이 1997년 학교 수로는 58.4%, 학생 수로는 38.5%에 불과했던 학교급식 보급률이 2008년에는 각각 99.8%, 97.7%로 상승하였다. 초등학교의 경우 학교 수 비율로는 100%, 학생 수 비율로는 98.2%에 이르고 있다. 한마디로 엄마의 따뜻한 도시

와 같은 집안 식구에게 의지하는 방법 또는 믿을만한 김치 생산업자와 계약을 맺어 구입하는 방법도 있을 수 있다.

락이 급속히 빠른 속도로 학교 급식시장의 확대에 따라 사라지고 있음을 보여주고 있다.

| 표 1 | 학교급식 실시 현황

(단위: %)

	1997	2000	2005	2006	2007	2008
학교 수 비율	58.4	87.1	99.4	99.6	99.7	99.8
학생 수 비율	38.5	68.8	93.7	95.6	97.8	97.7

자료: 교육과학기술부 내부자료

아침 일찍 일을 서둘러도 낮에 휴식을 취할 수 있으며 밤에 일찍 잠자리에 들 수 있는 생활 패턴을 지금의 노년층들은 가질 수 있었지만 요즈음 엄마들에게는 이런 생활이 불가능하다고 해도 과언이 아니다. 잠에서 깨어 본인 역시 생활현장으로 나가야 하기 때문에 자녀나 남편의 도시락을 준비할 시간적 여유가 없다. 이 수고를 학교급식이라는 시장(市場)이 대신하고 있다. 나쁘게 말하면 주부들이 자신의 '정성'과 '돈'을 바꾼 것이고 좋게 말하면 주부들의 '수고'를 '돈'이 대신하고 있는 것이다.

이렇게 수요가 있으니까 당연히 공급이 발생한다. 공급은 크게 직영과 위탁의 형태를 띠고 있다. 각각 장점과 단점을 가지고 있어 어느 쪽이 더 바람직하다고 단언할 수 없다. 위탁의 경우는 대량으로 재료를 구입하고 대량으로 판매하기 때문에 단가가 하락하는 장점 즉 규모의 경제성(規模의 經濟性, economy of scale)을 향유할 수 있다.[3] 대기업일수록 가격 경쟁력과 네트워크를 무기로 급식시장에 비

3) 규모의 경제성이란 생산량이 증가함에 따라 단위당 비용이 하락하는 현상을

교적 쉽게 진입할 수 있었다.

가격경쟁력이 우선되는 시장에서는 공급자나 수요자의 의지와는 다르게 상품의 질(質)에 대한 관심은 뒤로 밀리게 된다. 수요자도 공급자도 이를 알면서도 저가(低價)가 가져다 주는 매력 때문에 값싼 상품을 더 선호하게 되고 이런 악순환은 더욱 가속화되어, 그 결과 과잉경쟁(過剩競爭) 문제가 발생하게 된다. 그렇다고 정부가 나서서 시장에 개입하는 것도 매우 어려운 일이다. 왜냐면 시장에서 결정되는 자율적인 가격을 규제하는 것은 많은 부작용을 낳기 때문이다. 하지만 급식이 국민의 건강과 직결되는 일이기 때문에 사전에 품질에 대해 엄격한 기준을 정하고 이 기준을 철저히 지켜나가는 것만이 가장 합리적인 방안이 될 것이다. 또 위반자에 대한 엄정한 처벌, 나아가 징벌(懲罰,punitive)적 처벌로 필요하다고 본다.

한편으로 국민들의 시장을 보는 인식에도 변화가 있어야 한다. 상품의 질에 대해서는 개의치 않고 무조건 싼 것만을 최우선으로 생각하는 인식 또한 바꾸어야 한다. 무조건 싼 것을 하대(下待)하고 비싼 것을 사라는 얘기는 아니지만 '싼 게 비지떡이다' '물건을 모르면 비싼 것을 사라'하는 말이 갖는 의미에 대해서도 곰곰이 생각해 볼 필요가 있다. 시장에서 결정되는 가격이 단기적으로는 횡재를 가져다 줄 정도로 싸거나 터무니없이 비싼 경우도 없지 않지만 장기적으로 안정되게 결정되는 가격은 합리적인 요소를 많이 가지고 있다. 왕복 비행기 요금에도 못 미치는 동남아 여행상품을 구입한 후 여행사만 사기꾼이라고 나무라는 어리석음을 범하는 소비자는 언제나 그렇게 당하고 만다. 따라서 연중행사처럼 발생하는 학교급식 파동에서 볼

말한다.

수 있는 바와 같이 '무조건 싸게'라는 슬로건을 가지고 구매하는 행위는 언제나 옳은 것이 아닐 수 있음을 명심할 필요가 있다고 본다.

쓸쓸하기까지 한 잔칫집 분위기

잔칫집 하면 제일 먼저 생각나는 것이 아마도 '시끌벅적한 분위기', 혹은 '모두들 들떠 있는 분위기'일 것이고, 다음으로는 '갖가지 음식', '예단(禮緞)' 등일 것이다. 일가친척들이 먼 길에서 오고 동네 사람들이 다 와서 음식을 장만하고, 혼주들은 예복 가봉(假縫)을 위해 시내로 가고… 이런 어수선함 속에서 친인척간에 또 동네 사람들 간에 정과 우의를 나누었던 것이다. 그래서 시끌벅적하면서도 화기애애한 분위기를 보고 사람들은 '꼭 잔칫집 같다'라는 표현을 즐겨 쓰고 있다.

하지만 요즈음 잔칫집의 분위기는 예전과는 사뭇 다르다. 교통이 좋아져 멀리 있는 일가친척들도 당일에 오갈 수 있으며, 품앗이로 잔치 음식을 같이 만들어 주던 동네 사람들은 제 살기 바빠 얼굴조차 보기도 어려워졌고(하기야 아파트에서는 이웃이 누구인지도 모르는 경우 많으니), 혼주들은 이미 기성복으로 예복을 구입하였기 때문에 시내까지 가봉하러 갈 일이 없어졌다. 친인척간에 오갔던 우의나 동네 사람과 나누었던 정을 나눌 기회를 결혼식의 시장화로 인해 빼앗겼기 때문에 잔치집 분위기가 썰렁하게 변한 것이다.

결혼식 날의 풍속도도 혁명적인 변화가 있다. 첫째로 뷔페식당의 등장으로 과거처럼 집에서 음식 장만할 일이 없어졌다. '사람 수 곱하기 일인당 얼마'라는 계산만이 유용한 지표일 뿐이다. 심지어는 이

바지 음식도 혼수음식 전문점에서 사오고 있다. 두 번째로는 결혼식 전 과정이 일괄(一括, package) 상품화(commodity bundling)되었다는 점이다.[4] 그래서 신랑신부는 한 곳에 앉아 결혼 전 야외사진에서부터, 결혼식장 이벤트, 신혼여행 장소, 또 그 곳에서의 일정 등 모든 과정을 하나의 상품으로 구입하고 있다. 신랑신부는 이곳저곳을 다니면서 가격을 알아보고 조건을 협상하고 대금납부에 대해 실랑이를 할 이유가 크게 감소하였다.

불과 10여년 만에 우리나라의 결혼 문화는 천지개벽할 정도로 변했다고 해도 과언이 아니다. 이 변화를 필자는 결혼이라는 인륜지 대사(人倫之大事)에 시장이 침투하고 있는 과정이라고 평하고 싶다.

집에서 음식을 만드는데 드는 비용보다 뷔페식당에서 구입하는 쪽이 더 싸기 때문에 뷔페를 이용하고 있다. 뷔페식당은 전문화가 되어 있고 규모의 경제를 이용하기 때문에 단가(單價)를 더 싸게 공급할 능력을 혼주들이 돈을 주고 사는 것이다. 이렇게 하는 것이 사회적 시각에서 볼 때도 자원을 보다 효율적으로 배분시키고 있고 평할 수 있다.

또 신랑신부는 결혼에 필수적인 사진관, 결혼식장, 여행사, 이벤트사 등에 대해 정확한 정보를 가지고 있지 못하다. 처음 하는 일이라 잘 모르는데다가 일생에 한번 밖에 없는 일이라 좀 더 잘해 보려고 노력하지만 뜻대로 잘 되지 않는다. 자신에게 유리한 공급자를 찾기 위해 이 여행사, 저 여행사를 다녀야 하고 협상을 하여야 한다. 상당

4) 한 곳에서 일괄 구매함으로써 결혼준비에 효율성이 크게 증가하였지만 가끔 '끼워 팔기(tied in)'가 문제되는 경우가 있다. '끼워 팔기'란 정상적인 거래에서는 팔리지 않을 상품을 다른 인기 있는 상품과 같이 사게 함으로써 소비자에게 선택의 범위를 줄이게 하는 행위이다.

한 시간과 돈을 필요로 하지만, 요즈음 신랑신부는 그렇게 한가하지 않다. 대부분 직장을 가지고 있어 결혼준비를 위해서는 특별히 시간을 허락받아 하고 그렇기 때문에 여러 곳에 대한 정보를 얻기에는 시간이라는 제약이 크게 작용한다. 소비자인 신랑신부입장에서 볼 때 한 곳에서 결혼에 관련되는 모든 상품을 한꺼번에 구매한다면, 오히려 시간과 비용을 절약할 수 있다. 이런 비용절약을 경제학용어로는 시장거래에 의한 거래비용(去來費用, transaction cost)의 절감이라는 표현을 쓰고 있다.[5] 반면 결혼 전문 지원회사, 웨딩플레너 및 예식장 입장에서도 결혼일정에 따라 신랑신부가 필요로 하는 상품을 일괄 제공함으로써 비용 절감과 수익 증대를 얻을 수 있는 이점이 있다.

싱글벙글 예식장 주인

결혼이라는 인륜지 대사가 시장과 연결됨으로써 우리는 노동으로 하는 부담을 상당히 떨쳐 버렸으며 상상도 못했던 편안함을 얻었다. 그러나 혼주도 하객도 무언가 섭섭하고 허전한 마음을 느끼고 있고 있음을 부인할 수 없다. 성스러운 결혼식이 돈 잔치로 변질되지 않았나. 어른들이 새 출발을 하는 신랑신부에게 덕담 한 마디 조차 할 수 없게 만들지는 않았는지, 오순도순 자매끼리, 시끌벅적 형제끼리, 왁자지껄 친구끼리 나누는 정과 우의는 어디에서 찾을 수 있는지? 시장이 빼어 간 우리네의 '따뜻한 인정'을 어디에서 찾을 수 있을까?

대한민국 잔칫집 어디에서나 시장의 편리함과 사람의 온정이 동시에 만개하기를 희망해 본다.

---

5) 거래비용에 대해서는 제 2부 3장을 참고하기 바람.

102

"남조선 당 간부들은 무엇하고 있습니까?"

✎ 전기 공급을 요청한 북한 경제협상 대표의 놀라움

✎ 시장 경제(Market Economy) 체제와 계획경제(Plan Economy)의 차이

△ 북측 대표: "이제 북과 남이 힘을 합쳐 경제협력을 활성화하기로 약속하였으니 남측에서 전기를 우리 측에 좀 보내두면 큰 도움이 되겠습니다."

△ 박재규 장관: "예, 그렇게 해야지요. 그러나 당장 전기를 보낼 수는 없고 좀 시간이 걸린다는 점을 미리 양해해 주십시오."

△ 북측 대표: "왜 시간이 걸립니까?"

△ 박재규 장관: "한전관계자들과 충분한 협의를 해야 하고 다음으로 국회의 동의를 얻어야 하는데 시간이 걸립니다."

△ 북측 대표(약간 의아하다는 듯이): "남한이 주기 싫은 것을 주려니 시간 끌기 작전을 하는 것 아닙니까? 남조선에는 전기가 남아도는지 쓸 데 없이 많이 쓰고 있는데, 당 간부들이 나서서 못 쓰게 하고 그 전기를 송전하면 일이 쉬울 텐데, 당 간부들은 뭘 하고 있지요"

공산당은 신이 아니다

2000년 6월 15일 있었던 역사적인 남북 정상회담에서 실무적으로 큰 역할을 했던 박재규 전 통일부 장관이 저자가 근무하고 있는 대학에 초청 강사로 오셔서 그 때의 여러 비화(秘話)를 말씀해 주셨다. 경제협력 분야에 대한 협상을 할 때 북한 측 대표가 남한에서 전기를 당장 송전해 주었으면 하고 바라면서 북측 대표와 나눈 회담 내용을 저자가 약간 각색하여 옮겨 놓은 것이다.

박 장관이 "한국에서는 정부가 개인이 쓰는 전기를 이래라 저래라 말하지 못하고 자신의 판단 하에서 쓰며, 절전을 위해서는 일정 수준 이상을 쓰는 사람에게는 비싸게 값을 매김으로써 절약을 유도하고 있다"고 설명하였다고 한다. 즉 시장에서 결정되는 가격에 의해 전기의 수요공급이 정해지며 사람들은 가격에 따라 자기 스스로 알아서 행동을 하지 정부가 나서서 이래라 저래라 할 수 없다고 설명을 했으나 북한 측 대표는 잘 이해하지 못하는 눈치였다고 한다. 북한에서는 당 간부가 자원배분을 결정하는 체제 즉 명령에 의해 경제문제를 해결하고 있음을 보여주는 일화(逸話)라고 본다. 또 박 장관은 김정일 위원장의 권위가 대단하여 그의 말 한마디에 정치 경제적 결정이 이루어지고 있음을 눈으로 확인하였다고 한다.

경제문제를 해결하기 위해서 어떤 의사결정 과정을 거치는 것이 가장 합리적인가? 시장이 왜 대단한 힘을 가지고 있는가? 거창하게 나라 전체를 생각할 것이 아니라 보통 가정에서식구들이 저녁 식사를 하는 상황을 연상해 보기로 하자. 각자가 자기에게 맞는 숟가락,

젓가락, 및 밥공기를 이용하여 자기가 먹고 싶은 양만큼 덜어다가 먹는 방법이 있을 수 있고 아버지가 미리 숟가락, 젓가락, 및 밥공기를 나누어주고 먹을 양을 한정지어서 아이들에게 나누어주는 경우도 생각해 볼 수 있다.

첫번째 방식에서는 처음에는 서로 많이 먹겠다고 다투는 과정에서 싸움도 있고 혼란도 있겠지만 여러 번 반복이 되다 보면 예를 들어 연장자 순으로 식사의 순서나 양이 정해지는 등 나름대로 질서가 잡히고 모든 식구가 자기의 양 것 먹는 것이 가능하며 누가 크게 불만을 느낄 일이 없어진다. 두번째 방식은 아버지가 아이들이 원하는 양을 정확히 알아야 한다는 조건이 전제되어야 한다. 처음에는 아버지의 권위에 의해 잘 시행되는 것처럼 보일 수 있으나 세월이 지나 분배의 방식이 바뀌어야 할 때가 되면 문제가 발생하게 된다. 예컨대 아버지가 막내를 편애한다면 형들은 불만을 느낄 것이고 부자지간의 갈등, 형제지간의 다툼이 생길 가능성이 너무나 쉽게 연상된다.

이제 세월이 흐름에 따라 자연스럽게 식구들의 기호와 식사량은 변하게 된다. 첫번째 방식에서는 계속해서 서로의 의사가 반영되어 왔기 때문에 자율적인 조정이 가능하지만 두번째 방식에서는 아버지가 이 사실을 어떻게 받아들이고 대처하느냐에 따라 식구들의 행복이 좌지우지된다. 아버지가 이 사실을 무시하고 막내를 편애하는 배분을 계속 고수한다면 형들은 반감을 가질 것이고 아버지에게 개선을 요구할 것이다. 그러나 아버지가 이 요구를 계속 무시한다면 형들은 비정상적인 방법으로 분배체제의 변화를 요구하게 될 것이다. 아버지와 자식 간의 갈등이 계속 불씨를 가지고 있다가 나중에는 큰 문제를 야기할 수 있다.

전자는 시장경제 원리·민주적 정치원리와 유사한 원리가 적용되는 상황을 후자는 사회주의 국가의 자원배분을 가상화시킨 것이다. 시장 경제체제에서는 구성원간의 갈등이 자율적인 조정과정을 거치기 때문에 바람직한 결과가 상당한 시간이 지난 후에 나타나며 구성원들의 인내가 필요하다. 자원을 가장 소중히 사용할 수 있는 사람 혹은 가장 값비싸게 가지려고 하는 사람에게 배분됨으로써 사회의 생산력이 증가하게 된다.

반면 계획·명령경제에서는 계획자(아버지)가 국민(자식)들의 취향과 그것의 변화에 대해 완벽히 아는 신적(神的)인 존재이어야 모든 사람이 행복해 질 수 있다. 과연 그런 아버지가 이 세상에 몇 이나 되겠는가? 북한에서는 고 김일성과 김정일 위원장이 그런 신적인 존재라고 믿고 있는 것이다. 신이 아닌데 신과 같은 존재로 믿고 있으니, 경제가 제대로 될 리가 없는 것이다.

사회주의 국가에서는 직업선택과 같은 전적으로 개인의 결정에 의존하여야 되는 것도 당에 의해 결정되고 있다.[6] 「북한의 사회주의 노동법」에서는 '모든 근로자들의 희망과 재능'에 따라 선택하는 것으로 되어 있지만 실제로는 당성과 출신성분에 기초한 사회부문별 노동력 배치계획에 따라 대체로 선택이 아닌 배치의 개념으로 이루어지고 있다.

직장의 결정과 배치에 있어 대졸자·국가 사무원(정신노동 중심) 등의 간부급은 해당지역 행정기관의 당위원회 간부부에서 주관하나, 중앙당 비서국 비준대상인 경우는 당중앙회 간부와의 협의 하에 이

6) 통일원 홈페이지(www.unikorea.go.kr)에서 발췌하였음.

루어지며, 노동자·농민의 경우는 해당지역 인민위원회 노동과에서 담당하고 있다. 따라서 개인의 희망과 적성은 직업 결정에 있어 큰 변수가 되지 못하며 또 한번 정해진 직장을 마음대로 옮기는 것도 매우 힘들다. 그러나 상위계층의 경우에는 배경을 이용하여 더 좋은 직장에 배치 받거나 배치 받은 후 더 좋은 자리로 옮기는 경우도 많이 있다.

계획경제체제의 마지막 보루였던 북한에서도 서서히 변화가 관찰되고 있다고 한다. 몇 년 전에 쌀 배급제도의 완화와 개인 자판대가 설치되었다[7]는 소식이 있었고 남북 경제협력을 통해 시장 경제체제로 한 발 한발 다가서고 있다고 평가할 수 있다. 또 국경 도시 신의주를 경제특구로 지정하여 의욕적인 개방과 경제발전을 모색하고 있다. 그들이 시장경제 원리를 받아들이면 들일수록 통일의 날은 가까워지고 통일 비용도 줄어들 것이라고 믿는다.

김정일 위원장이 "변치 않는 재산이 있다면 변치 않는 마음이 있는 법이다".(有恒産, 有恒心)라고 한 맹자(孟子)의 가르침을 하루라도 빨리 알고 깨우치기를 기대해 본다.

---

7) 조선신보(www.korea-np.co.kr)참고바람.

103

"차라리 북에 있을 걸!"

✎ 어느 탈북자의 탄식

✎ 체제의 차이와 남북경협의 효과

다음과 같은 퀴즈가 있다. 북한 탈북자(이하에서는 새터민으로 칭함)의 입장에 서서 가장 어려운 일이 무엇이겠습니까? 라고 물어 보고 아래와 같은 답을 제시되었다고 해 하자.

i) 북한을 탈출하여 중국으로 가는 일
ii) 중국에서 중국 공안에 잡히지 않고 숨는 일
iii) 중국에서 한국으로 오는 일
iv) 남한에서의 생활

얼핏 보기에 남한에 오면 정착금도 받고 바라던 곳에서의 생활이니까 4번은 전혀 답이 될 것 같지 않다는 생각이 든다. 그러나 정답은 4번이다. 정작 온갖 어려움을 극복하고 우리 땅에 온 새터민에게 가장 힘든 것은 높은 자본주의의 벽이다. 북한과는 완전히 다른 체제에서 산다는 것이 그 만큼 어려운 일이기 때문이며, 어쩌면 자본주의의 사회· 시장경제체제에서 산다는 것 그 자체가 결코 녹녹한 일이 아님을 반증하고 있다고 할 수 있다.

새터민(탈북자)의 어려움

새터민의 입국이 날로 증가하고 있다. 〈표 2〉에서 보는 바와 같이 1990년대 초반에는 10명 내외로 비교적 적은 인원이었으나, 2000년 이후로 꾸준히 증가하여 2009년 말 현재 총 17,984여명이 입국하였다. 북한의 빈곤이 계속될 것으로 예상되어 앞으로 더 늘어 날 것으로 예상된다.

▌표 2▌ 새터민 입국추이

(단위: 명)

구분	1989년 까지	1995	2000	2005	2006	2007	2008	2009	합
인원	607	41	312	1,383	2,018	2,544	2,809	2,927	17,984

자료: 통일 교육원(www.uniedu.go.kr) 북한이탈 주민 현황

성별로는 2000년까지 남성 비중이 높았으나 이후 반전되면서 여성 비중이 높아지는 추세 (2009년 11월 현재 남성 32% 여성 68%)이며 약 63%가 서울 · 인천 및 경기 지역에 거주하고 있으며 대부분 사람들이 안정된 직업을 갖지 못하고 있다. 정부는 국내 입국한 새터민이 민주시민으로서 우리사회에 안정적으로 적응하고 정착 할 수 있도록 자립 · 자활 기반을 조성하는데 역점을 두고 지원하고 있으나 실패한 사람들이 상당수 있어 보는 이로 하여금 안타깝게 하고 있다.

우리는 자본주의 경제 체제에서 태어나 살고 있으니까 모든 것이 당연한 것처럼 보이지만 다른 체제에서 사는 사람의 눈으로 볼 때는 자본주의 경제 체제 내에서 산다는 것이 결코 쉬운 일이 아니다. 자본주의 경제 체제의 근간은 사유재산 제도와 개인의 자유가 보장되는 제도이어서 구성원들은 모든 결정을 스스로 해야 하며 결과에 대해서도 본인이 책임져야 한다. 시장이 발전하면 할수록 사람들이 선택해야하는 대안은 늘어나게 되어 자신이 원하는 상품을 구입할 수 있게 되어 더 행복을 느끼게 된다. 하지만 아이러니하게도 선택의 대안이 많아진 대로 고민이 생긴다. 갖가지 물건이 산더미같이 쌓여 있는 대형 유통점에서 무엇을 골라야 할지 몰라 진땀을 흘린 적이 누구나 한번쯤은 있을 것이다.[8] 또 너무 기능이 많은 전자기기가 단순한 기능을 갖는 기기보다 불편하다고 생각할 때도 있다. 시장경제에 익숙한 우리도 선택이 너무 많아서 고민인 경우도 없지 않은데 하물며 자신 경제행위에 대해 선택을 해 본 적이 별로 없는 새터민에게는 상당한 고통으로 작용하고 있는 것이다.

이번에는 노동자의 입장에서 생각해 보기로 하자. 어느 직장을 선택하는 것이 좋은지 어느 직종을 선택하는 것이 좋은지, 당장 눈에 보이는 이익을 추구할 것인지, 장래성 있는 쪽을 선택하는 것이 좋은지, 만약 이직을 한다면 언제가 좋은지 내 집 마련과 노후 대비를 위해 재산 증식을 어떻게 해야 하는지? 퇴직 후 어떤 일을 하여야 하는지? 고민의 연속이다.

---

8) 베리 슈워츠 지음, 형선호 옮김, 『선택의 패러독스』, 웅진닷컴, 2004.

자본가 역시 쉬운 일이 하나도 없다. 어느 장소에 얼마만큼을 언제 투자를 하여야 좋은지, 자금을 어떻게 조달하는 것이 현명한지, 어느 금융기관을 이용하는 것이 유리한지, 노동자들은 몇 명을 고용하며 급여를 얼마나 주어야 하는지, 등 역시 고민거리가 한 두 가지가 아니다.

한 마디로 시장경제 체제에서 살고 있는 경제 주체들은 태어나면서부터 많은 의사결정을 하면서 생활을 하고 있다. 그러다보니 선택에 익숙해져 있어 새터민보다 어려움이 상대적으로 적은 편이다. 공산당이 정해 준 대로 소득을 얻고 소비하는 북한 주민들에게는 남한에 와서 선택을 할 때마다 고통을 느끼지 않을 수 없다. 북한에서 은행, 보험, 증권과 같은 금융기관을 이용해 본적이 없는 이들이 남한에 와 이런 기관들을 쉽고 편리하게 이용하기 까지는 상당한 시일이 필요로 하다. 그들은 “당에서 원하는 것이라면 무엇이든 우리는 합니다”라는 슬로건에 따라 행동할 따름이다. 만약 남한에서도 북한에서 처럼 집권당에서 무엇을 강제로 시킨다면 당장 정권 퇴진 운동이 벌어 질 것이고 오히려 “시장이 주는 정보에 따라 우리는 우리 스스로가 합니다”라고 슬로건을 내 걸 것이다.

‘아리랑’이 묶어 주는 남북의 힘

2000년 6·15선언 이후 남북한 평화공존의 시대로 일단 들어섰다는 사실은 누구도 부인하지 못할 것이다. 남북한 평화공존의 시대는 우리에게 여러 가지 긍정적인 변화를 줄 것이라고 믿어 의심치 않는다. 그 중에서도 경제적인 이득은 가장 먼저 현실화될 것으로 본다.

첫번째 남북한 평화공존의 시대가 되면 국방에 소요되는 엄청난 자원을 다른 곳에 투입하게 되어 남북한 모두 더 풍요로운 사회로 갈 수 있다. 우리의 국방 예산은 전체 예산의 15.5%(약 18조 원)에 이르는 엄청난 규모이지만 대부분 인건비 등 소모성 경비로 쓰여지고 있다. 평화공존에 따라 절감되는 국방비를 기업의 연구개발 투자지원, 지역균형, 교육환경 개선, 노령화사회 기금조성, 빈곤층 지원 등에 쓴다면 우리 국민은 보다 윤택한 삶을 살 수 있을 것이다. 특히 북한에서도 국방비를 줄임으로써 국민들에게 생필품을 더 많이 공급할 수 있게 되어 식량난 등 어려운 경제문제를 해결하는데 숨통을 틀 수 있을 것이다. 또 장기간의 군복무에서 해방된 젊은이들의 역동적인 힘이 경제를 한 단계 끌어 올릴 것으로 예상된다.

두번째 남북한 협력사업의 성과를 들 수 있겠다. 남한의 기술과 자본이 북한의 싸고 우수한 노동력과 만나 경쟁력 있는 상품을 생산할 수 있을 것이다. 소위 시너지(synergy)효과가 기대된다.[9] 원래 시너지 효과는 공통요소(共通要素, common factors)가 많을수록 빛을 더 발하게 되는데, 남북한은 아직 이데올로기적인 장벽이 남아 있기는 하지만 같은 민족이기 때문에 언어와 문화의 문제를 쉽게 극복할 수 있어 다른 민족과 합작한 것보다 더 큰 성과를 낼 것이라고 확신할 수 있다. 대표적인 사업이 개성공단 사업인데 우여곡절을 겪고 있어만 남북한 모두 성공을 예상하고 있다[10].

9) 시너지 효과란 기업의 자원에 대하여 그 부분의 합보다 큰 결합수익을 창출할 수 잇는 효과로서 예컨대 2+2=5의 관계로 나타낼 수 있다. 이규억·이성순, 『기업과 시장』, 지민사, p.575.

10) 개성공단의 현황에 대해서는 현대경제연구원(www.hri.co.kr)홈페이지 참고바람.

세번째로는 대륙 시장진출이 쉬워진다는 점이다. 북한, 만주, 중앙아시아를 잇는 육로를 통해 유럽 시장에 보다 쉽게 접근할 수 있게 된다. 유라시아 대륙과 떨어져 고립되었던 우리나라가 거대한 대륙과 한 덩어리가 되는 이점을 얻을 수 있다. 바다나 하늘을 통해 많은 비용을 들여서 접근할 수밖에 없었던 중앙아시아와 유럽시장이 육로를 통해 접근하게 됨으로써 우리에게 새로운 기회를 가져다 줄 것이다.

네번째로는 인구 약 8천 만을 갖는 시장으로 확대됨으로써 효율성 증대와 경제의 안정성 제고를 기대할 수 있다. 또 우수한 북한 노동력과 풍부한 북한의 지하자원을 활용함으로써 성장 잠재력을 향상시킬 수 있을 것이다. 마지막으로 소위 한반도 디스카운트를 없앰으로써 외국인 투자 활성화 및 국내 증시의 정상적 평가가 가능해져 경제 활성화에 도움이 될 것이다.

남북한 평화공존의 시대의 남북한 경제적 성과는 분열의 시대 남한의 경제와 북한의 경제의 성과를 각각 합한 것보다 클 것이라고 확신한다. 이런 성과를 바탕으로 통일의 길로 가야할 것이다.

남북한 공동의 경제적 성과 〉(남한의 경제적 성과 + 북한의 경제적 성과)

104

잘못된 만남과 잘못된 거래

✎ 탐욕스러운 어느 여인과 심부름센터

✎ 시장의 도덕성

2006년 1월 전 남편보다 재력이 있는 연하의 남자와 결혼하고 싶은 30대 후반 여성이 임신을 하였다고 거짓말을 하고 아이를 얻기 위해 심부름센터에 신생아를 훔쳐 오도록 부탁을 하였고 이런 일이 벌어지는 과정에 엉뚱하게도 아이의 친모가 죽음을 당한 사건을 매스컴을 통해 듣게 되었다. 황금만능주의가 부른 이 비극을 보고 누구나가 참담한 심정을 금할 수 없었을 것이다.

부도덕한 거래

이 비극적인 사건은 시장에서 거래되어서는 안 될 '생후 3개월 된 아이'를 거래대상으로 했다는 데에 비극의 시발점이 있다. 만약 30년 전쯤처럼 심부름센터라는 것이 없었을 때라면, 아니 심부름센터가 의뢰인에게 본래 자신의 일이 아니기 때문에 거절했더라면 그런 일은 없었을 것이다. 이 사건을 경제학의 눈에서 보면 심부름센터와 의뢰 여성간의 잘못된 거래가 빚은 비극이라고 할 수 있겠다. 말 그대로 심부름센터란 다른 사람의 일을 대신 해줌으로써 수익을 얻는 용역업자이다. 반면 의뢰인은 심부름센터가 자신의 일을 대신 해 주는 동안 자신은 더 가치 있는 일을 함으로써 더 많은 수익을 얻을 수 있다고 확신할 때 심부름센터를 찾게 된다. 의뢰인은 심부름센터에게 수고비를 주고도 남을 더 많은 편익을 얻어 좋고 심부름센터 역시 수익을 올려 좋고, 그야말로 누이 좋고 매부 좋은 거래가 되는 것이다. 따라서 심부름센터가 정상적인 활동을 한다면 사회에 기여하는 순 기능을 누구도 부정하지 못할 것이다.

우리가 과거에 비해 경제적으로 풍요하게 살고 있는 것은 시장이 커졌기 때문이다. 경제발전이란 다른 말로 시장의 규모가 커가는 것을 의미한다. 과거에 존재하던 시장도 규모가 커지면서 효율적으로 변할 뿐 아니라 새로운 시장이 생겨 점점 좋은 상품을 값싸고 편리하게 사용할 수 있게 되는 것이다. 자동차 시장이 커지면서 꿈에서 그리던 자가용시대가 도래하였고, 대리운전 시장이 새로이 등장하면서 마음 놓고 술을 먹을 수 있게 되었다. 심부름센터가 생겨 의뢰인의 고민이 신속하고도 효율적으로 처리되고 있다.

그래서 우리는 시장(자동차 시장, 대리 운전 시장, 심부름 용역시장 등)을 확대시키는 일에 많은 노력을 경주하여야 할 것이다. 그러나 시장은 '도덕이 거래되는 곳'은 아니라는 점에 유의하여야 한다. 다시 말해 성매매, 장기(臟器)매매, 마약·총기류 매매, 인신 매매, 정자나 난자도 거래되고 있다는 사실에 접하고 인간에게 유익한 시장이 무엇인지 그것을 어떻게 만들어 낼 것인지에 관한 고민을 해 보아야 할 것이다.[11] 예컨대 성매매에서 보는 바와 같이 공급자와 수요자가 자발적으로 하는 개인 간의 거래 그것도 은밀한 곳에서 이루어지는 거래에 대해 도덕의 잣대를 대는 데는 한계가 있을 수밖에 없다. 또 그렇다고 방치할 수도 없는 노릇이다.

돈을 차지하기 위한 만인에 의한 만인의 투쟁

돈을 벌기 사람들이 하는 추악한 일은 일일이 열거할 수 없을 정도이다. 어린 아이 유괴사건, 대리모[12], 병역비리 사건, 보험금을 노린 남편(부인) 살인사건, 사업자금을 벌기 위해 무고한 여성 납치·살해사건, 방탕한 해외 유학생활에서 빚을 진 패륜아의 부모 살해 사건, 변칙 증여 상속 사건 등 도 있다. 범죄도 먹고 살기 위해 어쩔 수 없이 하는 생계형이나 생활형이 아닌 '부 창출'형으로 변해가고 있다. 과거 씨받이가 '생계형'이었다면 요즈음의 대리모는 '수익형' 아니 더 나가 '사치 소비 촉진형', '쾌락소비 수단형' 이라고 표현할 수 있겠다. 그것도 일본에서는 한국 여성이, 한국에서는 중국 여성이 인기 있다고 하니 국민소득에 따라 먹이사슬을 이루고 있다는 사실에 비통한 느낌마저 든다. 살인이나 폐륜행위마저도 돈 벌이 수단으로 변신한 것이다. 이러한 불법행위가 철저하게 수요·공급의 시장원

11) 미국에서는 '수정란 은행'이 있어 '수정란'도 거래되고 있다.

12) 2007년 8월 14일자 주간 동아는 '엄마 찾아 삼만 리: 자궁의 세계화 '라는 제목 하에 공공연하게 벌어지고 국제적인 대리모 거래를 소개하고 있다.

리에 의해 이루어지고 있음을 보면서 씁쓸한 마음을 지울 길 없다.

이런 경우 '죄는 미워도 인간은 미워하지 말라'고 한 격언이 무색해 진다. 그러고는 '그 놈의 돈이 뭔지!'하는 탄식이 저절로 나온다. 돈의 위력 앞에 추악한 얼굴을 보이는 세상을 향해 갈브레이드(Galbraith 1908~2006)는 "실생활에서 힘을 발휘하고 있는 것은 그 자체보다 시대의 흐름과 금전적인 이해관계다."라고 일갈하였는데 가슴에 와 닿는 말이다.

'돈'은 인간을 행복하게 만드는 중요한 도구인 동시에 시장경제의 도덕성을 붕괴시키는 악의 원천이기도 하다. 시장경제의 발전은 화폐(돈)의 사용이 그 필수적 요인이다. 돈이 있으면 원하는 상품을 손에 넣을 수 있기 때문에 단순한 종이 조각이 아닌 여의주(如意珠)와 같은 존재로 격상이 된다. 따라서 사람들은 이 돈을 손에 넣기 위한 경쟁을 펼치게 된다. 돈을 차지하기 위한 '만인에 의한 만인의 투쟁'이라고 말하면 지나친 말일까? 아주 특별한 경우가 아니고는 돈을 어떻게 벌었는가에 대해 누구도 시비 걸지 않는다. 물건을 거래할 때는 혹 이 물건이 장물(贓物)인가 의심을 하고 주저하지만 돈을 받을 때는 그렇지 않다. 땀 흘려 번 돈은 향기가 나고 불법으로 번 돈은 악취를 풍기는 것도 아니다. 내 주머니에 있는 돈이 어떤 경로로 들어 왔던 내 돈을 받아가는 사람은 별 관심이 없다. 도덕이 자리 잡을 여지가 없어지는 것이다. 따라서 시장 경제에서 돈의 위력은 가히 전지전능한 신에 가깝다.

따라서 자본주의 사회에서는 경제 범죄에 대해 엄격한 법을 규정하고 있다. 〈표 3〉에 형법과 특별법에서 규정하고 있는 경제범죄를 보여주고 있다. 특히 건전한 국민경제윤리에 반하는 특정경제범죄에 대한 가중처벌과 그 범죄 행위자에 대한 취업제한 등을 규정하는 '특정경제범죄가중처벌등에관한법률'이 있으며 이 법은 주로 도덕성이 강조되는 금융기관 임직원에게 해당된다.

▌표 3▐ 형법과 특별법에서 규정된 경제범죄

- 신용·업무와 경매에 관한 죄(제 34장) • 권리행사방해죄(제 37장)
- 절도·강도죄(제38장) • 사기 공갈죄(제 39장) • 횡령·배임죄(제 40장)
- 장물죄(제 41장) • 손괴죄(제 42장) • 통화위조죄(제 18장)
- 문서위조죄(제 20장) • 유가증권위조죄(제 19장) • 인장위조죄(제 21장)

를 들 수 있다. 또 특별법으로 '특정경제범죄가중처벌등에관한법률'이 있다.

( ) 안은 형법 제2편 각 칙의 장임

유전 무죄 무전 유죄

탈주범 지강헌 때문에 더 유명해진 '유전무죄 무전유죄(有錢 無罪 無錢 有罪)'라는 말도 우리의 가슴을 아프게 하고 있다.[13] "가난한 부모를 만나 못 배우고 가난하고 그러다 보니 범죄를 저질렀고 그러다 보니 전과자가 되었고… 이에 반해 돈 있는 사람은 죄를 저지를 가능성이 적고 혹 죄를 저질렀다고 해도 유능한 변호사와 경영공백으로 인한 국민경제에 미치는 악 영향이 고려된 판결에 의해 더 가벼운 죄를 받고, 그런가하면 교도소에 와서도… 병보석이다 금 보석이

13) 1988년 그의 탈주 사건은 영화 홀리데이(Holiday)로 극화되었다.

다 해서 잘도 벗어나고 있는데… 여기에 더해 특별사면이라는 은전에 의해 죄 값을 덜 치르고…" 세상을 향한 그의 절규가 아주 근거 없는 것이 아니라고 생각하면 마음이 무척이나 무겁다. 또 시장경제의 경쟁에서 낙오되거나 도태된 사람들이 불특정 다수를 향해 벌이는 무차별적 범죄를 보고 있노라면 시장경제의 찬가(讚歌)만을 부를 수 없음을 뼈저리게 느끼며 어떻게 하면 시장경제의 장점을 잘 살리면서도 단점을 잘 보완할 수 있을까 하는 고민에 빠져 보지만 뾰족한 수가 없어 안타까울 뿐이다.

토마스 모어: 유토피아는 시장은 있으나 돈이 필요 없는 곳이다

우리가 "돈, 돈, 돈"하며 살아왔기 때문에 지금처럼 안락한 생활을 하고 있음을 누구도 부인할 수 없지만 그렇기 때문에 많은 부작용을 낳고 있다는 점을 무시해서는 안 될 것이다. 토머스 모어(Thomas More, 1478~1535)는 『유토피아』에서 시장은 있지만 돈은 필요 없는 사회를 이상사회의 모델로 제시하였다. 그는 "화폐에 대한 욕망을 추방함으로써 얼마나 많은 괴로움과 다툼, 악덕과 해독이 자취를 감출까?" 라고 말하고 있다.[14] 우리 보통사람은 돈이 많은 사람과 사회를 이상형으로 보고 있는 것과는 정반대이다. 토머스 모어가 그린 화폐에 대한 욕망이 추방된 사회가 이상(理想)사회가 아니 듯이 구성원 모두가 돈의 노예가 되는 사회 역시 이상사회는 아닐 것이다.

---

14) 기하라부이치 엮음, 황소연 옮김, 『리더가 되기 전에 읽어야할 명품 고전 50』, 새로운 제안, p.202.

시장에서의 거래는 효율적 자원배분을 가져오는데 그 뿌리에는 공동체의도덕의식이 반영된 절제된 이기심이 사회에 순 기능을 하기 때문이다.[15] 그런데 시장의 많은 거래가 절제된 이기심에 의해 이루어지지만 그렇지 않은 경우도 많으며 점점 더 많아지고 더 다양화되고 있다는 점에서 우려하지 않을 수 없다. 개인은 자기중심적 사회 속에서 사회문제에 대해서는 관심을 보이지 않는 반면 자신만의 이익만을 최대화하기 위해 결과중심적인 행동을 염치없이 때로는 죄의식도 못 느끼고 하고 있는 것이 우리가 보는 현실의 어두운 그림자다.

'자본론' 번역자인 김수행 교수는

"시장만이 자본주의의 모든 문제를 해결할 수 있다는 환상을 버려야한다."[16]

면서 시장 만능주의 사고에 경고하고 있다.

15) 아담 스미스는 이기심에 근거하는 자유로운 시장에서의 거래를 찬양하였지만, 남을 해하고 사회를 병들게 하는 이기심이 아니라 역지사지의 과정을 거쳐 형성된 공동체의 도덕의식이 반영된 절제된 이기심을 보이지 않는 손의 뿌리로 생각하였다. 홍훈, 『경제학의 역사』, 박영사, 2007년, pp.76~80.

16) 김수행, 『알기 쉬운 정치경제학』, 서울대학교 출판부, p.2.

105

"그래 너무 고마워, 당신이 내 아들이고 딸이야"

✎ 90세 어르신네의 감사의 말

✎ 사회보장 제도, 기부 및 자원봉사

"그래 너무 고마워, 당신이 내 아들이고 딸이야"

이 말은 자원봉사자들의 간병을 받고 있는 90세 어르신네가 자원봉사자에게 하신 감사의 말씀이다. 살벌하기까지 한 자본주의 사회에서 그나마 온정과 사랑이 자발적으로 꽃피는 곳이 사회복지 관련 서비스 및 기부현장이다. 그래서 살만한 세상이다.

십시일반(十匙一飯)의 정신

우리나라에서의 사회보장제도(社會保障制度, Social Security Act)는 크게 사회보험제도(社會保險制度, social insurance), 공공부조제도(公共扶助制度, public assistance), 및 사회복지서비스와 관련 복지제도로 나눠진다.[17] 사회보험제도와 공공부조 이 두 분야에서는

17) 우리나라의 사회보장기본법 제3조에 사회보장, 사회보험, 공공부조, 사회복지 서비스 및 관련 복지제도에 관한 정의가 규정되어 있다.

정부가 주도적인 역할을 하지만 사회복지서비스와 관련 복지제도에서는 민간의 자발적인 역할도 매우 중요하게 작용하고 있는데, 자원봉사와 기부(寄附)가 그 중심에 있다. 사회보험제도와 공공부조제도는 강제성·법규성이 작용하고 있지만 사회복지서비스와 관련 복지제도에서는 정부는 판을 펼쳐주는 일을 맡고 있으며 민간이 그 판을 이용할 수 있도록 하고 있다. 기본적으로 십시일반의 정신이 국가 단위에서 이루어지는 제도이다.

먼저 4대 보험(건강보험, 국민 연금, 산업재해, 실업보험)으로 대표되는 사회보험제도는 현재 경제력이 있는 사람들이 미래에 닥칠 불행에 대해 본인과 고용주로 하여금 준비하게 정부가 강제하는 제도이다.[18] 사람들은 누구나가 질병, 실업, 사고, 노후의 위험에 노출되어 있지만 "설마 나에게 그런 불행이……"라고 생각하고 그에 대한 대책에 최선을 다하지 않으려는 경향을 보인다. 즉 누구나가 이러한 불행으로 인해 발생하는 시장의 잠재적 수요자이나 지불능력이 없으면 원하는 수요를 현실화할 수 없다. 개인의 불행인 동시에 사회의 불행이다. 사회보험은 이러한 안일함이 가져올 미래의 개인과 사회적 부담을 미리 미리 챙기게 하는 제도이다. 미래에 발생할 시장의 실패를 해소하기 위해 잠재적 수요자에게 구매력을 강제적으로 가지게 하는 제도로 해석할 수 있다. 〈표 4〉에 이 제도의 핵심내용을 정리해 놓았다. 근로자 본인, 사업주 및 국가가 합심하여 미래의 불행에 대비하고 있는 것이다.

---

18) 국민연금공단 www.nps.or.kr, 국민건강보험공단 www.nhic.or.kr, 근로복지공단 www.welco.or.kr을 참고하기 바람

| 표 4 | 우리나라의 사회보험에 관한 개요

구분		고용보험	국민연금	국민건강보험	산재보험
가입대상 사업장		근로자 1인 이상 고용하는 모든 사업장	근로자 1인 이상 고용하는 모든 사업장	국내 거주하는 국민	근로자 1인 이상 고용하는 모든 사업장
보험료율	근로자 부담	임금총액[1]의 0.45%	기준소득월액[2]의 4.5%	보수월액[3]의 2.665%	-
	사업주 부담	임금총액의 0.7%~1.3%	기준소득월액의 4.5%	보수월액의 2.665%	임금총액의 0.6%~36.0%
	계	임금총액의 1.15%~1.75%	기준소득액의 9.0%	보수월액의 5.33%	임금총액의 0.6%~36.0%
관할기관		근로복지공단	국민연금공단	국민건강보험공단	근로복지공단

주1) 임금총액이라 함은 사용자가 근로의 대상으로 근로자에게 임금, 봉급, 기타 여하한 명칭으로든지 지급하는 일체의 금품을 말하는 것이므로 임금이외의 현물로 지급되는 임금도 포함.

주2) 기준소득월액이란 국민연금의 보험료 및 급여 산정을 위하여 가입자가 신고한 소득월액에서 천원미만을 절사한 금액을 말함.

주3) 보수월액이라 함은 동일사업장에서 당해연도에 종사한 기간 중 지급받은 보수총액을 그 해당기간의 월수로 나눈 금액인 월평균 보수월액을 의미함

공공부조는 생활유지능력이 없거나 생활이 어려운 국민의 최저 생활을 보장하고 자립을 보장하는 제도이다. 소득 수준이 낮아 현재와 미래의 불행에 무방비 상태에 놓여 있는 저소득층을 대상으로 하는 제도이다. 우선 경제적 궁핍으로 벗어나게 생계를 유지시켜 줌으로써 그들이 정상적인 생활을 할 수 있게 도와준다. 저소득층은 보통의 경우 생계나 생활을 위해 범죄에 유혹당할 가능성이 높음을 감안할 때 공공부조는 사회적 안정에 크게 기여하고 있다. 또 그 가족에게 교육이나 취업의 기회를 제공함으로써 빈곤의 대물림이 발생하지 않게끔 하는 소득재분배기능 역시 상당하다. 공공부조가 저소득층의

경제 여건을 호전시킴으로써 사회 전체적인 비용을 줄이는 중요한 역할을 하고 있는 셈이다. 따라서 공공부조의 방향이 단순히 가난한 사람에게 베푸는 일시적 호혜에 그쳐서는 아니 되며 그들의 생활력을 배가시키는 쪽이 되어야 한다. 사회가 실패한 사람들에게 패자 부활전을 통해 부활할 수 있도록 도와주는 기능을 이 제도가 하고 있는 셈이다.

새로운 기부 형식의 등장: 경매를 이용한 기부

민간에 의한 사회보장의 꽃은 자원봉사와 기부인데 최근에는 기부 행위도 경매(競賣, auction)와 연계되면서 과거와 다른 양태를 보여주고 있다. 미국 전 대통령인 클린턴(Clinton, 1946~)이 초대하는 파티에 참가하려는 사람에게 자리를 입찰(入札)하고 그 수입금으로 사회자선 단체에 기부하는 사례나 투자의 귀재 워런 버펫(Warren Buffett, 1930~) 또한 자신과 만나 자신의 투자 비법을 알려주는 대가로 받은 돈 62만 달러(약 6억 원)를 기부하는 형식을 취하고 있는 것이 대표적인 예이다. 경매를 통한 기부에 정치가와 투자가만이 참여하는 것이 아니다. 도덕과 양심의 상징이며 노벨 평화상 수상자인 넬슨 만델라 전 남아프리카 공화국 대통령도 이 대열에 동참하였는데 그와 '차 한잔 같이 마시는 경매가'가 19만 3494랜드(약 2,550만 원)에 낙찰되었다. 그와 차를 같이 마시는 이벤트 외에도 28개 이벤트가 경매에 붙여졌으며 낙찰금은 전액 남아공 어린이를 위한 자선기금에 기부되었다고 한다.[19]

---

19) 동아 일보, 2007년 6월 5일.

공개적으로 경매를 통한 기부를 "너는 구제할 때에 오른손이 하는 것을 왼손이 모르게 하여 네 구제함이 은밀하게 하라, 은밀한 중에 보시는 너의 아버지가 갚으시리라."라고 한 성경말씀에 비추어 보면[20] 비난을 받을 수 있겠지만, 기부금을 더 효율적으로 모금하기 위한 지혜로서 이해하면 무방할 것으로 보인다. 또 이렇게 경매 기부에 대해 자신의 부나 소득의 일부를 내 놓은 완전한 기부와는 약간의 거리가 있지만 즉 '손안대고 코푸는 일'이라고 비난 받을 소지도 없지 않지만 이들 대부분이 이미 자신의 부나 소득의 일부를 아낌없이 기부하였으며[21] 이 방법을 부차적으로 활용하는 것이기 때문에 아무도 도덕적으로도 문제 삼고 있지 않다.

경매 시장을 이용한 기부는 인기 스타의 자선 공연이나 봉사 프로그램에 참여한 대가로 기부하는 것에 비해 더 시장경제원리가 반영되고 있다. 인기가 높은 사람일수록 경매가(?)가 높게 나타나게 되고 기부금이 많아지게 된다.[22] 흔히 볼 수 있는 스타 연예인의 자선 공연의 경우 소비자로부터 얻은 수익금을 기부한다는 점에서 기부금 모금 방식과 비슷하지만 정해진 입장료가 있어 기부금 모금 방식보다 덜 시장적이다. 또 연예인들이 힘든 노동현장에서 일을 하고 일당과 성금을 받아 자선단체에 기부하는 '체험 삶의 현장'에서의 기부행위와도 차이가 있다.

---

20) 마태복음 6장 3절~4절.

21) 워런 버펫은 2006년 재산의 99% 이상을 기부하겠다고 공언한 이후 매년 7월 남은 재산의 5%를 5개 자선단체에 기부하고 있다. 2010년 7월에도 약속대로 19억 3000만 달러(약 2조 3681억 원) 상당을 기부했다.

22) 인기 높은 사람의 경매가가 경정되는 원리는 이 책 2부 4장 및 3부 12장을 참고하기 바람.

보보스 족의 시대는 가고 욘족의 시대가 오다

최근에 미국에서는 욘(Yawns, Young and wealthy but normal) 족의 등장이 화제가 되고 있다. 80년대엔 여피(Yuppies)족, 90년대엔 보보스(Bobos)족에 이어 2000년대에 나타난 새로운 유형의 젊음 이들을 일컫는 말이다. 젊고(young), 부유하지만(wealthy), 수수하고 검소(normal) 하게 사는 부자들을 일컫는 말이다. 빌게이츠, 야후의 창업자인 제리 양과 이 베이의 공동창업자인 피에르 오미드야르 등이 이 욘족에 속한다는 평가를 받고 있다.[23] 그들은 혼자 잘 먹고 잘 사는 것보다 자선사업과 빈곤퇴치에 더 관심이 많으며 패리스 힐튼이나 도널드 트럼프처럼 부를 과시하는 사람을 혐오하는 성향을 보이고 있다.[24]

사회보험, 기부 및 자원봉사가 동서양 어디에서나 있어 왔지만 자본주의 사회가 발전하면서 그 약점을 치유하는 과정에서 더 본격화 되었다. 우리나라에서도 경주 최 부잣집의 8개 강령 중 하나인 "사방 백리에 굶어 죽는 사람이 없게 해라"는 지침에서도 발견할 수 있으며 미국 여행을 하면서 느낀 경험을 바탕으로 1831년 '미국의 민주주의(Democracy in America)'라는 책에서 프랑스의 법률가이며 사상가인 알렉시스 드 토그빌(Tocqueville)은 "미국 사회를 유지한 가장 중요한 정신 자산은 기부와 자원봉사다" 라고 지적하고 있다. 또 철강왕 카네기(Andrew Carnegie, 1835~1919)도 "부자로 죽는 것처럼 부끄러운 것이 없다"고 하였고 버핏 역시 "거대한 부(富)를 세습

23) BI 세상사람들 2007년 9월, pp.10~11.

24) 동아일보 2007년 7월 16일자.

하는 것은 경기장의 균형을 깨는 일이다"라고 하면서 부 세습을 반대하는 동시에 기부의 중요성을 몸소 실천하고 있다. 노블레스 오블리주를 실감있게 느낄 수 있는 대목이다.

최근 들어 기업의 사회적 책임(CSR: Corporate Social Responsibility)이 강조되면서 기업들도 기부와 자원 봉사활동을 적극적으로 펴고 있다. 특히 미국에서는 '기부자본주의(philanthrocapitalism)' 또는 '경쟁적 기부(competitive philanthrophy)'라는 말이 나올 정도가 되었으며 기부를 하지 않으면 제대로 된 부자로 인정받지 못할 정도라고 한다.[25] 매우 바람직한 일이기는 하지만 세상 모든 일이 그렇듯이 부작용도 없지 않다고 한다. 경영컨설팅 기업인 '맥킨지&컴퍼니'가 미국의 자선단체를 대상으로 조사한 바에 의하면(2003년 기준) 자선단체의 운영비 및 모금액 중에 최소한 1천억 달러가 낭비되고 있는 것으로 드러났다. 기부금이 불쌍한 사람을 돕기 전에 자선단체 임직원의 밥그릇을 채우고 있다는 비판을 받고 있다.

아름다운 이름: 자원봉사

자원봉사는 봉사자가 주로 자신의 능력을 대가없이 제공하는 행위이다. 이 때 자원봉사자는 두 가지 유형의 손해가 발생한다. 하나는 자신의 능력을 다른 곳에 투입하였더라면 얻을 수 있는 수입 혹은 만족(기회비용)이다. 둘째는 자신의 돈이다. 자신의 돈이 들어가는 경우 보통 실비(實費)로 보전(補塡)을 받는 경우도 있음을 감안할 때

---

25) 김정호, "좋은 기부, 나쁜 기부," 자유 기업원 전문가 칼럼, 2007년 12월 21일자.

자원봉사에 소요되는 시간과 노력의 기회비용을 손해 보는 셈이다. 고소득층일수록 자원봉사를 꺼리는 경향을 볼 수 있는데[26] 그들은 보통사람들보다 더 시간이 돈이라고 생각하고 있기 때문에 '몸'으로 하는 자원봉사보다는 '돈'으로 기부하는 쪽을 선택하는 것이다.

자원봉사와 기부는 광의로 보면 자발성을 기초로 하는 경제행위이기 때문에 이를 활성화되기 위해서는 적절한 유인제도가 필요하다. 어렸을 때부터 교육과 실천에 대해서는 아무리 강조해도 지나침이 없을 것이다. 세제 혜택을 늘이려는 노력, 모범이 되는 자원봉사자와 기부자를 널리 알려 모두에게 귀감이 되게 하는 등 주는 쪽에 인센티브를 주는 것도 중요하지만 수혜자들의 투명한 관리, 봉사자와 기부자에 대한 감사, 및 투철한 사명감도 강조되어야 할 것이다. 이를 위해서는 다각적이고 적극적인 사회적 노력이 필요하다. 한마디로 기부문화의 생활화가 이루어져야 한다.

시장경제 한 쪽에서는 치열하게 경쟁하는 모습이 있는 반면 다른 쪽에서는 약자에 대한 사회적 배려가 있고 개인적 온정이 있다면 강자는 약자의 입장을 고려하여 행동을 하고 약자는 강자를 존경하는 사회가 될 수 있다.

'보이지 않는 차가운 손'만 있는 사회가 아니라 '보이지 않는 차가운 손'과 '보이는 따뜻한 손'이 서로를 인정하고 손을 잡는 사회가 우리가 가야할 사회의 모양이라고 생각한다.

---

26) 보통 자원봉사자에게 주어지는 일은 청소와 같은 허드렛일이 있는가하면 집집기와 같이 상당한 기술을 요하는 경우도 있다. 고소득자들은 이런 일에 익숙하지 않기 때문에 자원봉사를 꺼리는 면도 무시할 수 없을 것이다.

제 2 부

시장경제원리와 스킨십

201

"점심을 먹어 말아, 먹으면 자장면을 먹을까, 짬뽕을 먹을까"

✎ 샐러리 맨의 점심식사 고민

✎ 한계 원리

♬ 짬뽕을 시킬까 자장면을 시킬까 중국집에 시킬 때면 헷갈린다. 헷갈려
짬뽕을 시키면 자장면이 먹고 싶고 자장면을 시키면 짬뽕이 먹고 싶네.♪
한 두 번시키는 것도 아닌데 시킬 때마다 내 마음이 흔들려
한식집 일식집 설렁탕집 해장국집 냉면집 라면집 어딜 가도 안 그런데
왜 왜 왜 왜 중국집에 가면은 헷갈린다. 헷갈려 ♬

이 노래는 고(故) 이남이씨가 부른 '자장면과 짬뽕'이라는 노래의 일부이다. 여기에서 *짬뽕을 시킬까 자장면을 시킬까* 하는 고민과 *짬뽕을 시키면 자장면이 먹고 싶고 자장면을 시키면 짬뽕이 먹고 싶네*에서 보여주고 있는 마음의 흔들림을 경제원리로 설명해 보고자 한다.

점심을 먹을까 말까, 배달을 시킬까 말까

도심의 샐러리맨들에게 점식식사 시간은 즐거울 때도 있지만 고통스러울 될 때도 있다. 업무에서 잠시 벗어나 맛있는 음식을 먹는다는 즐거움, 교외로 나가 별미 음식을 충분히 천천히 즐기고 사무실에 들어 올 수 있다면… 정말 꿈같은 이야기이다. 하지만 그랬다가는 당장 상사에게 혼이 날 것이고 또 과용(過用)으로 인해 그 날 이후 쪼들리는 생활을 하지 않을 수 없다. 돈이나 시간이 허락하지 않는다. 샐러리맨의 비애, 바로 그거다.

보통 점심식사 때 어디서 무엇을 먹을까가 최고의 관심거리이다. 그 외에도 언제 누구와 먹을까 등 시간과 동료에 대한 결정을 하지 않으면 안 된다. 이 때 우리는 나름대로 합리적으로 의사결정을 해왔는데, 경제학자들은 한계 원리(限界原理, marginal principal)에 기초한 선택이라고 가르치고 있으며 합리적(合理的, rational)인 판단을 하는 사람이라면 경제학의 '경' 자도 모르는 초등학교 학생도 이 원리에 따라 행동한다고 보고 있다. 심지어 일부 생태학자들이 주장하고 있는 동물의 먹이 찾기에서도 이와 비슷한 원리를 발견할 수 있다.

먼저 점심을 먹어 말아 즉 식사 여부를 결정하는 원리부터 생각해보기로 하자. 보통 점심식사를 하는 것을 당연한 것으로 여기지만, 밀린 일이 많아 짬을 못내는 경우에는 이것도 선택의 대상이 된다. 이 때 우리는 두 가지를 비교하여 판단하는데, 식사를 한 끼 함으로써 얻는 효용과 실제 식대 및 시간비용[27]의 합을 비교하여 선택하고 있다. 전자가 후자보다 크다면 점심식사를 하려고 할 것이고 후자가 전자보다 크다면 점심식사를 거르려고 할 것이다. 보통의 경우 기회비용으로 나타나는 시간비용이 의미 있게 작용하는 경우가 그리 흔치 않다. 그래서 대부분 점심식사를 하기로 결정한다. 하지만 일이 너무 많아 즉 '밥 먹을 시간은 커녕 먹고 죽을 시간도 없다'고 하는 경우 이 비용이 중요하게 작용한다. 그래서 사람들은 이 비용을 줄이기 위해 '시켜다 먹는 일'(배달 식사)를 하게 된다.

다시 말해 배달 식사 전에는 식사를 한 끼 함으로써 얻는 효용이 실제 식사에 드는 비용과 시간비용의 합보다 적어 점심식사를 거를 의사도 없지 않았지만 배달이 시간비용을 제로에 가깝게 만듦으로써 식사에서 얻는 효용이 비용보다 더 크게 되어 점심식사를 하게 된 것이다.

위의 내용을 보다 일반화 시켜 보면 합리적인 사람은 어떤 의사결정에 따른 한계 이득(식사를 한 끼 함으로써 얻는 효용)이 한계 비용(실제 한 끼 식대와 기회비용으로 나타나는 시간비용의 합)보다 더 클 때에만 그 대안을 선택할 것이다.[28)]

이제는 점심식사를 하기로 하고 무엇을 먹을 것인가를 고민하게 된다. 중국 음식을 먹기로 하였다고 하자. 다음 단계는 많은 메뉴 중

---

27) 이 때 시간 비용은 점심식사를 위해 오가는 시간, 식사를 기다리는 시간 그리고 식사시간 동안 하지 못하는 일의 가치라고 할 수 있다. 예컨대 찾아간 식당에 너무 손님이 많아 오랜 시간 기다려야 한다면 기다리는 시간의 고통과 그 시간 동안 하지 못하는 일의 가치(기회비용)도 시간비용에 포함된다.

28) 맨큐, 『맨큐의 경제학』, 교보문고, p.8.

에서 무엇을 먹을 것인가에 대한 의사 결정을 해야 한다. 각자 주머니 사정과 취향대로 음식을 시켜 먹는다. 자장면, 짬뽕, 유산슬, 탕수육 등 4가지 메뉴 중에서 영심이는 짬뽕을 경태는 자장면을 선택하였다고 하자. 어떤 원리가 이런 결정을 이끌었는가?

일반적으로 음식을 고르는 데 있어 각 음식 값, 시간 비용, 주머니 사정뿐만 아니라 소비자의 선호도 매우 중요하게 작용한다. 예컨대 영심이도 경태도 모두 아침 식사에 돼지고기로 요리한 음식을 먹었다면, 탕수육은 값에 비해 효용이 적다고 판단하여 대상에서 제외되게 된다. 자장면, 짬뽕, 유산슬이 선택의 대상이 되는 것은 각 음식이 가져다주는 효용이 비용을 초과하기 때문이다.

자장면(짬뽕, 유산슬)이 주는 효용〉 자장면(짬뽕, 유산슬) 값
탕수육이 주는 효용〈 탕수육 값

이 셋 중에 어느 것을 고를까 고민하게 되는데 이 때 주인이 와서 유산슬은 요리하는 데 시간이 많이 걸릴 것이라고 얘기하였다고 하자. 예기치 않은 (시간)비용의 증가로 대안은 자장면과 짬뽕으로 압축된다. 이렇게 되면 시간과 예산이 문제가 되지 않으며 오직 효용과 음식 값만이 고려의 대상이 된다. 자장면은 3,000원이고 짬뽕은 4,000원이라고 하자.

영심이는 짬뽕 한 그릇에 8,000원의 효용을 느끼고 자장면에는 5,000원의 효용을 느낀다고 하자. 영심이는 짬뽕 한 그릇을 먹으면 4,000원 들여서 8,000원의 효용을 느낄 수 있는 반면 자장면에는 3,000원 들어 5,000원의 효용을 느끼는 셈이다. 영심이는 짬뽕을 먹

으면 1원에 2를 얻는 반면 자장면을 먹으면 1원에 1.67을 얻는 셈이다.[29] 같은 돈 1원을 들여 더 많은 것을 얻는 쪽(짬뽕)을 선택한 것이다[30].

$$\frac{8{,}000(\text{짬뽕 한 그릇에서 얻는 효용})}{4{,}000(\text{짬뽕 한 그릇 값})} = 2 > \frac{5{,}000(\text{자장면 한 그릇에서 얻는 효용})}{3{,}000(\text{자장면 한 그릇 값})} = 1.67$$

이 원리를 '원(단위)당 한계효용 균등의 법칙'(law of equal marginal utilities per unit)이라고 부르고 있다. 이 법칙은 사람에 따라 돈에 대한 효용의 정도(소중하게 느끼는 정도)나 상품소비에 따른 효용이 다르다 할지라도 현명한 소비자는 1원당, 1천원 당, 1만원 당, 또는 1시간당, 한 시즌 당과 같이 손해를 나타내는 나름대로 단위를 정하고 손해가 같다면 단위당 이득이 가장 많은 일부터 선호한다는 평범한 이치를 법칙으로 부르고 있는 것이다. 친구사이에서 흔히들 "나 같으면 그 시간에, 그 돈이면 다른 것을 했을 것"이라고 다른 사람의 의 선택을 지적할 때가 있는 데 이 때 이 법칙이 쓰이고 있다. 이 법칙은 합리적인 사람은 여러 대안 중에서 선택을 함에 있어 값(비용, 손해)이나 효용(편익, 이득)만 보고 판단하는 것이 아니라 같은 값이면 효용이 많은 것을, 같은 효용이라면 비용이 적은 것을 선택한

---

29) 자장면(짬뽕) 한 그릇이 주는 효용을 자장면(짬뽕)값으로 나눈 값, 여기서는 1.67, 2를 자장면(짬뽕)의 '원당 한계효용'이라고 부른다.

30) 경태의 자장면에 대한 효용은 6,000원이고 짬뽕에 대한 효용은 7,000원이라고 하면 자장면의 원당 한계효용은 2이고, 짬뽕의 원당 한계효용은 1.75이기 때문에 자장면을 선택한 것이다.

다는 원리를 보여주고 있다. 영심이와 경태가 바로 그 대표적인 예이다.

그러니까 앞에서 소개한 노래가사에서 볼 수 있는 고민은(짬뽕을 시키면 자장면이 먹고 싶고 자장면을 시키면 짬뽕이 먹고 싶네) '자장면에서 얻는 1원당 한계효용'과 '짬뽕에서 얻는 1원당 한계효용'이 거의 같다고 느끼기 때문에 발생한 일이라고 풀이할 수 있다. 도토리 키 재기라고 비유할 수 있겠다. 따라서 자장면의 기회비용이 짬뽕이며 짬뽕의 기회비용이 자장면이라는 사실을 실감나게 보여주고 있다.

로스쿨 도전해 봐 말아

위의 원리는 합리적인 의사결정에 너무 나도 많이 쓰이고 있어 그 실례를 일일이 나열하기조차 버거울 정도이다. 대학 졸업 후 장래 진로에 대해 고민하는 대학교 3학년생이 로스쿨 진학을 목표로 정했다고 하자. 그는 로스쿨 진학에서 얻는 것과 잃는 것을 비교하고 로스쿨 3년 동안 추가로 지출해야하는 비용과 졸업 후 기대되는 수입을 비교할 것이다. 이 때 비용에는 3년간 들어가는 학비뿐만 아니라 진학으로 발생하는 기회비용도 포함되어야 한다. 직접적인 학비가 5,000만 원이 기회비용은 3,000만 원이 예상되어 총 8,000만 원이 소요되는 것으로 예상된다. 반면 이 학생은 로스쿨 졸업 후 반드시 변호사 자격시험에 합격한다고 할 때 일생동안 얻을 수 있는 소득을 4억 원이라고 예상한다고 하자. 순수익이 3억 2천만 원이기 때문에 진학을 고려해 볼만하다.

그는 로스쿨을 졸업할 때 또 한번 진로에 대해 고민을 해야 한다. 만약 사법(私法) 전문가가 된다면 추가적으로 2,000만 원을 더 투자하여야 하고 대신 6,000만 원의 추가 소득이 기대된다고 해보자. 반면 공법(公法) 전문가의 길을 간다면 추가로 1,000만 원을 더 써야하지만 2,000만 원 정도의 추가 소득이 기대된다고 해보자. 비용만 생각한다면 공법을, 소득만 생각하다면 사법을 선택하는 것이 옳지만 비용과 소득을 같이 고려하면

$$\underset{\text{얻는 원당 한계 소득}}{\text{사법전문가로서}} \quad \frac{6,000}{2,000} = 3 > \frac{2,000}{1,000} = 2 \quad \underset{\text{얻는 원당 한계 소득}}{\text{공법전문가로서}}$$

사법 전문가로서 얻을 수 있는 원당 한계 소득(3)이 공법 전문가로서 얻을 수 있는 원당 한계 소득(2)보다 높다. 그가 2,000만 원을 추가로 지출할 수 있는 능력을 가지고 있다면 사법전문가의 길을 가는 것이 현명한 판단이 된다.

생태학자: 사람이나 동물이나 먹는 것 차지하려는 원리는 같다

일부 생태학자들은 인간이 아닌 먹이를 찾아다니는 동물들도 '한계 원리'와 비슷한 원리에 따라 하고 있다는 사실을 발견하였고 이를 '최적 먹이 찾기 이론'이라고 부르고 있다. 이 이론은 먹이를 찾는 동물들이 먹이를 찾는 데 들이는 시간에 비해 최대한의 칼로리를 얻을 수 있는 먹이만을 쫓거나 수확할 것이라고 예견하고 있다. 먹이

감을 발견한 후 쫓고 죽이고 모으고 운반하고 준비하고 요리하는데 드는 시간, 즉 '처리하는 시간'에 대하여 가장 높은 비율의 칼로리를 얻을 수 먹이 감부터 차지한다는 이론이다.[31] '먹을 수 있는 돈과 시간'에 비해 가장 높은 만족을 주는 음식부터 먹으려고 하는 인간과 다를 바가 없다고 하겠다.

우리는 "점심을 먹을까 말까. 먹는다면 자장면을 먹을까 짬뽕을 먹을까"하는 사소한 일에서부터 "결혼을 할까 말까? 한다면 A와 할까 B와 할까" 등 인륜지 대사까지 수많은 것에 대해 결정을 하고 산다. 이 때 우리는 알게 모르게 '비용-편익분석(費用 便益分析,cost-benefit analysis)'과 '원당 한계효용균등의 법칙' 등 경제 원리에 입각하여 판단해 왔고 앞으로도 그렇게 할 것이다. 그렇다면 인간은 태어나서 죽을 때까지 한계 원리의 틀을 벗어 날 수가 없는 존재라고 해야 하지 않을까!

이렇게 보면 "경제학은 논리학의 일종이며, 생각하는 방식인 것 같다. …… 중략 …… 경제학은 본질적으로 자연과학이 아니라 도덕과학(moral science)이다. 그것은 내성과 가치판단을 한다." 라고 한 케인즈(John Maynard Keynes, 1883~1946)의 통찰력에 저절로 고개가 끄덕여 진다.[32]

---

31) 마빈 해리스 저 서진영 번역, 『음식 문화의 수수께기』, 한길사, 1992, pp.195~199.

32) 박우희, 『경제학의 기본원리』, 서울대학교 출판부, 2005, p.652.

202

"뭐요, 단무지 값도 받아요. 와! 야박하다. 야박해"

✎ 일본 여행을 처음 간 여행객의 항의

✎ 평균 비용과 한계비용

"뭐요, 단무지 값도 받아요. 와! 야박하다. 야박해"

이 말은 일본 여행 도중 음식점에서 단무지를 추가로 시키고 대부분의 우리나라 사람들이 하는 불만의 소리다. 반찬으로 나오는 김치나 단무지를 거의 무제한으로 먹는 문화에 익숙한 우리에게는 추가로 시킨 단무지 값을 받는 일본 문화는 영 체질에 맞지 않는다.

통 큰 한국인 vs 쩨쩨한 일본인

우리는 대범하고 대국적인 데 비해 일본 사람은 단무지 값도 받는 무척이나 야박하고 쫀쫀한 사람들이라는 인상을 일본 여행을 해 본 사람이라면 누구나 갖게 된다. 왜 그럴까? 여러 이유가 있을 것이다. 저자는 그 해답을 양국의 대표적인 음식인 김치찌개와 초밥 소비에서 찾아보았다. 물론 이 설명이 계산에 비교적 너그러운 한국인과 각

박한 일본인과의 차이를 설명하는데 전부라고는 할 수 없지만 일부분에 대한 설명은 될 수 있을 것으로 본다.[33)]

경제학에서 주로 쓰는 비용 개념을 〈표 5〉에 정리해 놓았다. 비용을 여러 개념으로 정의하고 있지만 가장 기본이 되는 개념은 총비용(總費用, total cost), 고정비용(固定費用, fixed cost, FC), 가변비용(可變費用, variable cost, VC), 한계비용(限界費用, marginal cost, MC) 평균비용(平均費用, average cost, AC)으로 나눌 수 있다.

❚ 표 5 ❚ 여러 가지 비용개념

- 총비용(總費用, total cost, TC): 생산에 드는 모든 비용을 말한다. 생산량 변화에 따라 변화가 없는 고정비용(固定費用, fixed cost, FC)과 생산량이 변함에 따라 변하는 가변비용(可變費用, variable cost, VC)으로 나뉘어 진다.

  총비용(TC) = 고정비용(FC) + 가변비용(VC)

- 평균비용(平均費用, average cost, AC): 생산물 한 단위당 소요되는 비용을 말한다.

  평균비용(AC) = 총비용(TC)/생산량(Q)

- 한계비용(限界費用, marginal cost, MC): 생산물이 한 단위 증가할 때 추가적으로 발생하는 비용을 말한다.

  한계비용(MC) = 총비용의 증가분(△TC)/생산량의 증가분(△Q)

---

33) "음식물과 그 국민의식의 지향성에는 기묘한 상관관계가 있다. 한국인의 관점에서 본다면 일본의 도시락문화를 낳은 일본문화는 빡빡하기 짝이 없는 '국물 없는 문화'이다. 따라서 도시락주의를 오히려 쩨쩨한 것으로 느낄지 모른다." 이어령, 『축소지향의 일본인』, 문학사상사, p.82.

4명의 친구가 저녁 식사로 4인분의 김치찌개를 먹고 있고 있는데 다른 친구 한명이 식당에 혼자 들어왔다고 하자. 그러면 먼저 있던 친구들은 새 친구에게 합석을 권할 것이고 별도로 일인분을 시키기 보다는 공기밥 하나만을 더 추가하는 행동을 하게 된다. 왜냐면 김치찌개는 늘 국물이 있어 나중에 온 친구의 몫을 굳이 시키지 않아도 친구끼리 서로 조금만 양보하면 비용도 추가로 별로 안 들고 우정도 함께 할 수 있기 때문이다.

이것을 숫자를 이용하여 보다 쉽게 설명해 보기로 하자. 일인분에 4,000원하는 김치찌개가 4인분이면 총비용은 16,000원이 된다. 이때 평균비용은 4,000원이며 한계비용도 4,000원이다. 여기에 한 명이 추가되면서 공기밥만 시키게 되면 총비용은 17,000원이 된다. 〈그림 1〉에서 보듯 평균 비용은 3,400원으로 600원 하락하며 추가로 드는 비용(한계비용)은 1,000원에 불과하다. 새로 참가하는 친구에 대해 추가로 발생하는 부담도 별로 많지 않을 뿐 아니라 한 사람당 부담해야하는 비용이 하락하니 '먼저 와 있던 친구도 좋고 나중에 온 친구도 좋고' 하는 일이 생긴다.

이제 4명의 친구가 일인분에 4,000원인 4인분의 초밥을 먹고 있고 있는데 다른 친구 한명이 식당에 들어왔다고 하자. 그러면 이미 와있던 친구들은 새 친구와의 친분정도와 추가되는 비용을 고려하여 합석여부를 결정할 것이다. 초밥은 김치찌개와 달리 한 사람 한 사람을 단위로 제공되기 때문에 합석으로 인해 추가되는 비용은 김치찌개일 때와는 다르게 나타난다. 친구를 합석시키기 전에 총비용은 16,000원, 평균비용은 4,000원, 한계비용도 4,000원이었다. 합석 후에는 총비용은

20,000원으로 오르고 평균비용은 4,000원, 한계비용도 4,000원이다. 〈그림 2〉에서 보듯 평균 비용은 4,000원에서 변화가 없으며 한계비용도 4,000원으로 변화가 없다. 따라서 초밥을 먹고 있던 친구들 입장에서는 새로 오는 친구가 그렇게 우정이 깊은 친구가 아니라면 서로 다른 좌석에서 각자 식사를 하는 것이 더 마음 편한 일일 것이다.

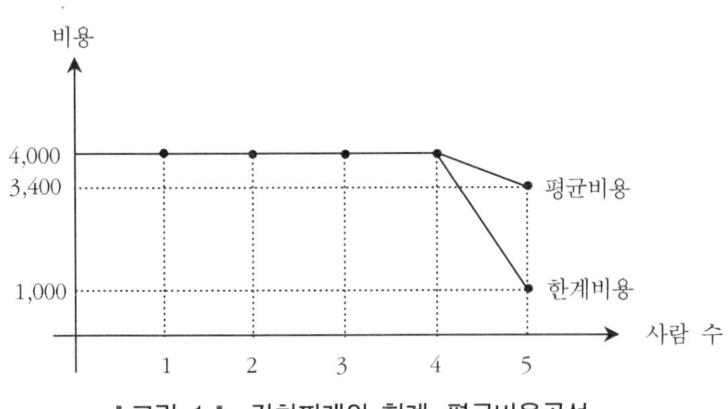

▌그림 1▐ 김치찌개의 한계·평균비용곡선

비용
4,000
평균비용·한계비용
사람 수
1 2 3 4 5

▌그림 2▐ 초밥의 한계·평균비용곡선

김치찌개를 먹을 때는 선심 쓰듯이 합석을 권하던 친구들이 초밥을 먹으면서는 약간 다른 뉘앙스의 행동을 하게 된다. 이렇게 다른 행동이 나타나는 것은 합석으로 인해 김치찌개에서는 평균비용과 한계비용이 하락하는 현상이 나타나지만 초밥에서는 그런 현상을 볼 수 없기 때문이다. 야박한 인심을 포현할 때 "국물도 없다"라는 말을 쓰는데 한계비용이 제로에 가까운 것도 주지 않으니 이런 표현이 나오게 된 것이다.[34] 그래서 초밥에 익숙한 일본인은 김치찌개에 익숙한 우리보다 더 야박하고 계산적인 행동을 하고 있다고 본다.

"아낄 때가 따로 있지, 택시타자, 택시 타, 어이 택시"

위에서 본 바와 같이 생산량이 증가함에 따라 단위 비용, 즉 평균비용이 하락하는 현상을 규모의 경제(scale economy)라고 정의하고 있다. 김치찌개 소비에는 규모의 경제가 작용하지만 초밥에는 작용하고 있지 않다. 우리 일상 생활에서 볼 수 있는 좋은 다른 예로는 택시 탈 때를 들 수 있다. 택시비가 약 5천원 정도 나오는 4km 정도의 거리를 가는 경우를 생각해 보기로 하자. 혼자라면 버스를 이용할 가능성이 높지만, 2명, 3명이 같이 가는 경우라면 버스보다는 택시로 가는 것이 더 합리적이라는 생각을 하게 된다. 만약 4명이 같이 가는 경우라면 택시를 타는데 주저하지 않을 것이다. 사람 수가 증가함에 따라 평균비용이 가장 낮아지다가 4명일 때 가장 낮아지기 때문이며, 2명에서 4명사이의 한계비용이 제로이기 때문이다. 아무리 자린고비의 구두쇠라도 4km 정도의 거리에 약 5천 원 정도 나오는 곳을

34) 이런 이유 때문에 찌개류는 2인분 이상만 판매하는 경향을 보이고 있다.

4명이 가려고 하는 경우, 큰 소리로 택시를 부른다."아깔 때가 따로 있지, 택시타자, 택시 타, 어이 택시"

따라서 의도적으로 기업의 크기 혹은 거래의 크기를 늘림으로써 규모의 경제를 향유하고 가격을 낮춤으로써 경쟁력을 가질 수 있다. 기업의 적극적인 M&A(Merger and Acquisition, 인수·합병)를 통한 덩치 키우기, 다각화, 선택과 집중의 뒤에는 바로 이 원리가 있다. 또 요즈음과 같이 시장의 확대가 빠른 때에는 식당을 하더라도 대규모가 아니면 경쟁력을 잃게 되는 경우가 비일비재함을 우리 주변에서 쉽게 볼 수 있다. 하지만 규모가 너무 커지면 조직이 비대해져 오히려 비효율적인 결과를 낳을 수 있다. 이런 경우를 규모의 불경제(scale diseconomy)라고 부른다. 너무 덩치가 큰 기업이 아웃소싱(outsourcing)이나 다운 사이징(down sizing)을 통해 슬림화하려는 노력의 중요한 요인은 바로 규모의 불경제를 극복하기 위한 것이다.[35)]

너무 덩치가 커고 비효율적이고 너무 적어도 비효율적임을 감안하면 그 중간 어디에 효율성이 극대화 되는 적정규모(適正規模)라는 개념이 설정될 수 있으며 이 규모에서 생산이 이루어 질 수 있도록 노력하는 지혜가 필요하다.

---

35) 아웃소싱(outsourcing)이란 기업 내에서 처리해 오던 업무를 계약 방식으로 외부의 전문기업에 위탁하는 것으로 생산 공정이나 관리·지원업무에 두루 쓰이고 있다. 다운사이징(downsizing) 수익성이 없거나 비생산적인 부서 또는 지점을 축소·해체 하거나 기구를 단순화함으로써 관료주의적 경영체제를 지양하고 의사소통을 원활히 하여 신속한 의사결정을 도모하는 것을 말한다.

"돗대를 달라고. 너, 내 친구 맞아"

✎ PC방에서 담배 인심 후한 친구의 노여움
✎ 거래비용의 경제학

"돗대를 달라고. 너, 내 친구 맞아"

정답게 PC방에서 오락을 같이 하면서 한 친구(B) 소유 담배를 사이좋게 나누어 피우다가 마지막 한 가치만 남았고 이 한 개비를 그 동안 얻어 피던 친구(A)가 또 달라고 하자. 지금까지 아무 불평 없이 아니 심지어는 같이 피자고 A에게 권하기 까지 하던 B가 돌변하면서 하는 말이다.

두 얼굴을 가진 친구

친한 친구 간에는 서로 내 것 네 것이 없이 지내는 경우가 많다. 특히 담배는 서로 같이 피는 경우를 흔히 볼 수 있다. 하지만 아무리 친한 친구 사이라도 마지막 한 개비[36]에 대해서는 인색한 경우를 많

---

36) 남자들 사이에서는 '돗대'라는 은어(隱語)를 쓴다.

이 볼 수 있다. 소위 마지막 한 가치 남은 담배만은 담배 소유자가 꼭 피며, 친구들도 그것만은 달라고 하지 않는 것이 불문율로 되어 있다. 그렇게 인심 좋은 친구가 왜 마지막 한 개비 담배에 대해서는 야박해 질까?

친구 A와 B 2명이 PC방에서 오락을 하고 있다고 하자. 친구A는 담배가 없고 친구B에게 담배가 5개비가 남아 있는 경우를 생각해 보자. 또 A와 B가 4 개피 까지는 사이좋게 나누어 피웠고 이제 마지막 한 개비가 남았으며, A가 B에게 마지막 한 개비를 달라고 하였다고 하자. B는 어떻게 행동을 하였을까? 아마도 거절하는 경우를 많이 볼 수 있을 것이다. 앞의 담배 한 개비나 마지막 개비나 같은 가격이고 품질도 똑 같은 데 왜 그럴까?

만약 마지막 개비를 A에게 주었다면 B가 다시 한 개비를 피우기 위해서는 담배 한 갑을 새로 사야한다는 부담이 발생한다. 돈도 돈이지만 한참 게임에 몰두해 있는데, 담배를 사러 밖을 나가야 하며, 담배 가게가 어디에 있는지 모르는 경우라면 밖에 나가 상당한 시간을 허비하여야 한다. 다시 말해 마지막 개비가 소비되고 나면 추가적으로 담배 한 갑 값에 더해 상당한 정도의 추가 비용, 시간, 및 불편함이 따르게 된다. 이렇게 거래를 행하는 데 따르는 (구매가격 이상으로) 추가비용을 거래비용(去來費用, transaction cost)이라고 부른다. 마지막 한 개비에 대해 친구의 인심이 변하는 것은 바로 거래비용이 크게 작용하기 때문이다. 이렇게 보면 PC점이나 음식점에서 담배를 팔지 못하게 하는 제도는 손님들의 담배소비에 대한 거래비용을 높임으로써 담배 소비를 줄이려는 의도가 있음을 알 수 있다.

거래 비용이라는 개념을 최초로 도입한 코우즈(Ronald Coase, 1910~)[37]는 거래비용을 "① 시장 거래를 위해서는 거래하고 싶은 사람이 누구인지를 발견하고(탐색비용(探索費用, search cost) ② 거래하고 싶은 사람에게 거래조건을 알려주고 ③ 교환이 이루어지도록 하기까지 협의하고 ④ 계약서를 작성하고 ⑤ 계약조건이 준수되는가를 확인하는 데 필요한 검사 등을 수행하는 데 들어가는 비용으로 본다."[38] 즉, 코즈에 따르면 탐색과 정보비용 및 상담과 의사결정비용 그리고 감시와 이행비용이 바로 거래비용이다.

저렇게 엉성하게 물건을 사는 사람이 어떻게 부자가 되었지?

또 거래비용 개념을 이용하면 같은 상품이라도 고소득층이 사는 동네에서는 고가에 팔리는 경우를 쉽게 설명할 수 있다. 소득이 높으니까 절약하려는 경향이 덜 하다거나 과시적인 욕구도 작용하고 있음을 부인할 수 없지만 거래비용(특히 탐색비용)의 절감을 위해서 비싼지를 알면서도 기꺼이 구입하는 것이다. 시간을 금같이 여기는 고소득층 사람들은 시간의 기회비용을 높게 평가하기 때문에 조금 더 싼 가격을 찾기 위해 여기저기에서 정보를 얻는 위해 드는 탐색비용을 줄이기 위해 가까운 곳에서 편리하게 좀 비싸다는 것을 알면서도

---

37) 그는 "경제의 기능화와 제도적인 구조에 큰 영향을 미치는 재산권과 거래비용의 중요성에 대한 발견과 명확화"에 대한 업적으로 1991 년 노벨 경제학상을 수상하였다.

38) Coase, 1960. "The Problem of Social Cost," *Journal of Law and Economics,* 1960, p.15, 유동운, 『신제도주의 경제학』, p.150에서 재인용.

구입하는 쪽을 선호하는 것이다.

이와 반대로 저소득 전업주부는 아침에 배달된 전단지를 철저히 보고 세일 쿠폰을 챙기고 친구들과 정보를 나눈 후 가장 본인에게 유리하다고 판단되는 시장으로 향한다. 이 주부는 동네에서 알뜰 주부라고 칭찬을 받자, 머쓱하다는 표정을 지으면서 "돈을 못 버니 그렇게 해서라도 벌어야지요"라고 답한다. '돈을 못 버니'라는 표현은 탐색의 기회비용이 거의 제로라는 말과 일맥상통하다.

일상품소비에 있어서는 부자는 좀 엉성하게 소비를 하는 경향을 보이는 반면 저소득층 소비자는 알뜰살뜰하게 소비를 하고 있다. 보통 사람들은 "저렇게 엉성하게 물건을 사는 사람이 어떻게 부자가 되었지?"라고 의아해 하지만 이는 일종의 착시현상이다. 부자들은 일상품 구입에는 크게 신경을 쓰지 않아 그렇게 보일 뿐이고 실제 그들이 원하는 상품을 사거나 비교적 한가한 시간에 쇼핑을 하는 경우에는 차분히 상품을 선택하는 경향을 보이고 있다. 즉 그들은 이중(二重)적인 소비 형태를 나타나고 있는 셈이다. 가난한 주부는 '아무리 아껴도 요 모양 요 꼴'이라고 한탄하면서 그렇게 보이지 않는 고소득층에 대해 시기(?)의 눈총을 보내는 경우도 없지 않은데, 사실은 부자나 가난한 주부나 경제적 소비를 한다는 면에서는 같다. 가난한 주부는 가난하니까 모든 상품소비에 있어 아끼고 절약하는 모양이 나타나지만 부자들은 자신이 꼭 구입하고자 하는 상품에 대해서는 누구 못지않게 충분한 탐색을 한 후 구입하지만, 그렇지 않는 상품 구입에 있어서는 단지 탐색비용을 절감하기 위해 작은 것에 연연하지 않는 태도를 보이지 않을 뿐이다. 가난한 사람은 부자들이 꼼꼼하

게 상품을 사는 경우를 볼 기회가 많지 않기 때문에 생기는 오해라는 측면을 지적할 수 있겠다.

그대의 불행은 나의 행복(?)

거래 비용이 사람들의 의사결정에 매우 중요한 역할을 한다는 사실을 우리 일상에서 흔히 볼 수 있는데, 대표적인 예로 다른 곳으로 이사를 가 아파트를 살 때(혹은 세를 얻을 때)를 생각해 보기로 하자. 사고자 하는 동네에 가서 제일 먼저 들리는 곳이 바로 공인중개사 사무실이다[39]. 왜 그럴까? 그것은, 그가 이사 희망자와 집 주인의 거래비용을 줄여주는 역할을 하기 때문이다. 만약 공인 중개사가 없다고 해보자. 거래를 희망하는 집이 어디에 있는지, 주인이 어디에 있는지 또 어떤 성향의 소유자인지, 가격은 얼마인지 등 거래에 필요한 정보는 물론 부동산 거래에 관련되는 여러 서식과 법률 정보를 얻기 위해서는 상당한 거래 비용이 드는데 중개사는 이 비용을 절약하게 해준다. 결혼 중매쟁이 또는 결혼정보 회사도 결혼을 희망하는 남녀의 거래 비용을, 중고자동차 중개업자도 거래 희망자 사이에서 거래 비용을 줄여주는 역할을 하고 있다.

---

39) 공인 중개사 제도가 활성화되기 전에는 '복덕방'이 그 역할을 하였다. 복덕방 주인은 그 동네에서 오래 사셔서 동네 정보에 누구보다도 정통한 사람(대개 나이가 지긋한)이었음을 상기해 보면 유능한 복덕방 주인이란 바로 거래 당사자 간의 거래 비용을 절감시키는 능력의 소유자라고 평할 수 있겠다.

또 갑작스럽게 예기치 않은 큰일을 당했을 때 경험과 경황이 없는 보통 사람들은 우왕좌왕하게 되어 상당한 거래 비용을 감수하여야 하는데 정보 소유자는 이 점을 악용하여 폭리를 취하는 경우가 있다. 대표적인 예로 장의사의 바가지요금이나 견인차에 끌려 자동차 정비 공장에 간 경우의 높은 자동차 수리비를 들 수 있다.[40] 중국에서는 장의사가 부수입으로 '폭리'를 챙기는 4대 직업 안에 들었다는 기사가 있어 소개해 보았다.[41]

> 중국에서 합법적인 임금도 아니고 불법적인 수입도 아닌 부수입으로 폭리를 챙기는 4대 직업으로 관광안내원과 의사, 교사, 장의사가 꼽혔다. … 중략 …
> 장의사들도 고인을 위해 돈을 많이 써야 후손들의 품격이 높아진다면서 장례식 비용을 마음대로 올리고 상주들에게 강압적으로 돈을 쓰도록 하는 방법으로 폭리를 올리고 있다. 이와 관련, 경제학자들은 "부수입은 국가 세수 대량유실과 빈부격차 확대, 부패심리 확산 등의 사회문제가 되고 있다"면서 "돈의 많고 적음이 아니라 어떻게 벌었느냐가 중요하다"고 지적했다.

이 기사를 보고 있노라면 중국이나 한국이나 사람 사는 데는 다 비슷하지 않나 하는 생각이 들어 씁쓸한 웃음을 짓게 된다. 그래서 사람들은 장례를 대비하여 친목계를 만든다. 계원 중에 장례를 많이 경험해 본 적이 사람이 있다면 그는 자신의 경험을 살려 경황이 없는

40) 강태진·유정식·홍종학, 『제 3판 미시적 경제분석』, 박영사, p.772.

41) 연합뉴스 2007년 2월19일.

상주(喪主)를 대신해 호상(護喪)을 맡아 합리적인 결정을 척척 내린다. 상주의 입장에서 보면 그 계원과 계가 구세주 중의 구세주다. 이 계는 목돈이 들어가는 것에 대한 대비한 금전적인 목적도 있지만 상주(喪主)의 탐색비용을 줄여주는 기능을 하게 된다. 또 흔히들 보통 사람들이 "집안에 의사나 변호사가 한 명이라도 있으면 얼마나 든든한데"라고 말할 때 급한 일을 당해 순간적으로 탐색비용이 많이 들 때 친인척 의사나 변호사가 이것을 경감시켜 주는 기능을 할 수 있기 때문이다.

204

"나는 암표장사를 증권거래와 같다고 생각합니다."

✎ 암표 장사의 항변
✎ 암표의 경제학

요즈음은 인터넷을 이용한 예매가 보편화되어 있어 암표가 많이 없어졌지만, 누구나 영화관, 연극 공연장, 고속 터미널, 기차역에서 암표를 한번쯤은 사 본 경험이 있을 것이다. 이 중에서도 스포츠 현장처럼 암표가 가장 극명하게 거래되는 곳은 없을 것이다. 스포츠 현장에서의 암표 이야기를 기초로 공연장 암표, 기차 암표 등 여러 암표에 대해 경제학 원리로 풀어 보고자 한다.

한꺼번에 밀어닥치는 수요에 낸들 어떻게…

경제학의 가장 기본 분석도구인 수요·공급의 법칙(the law of demand and supply)으로 설명할 수 있다. 쉽게 말해 높은 암표 값은 공급은 한정되어 있지만 수요가 폭발적으로 증가함으로써 나타나는 가격 폭등현상이다. 경제학 용어를 빌리면, 초과수요(超過需要, excess demand)에 의한 일시적인 가격 상승 현상이라고 할 수 있다.

그럼 먼저 공급측면부터 보기로 하자. 모든 상품은 공급능력 면에서 한계를 가지고 있다. 공산품의 경우 생산 설비 수준을 넘어 공급할 수 없듯이 스포츠 경기장도 최대수용규모를 넘어서는 공급할 수 없다. 하지만 공산품의 경우는 재고(在庫)를 이용하여 공급량을 어느 정도까지는 조절할 수 있으나 스포츠 경기장이나 운동장은 그렇지 못하다. 이런 현상은 경기장뿐만 아니라 공연장 혹은 기차나 버스에서도 쉽게 볼 수 있는 일이다. 정원이상 더 소비할 수 없는 상품이다. 예를 들면, 최대 관중 수용능력은 6만 6천 명인 상암 경기장에 7만 명, 8만 명의 관중을 입장시키는 것은 물리적으로 불가능한 일이다. 다시 말해 공산품은 재고를 통해 공급량을 늘릴 수 있는 방법을 가지고 있으나 스포츠 경기장이나 운동장의 공급은 최대 수용인원을 초과하는 경우 대안이 없다.

수요 측면에서는 우선 관전 스포츠라는 상품은 짧은 시간에 엄청난 수요가 나타나고, 그리고는 순간적으로 소멸된다는 아주 독특한 속성을 가지고 있다. 한산하던 경기장 앞이 순식간에 인산인해를 이루는 모습을 보면 절로 탄성이 나오지만 경기가 끝난 후에는 언제 그랬냐는 식으로 텅 빈 모습을 보면 마치 귀신에 홀린 듯한 느낌을 갖게 된다. 다시 말해 이벤트성격을 갖는 상품이다. 두 번째로는 다른 시간에 있는 상품으로 대체하는 것이 불가능에 가깝다는 점을 들 수 있다. 예컨대 남아공 월드컵 결승전이 2010년 7월 12일 오전 3시 30분에 시합을 갖는다면, 이 시간 이외에는 이와 똑 같은 경기가(상품이라고 표현할 수 있는) 열리지 않는다는 점이다. 이 점이 암표가 존재하는 다른 상품인 기차표나 영화표의 경우와 확실히 다른 점이다. 오늘 9시 기차표를 사려고 했으나 표가 없는 경우, 10시, 11시차 등 다음 시간에 있는 차를 이용할 수 있으며 영화 관람에서도 이번 상영에 못 들어가면 다음 상영 때 들어가서 보면 된다.

세 번째로는 상품간의 대체성이 낮다는 점을 들 수 있다. 기차표를 못 사면 고속버스를 이용할 수 있고, 극장표를 못 사면 꿩 대신 닭이라고 다른 영화를 본다든지, 혹은 연극을 본다든지 하여 상품간의 대체가 가능하지만, 스포츠 관람에서는 그런 것이 거의 불가능하다. 월드컵 결승전을 보려고 했던 사람이 표가 매진되었다고, 다른 스포츠 관람, 농구나 야구 구경을 간다! 거의 생각할 수 없는 일이다. 집에 돌아와 TV를 보는 대안이 있지만 집으로 돌아가는 시간이면 게임은 이미 끝나 버린다. 물리적으로 한정되어 있는 자원에 순간적으로 몰아닥치는 폭발적인 수요가 암표를 낳게 하는 가장 기본적인 특성이다. 이런 특성 때문에 경기장 앞에 간 사람이라면 어떻게 해서든지 입장하고 싶은 마음이 간절하게 된다. "여기까지 왔다가 그냥 갈 수 없지"하는 생각이 지배하게 된다. 그래서 본인이 처음에 내려고 했던 금액보다 훨씬 큰 금액이라도 내고 들어가고 싶은 오기도 발동하게 된다. 옆에 여자 친구라도 있으면 더욱 그 욕구가 강해진다.

프로는 역시 달라, 암표장사의 멋진(?) 상술

이제는 암표장사의 입장에서 가격을 매기는 전략을 생각해 보기로 하자. 일단 정상적인 값에 표를 사서 비싸게 팔아 폭리를 얻고 있는 셈이다. 수요자들의 안타까운 심정을 자신의 주머니 채우기에 악용하는 셈이다. 그 과정을 간단히 설명해 보기로 하자.

월드컵 결승전 표를 못 산 사람이 4만 명이 있다고 해보자. 이 사

람들은 다른 대안을 가지고 있지 않기 때문에 정상적인 표 값보다 더 주고서라도 꼭 개막전을 보려고 하는 사람들이다. 이 때 암표장사가 나타나면 오히려 구세주 같은 느낌을 받는다. 암표장사는 자신이 받고 싶은 최고가격을 부를 것이고, 한 장 한 장이 마치 경매에서 물건 값이 올라가듯 암표 값이 올라가게 되며 시합시작 시간이 가까워질수록 값은 더 올라가게 된다. 공급량을 넘는 수요 즉 초과수요가 가격을 끌어 올리는 것이다.[42]

세상 일이 다 그렇듯이 암표도 약점을 가지고 있다. 시합이 시작된 후에는 표의 가치가 급락하게 되고 급기야 일정 시점이 지나면 휴지조각으로 전락한다는 점이다. 시한부 인생(?)이라는 점이다. 이 약점이 암표 값의 무한정 상승을 제어할 것이라고 여겨지지만 현실은 그렇지 않다. 한번 최고로 오른 가격이하로 팔리는 경우란 거의 없다고 보는 것이 옳다. 이렇게 암표가 하방 경직성(下方 硬直性)을 갖는 것은 암표상들의 판매전략 때문이다.

만약 1만 원짜리 축구장 입장표 10장을 보통사람이 다른 사람에게 파는 경우와 암표장사가 파는 경우를 비교해 보기로 하자. 보통 사람은 경기 시작 전에 한시라도 빨리 10장을 다 팔려고 할 것이다. 구입가인 1만원 이상으로는 팔려하지 않을 것이다. 그러나 암표장사는 1장에 1만원 이상의 가격 예컨대 5만원에 팔아 폭리를 취하려고 할 것이다. 만약 경기시작하기 전에 10장중에 5장은 팔고 5장은 못 판

42) 임상일, 『실감나는 스포츠@살아있는 경제학』, 두남출판사, 2001, pp.198~203.

경우를 생각해 보자. 보통사람은 싸게라도 나머지 5장을 처분하려고 동분서주할 것이지만, 암표상은 안 팔고 쓰레기통에 버리면 버렸지 싸게 안 팔려고 한다. 만약 5장은 5만원에 팔고, 나머지를 5천원에 팔았다면 총 27만 5천 원 수입에 17만 5천원의 이득을 얻겠지만, 다음부터는 암표를 팔면서 폭리를 취하기가 어려워지기 때문이다.

왜냐하면 경기 시작 후에 싸게 암표를 살 수 있다는 사실이 수요자들에게 알려지면 그들은 경기 전에 암표상이 비싸게 부르는 값에 전혀 호응을 않게 된다. "그래 당신이 그렇게 비싸게 부르지만 경기 시작만 되면 헐값에 안 팔고 베겨"라고 수요자들이 생각하게 되면 암표장사는 본인이 의도한 대로 수입을 얻을 수 없게 된다. 하지만 전문 암표 장사들은 이렇게 약은 소비자에게 당할 그렇게 어리석은 사람들이 아니다.

보통 사람이 표를 물릴 때는 그저 원금만 건지려는 생각으로 임하지만 전문 암표장사는 계속해서 암표를 팔기 위해서 일관된 행동을 통해 경기시작 후에, 절대로 싼값으로 거래되지 않는다는 확신을 소비자에게 심어줌으로써 장기적으로 이익을 극대화한다. 장사 하루 이틀 할 것이 아닌 암표상은 오늘 한 장 더 팔고 덜 팔고가 중요한 것이 아니라 지속적으로 돈을 벌기 위해서는 오늘 약간 이익을 덜 보는 아픔을 감수하는 셈이다. 이런 예는 재고가 남아돌아도 버리면 버렸지 절대 세일을 하지 않는 명품 판매에서도 볼 수 있는 현상이다.

이런 요인들 때문에 여러 암표 중에 스포츠 관전 암표가 가장 비싸다는 사실이 설명되고, 아마추어가 하는 일과 프로가 장기적인 안목으로 전략적으로 하는 일이 다르다는 사실을 알 수 있다.

암표상사의 항변: 왜 나만 갖고 그래요, 나도 할 말 있다고요

2002년 한일 월드컵 때 20만 원 하는 중국 경기 표가 암시장에서 120만원에 거래되었다. 표 한 장에 무려 백 만원의 폭리를 취한 것이다. 암표시장의 백미는 미국 미식축구 결승전인 슈퍼볼에서 볼 수 있는데, 2007년 1월 말 정상적인 관전료는 600~700달러(55만 원 내외)였지만 인터넷 경매 사이트에서는 무려 9,000달러 약 850만 원에 거래되었다. 무려 800만 원 가까운 이득을 얻는 것이다. 그냥 앉아서 한 순간에 100만 원, 800만 원을 버는 암표장사들이 부럽기(?)까지 하다. 하지만 발각이 되면 처벌을 받게 된다.[43] 김연아 선수가 출전한 2010 벤쿠버 동계 올림픽 피겨 프리 스케이팅 경기의 정식 관람료는 420달러였으나 암표시장에서는 7.5배인 3,360달러, 403만 원에 거래되었다.

개인 간의 자유로운 거래인데 처벌을 하는 것이 부당하다고 주장하는 경제학자도 적지 않다.[44] 새벽부터 줄을 서 몇 시간을 기다려 정상가에 사는 사람은 하루 종일 해야 할 일을 포기하여야 하며 다음 날부터 며칠 동안 후유증으로 고생을 하여야 한다. 정상가 관전의 기회비용이 결코 만만치 않다. 이 비용은 개인에게만 발생하는 것이 아니라 거래처나 가정 등 사회적 비용도 낳는다는 사실을 결코 무시해서는 안 된다. "괜히 새벽부터 줄서서 그 난리를 피웠어, 회사에 와

43) 우리나라에서는 경범죄로 처벌받고 있다.

44) 맨큐의 경제학, pp.178~179.

보니 회사대로, 집에 가니 집대로, 난리야 난리…차라리 비싸더라도 암표를 사서 갈 것…"라고 후회하는 사람은 뒤늦게 정상가관전의 기회비용을 크게 느낀 사람이다. 암표 장사의 사회적 순기능을 빛을 발하는 순간이다.

"나는 암표장사를 증권거래와 같다고 생각합니다. 싸게 사서 비싸게 팔아야지요. 사람들이 내게 돈을 내겠다는 만큼 받는 것인데 이게 왜 문제가 됩니까?"

미국의 암표장사 토마스 씨의 항변이다. 암표장사와 증권거래를 같다고 보는 그의 주장에 수긍이 가는 면도 없지 않다. 무엇이 다르기에 한쪽은 정상적인 거래로 인정되는 반면 다른 하나는 불법으로 취급되는가?[45)]

암표 판매행위의 합법화를 주장하는 사람들은 앞에서 본 바와 같이 정상가 구입이 가져다주는 사회적 비용이 적지 않다는 점과 암표 판매행위가 합법화되면 오히려 그들 간의 경쟁이 생겨 암표 값이 하락할 수도 있다는 점을 들고 있다. 한편 반대하는 사람들은 첫째 불로소득(不勞所得)을 인정하는 꼴이 된다는 점을 들고 있다. 둘째 부자에게 더 유리하게 작용한다는 점을 들 수 있다. 셋째 증권시장이

---

45) "FIFA의 사전 서면동의 없이 입장권을 판매 혹은 양도할 수 없다."고 명시하여 암표판매를 불법화하고 있다. FIFA의 월드컵 입장권 판매약관 7조, FIFA: www.fifa.com

갖는 사회적 순기능이 있을 뿐 아니라 거래되는 돈은 회사의 실질적인 가치에 따라 움직이기 때문에 암표에서 보는 바와 같은 비정상적인 폭리는 그리 흔하지 않다는 점을 들고 있다. 증권시장이 합법화되었다고 그 논리를 암표시장에 적용하는 것은 옳지 않다는 주장이다. 마지막으로 이와 같이 재판매(再販賣)를 허용하는 경우 입장권 판매업자들의 농간이 예상되며 이를 제재하기 위해서는 상당한 행정비용이 든다는 점을 들고 있다. 입장권 판매업자이 표를 정상적으로 판 것처럼 속이고 표를 빼돌리고 암표판매를 통해 부당이득을 얻을 수 있기 때문이다. 현재까지는 반대하는 주장이 우세하다.

205

"으, 분해 어리숙해 보이는 할머니에게 내가 속다니"

- 중국산 저질 고사리를 사 온 주부의 분노
- 정보의 비대칭성

"촌 할머니들이 더 영악하다니까, 세상에 엉터리 중국산 고사리를 천연덕스럽게 아침에 본인이 따온 고사리라고 속여… 으, 분해 어리숙해 보이는 할머니에게 내가 속다니"

해질 무렵 저녁식사준비를 위해 황급히 집으로 오고 있는 주부가 길거리에서 초라한 차림으로 고사리를 파는 할머니를 보고, 늦은 시간까지 장사를 하는 모습이 안쓰럽기도 하고 시골에 계시는 친정 엄마 생각도 나고… 고사리를 식탁에 올리면 식구들이 좋아할 것도 같고 해서 고사리를 사기로 마음을 먹고 그 할머니에게 가격과 원산지를 물어 보았다.

할머니는 "당연히 국산이지요. 아침에 이 늙은이가 직접 따온 고사리예요"라고 답을 하였다. 주부는 저렇게 어리숙해 보이는 시골 할머니가 무슨 거짓말을 하랴 하는 생각이 들어 깍지도 않고 돈을 주고 왔다. 왠지 흐뭇하기 까지 하다. 그런데 집에 와 밝은 데서 보

니 엉터리 중국산 고사리가 아닌가!

속인 사람이 나쁜가 속은 내가 바보인가

이런 경험은 주부들이 한번쯤은 겪었던 일 일 것이다. 보통의 거래에 있어 구입자(주부)는 구입하고자 하는 상품(고사리)과 판매자(할머니)에 대한 정확한 정보를 가지고 있지 못하는 경우가 많다. 그래서 물건을 사면서 그 물건의 품질, 성능, 기능을 유심히 살펴봄과 동시에 판매자의 언행에 대해서도 주의 깊게 살펴보는 것이 일반적이다.

위에서 들은 예의 경우 이 주부는 할머니의 촌스러움과 순박함 등을 믿고 이를 근거로 고사리(상품)에 대한 정보를 알려는 노력을 게을리 하는 실수를 범한 것이다. 중국산 고사리임을 알고 난 후 그 주부는 할머니의 속임수에 속아 고사리를 정확히 파악하지 않았다는 실수에 대해 자괴하는 것이다.

위의 예는 거래 당사자 간에 정보의 양과 질에서 차이가 있어 발생한 현상이며 이런 경우를 정보(情報)의 비대칭성(非對稱性)(asymmetry of information)이 존재한다고 정의하고 있다.[46] 일반적으로 상품시장, 노동시장, 보험시장, 금융시장을 막론하고 당사자 간에는 정보의 비대칭성이 존재한다. 이것은 두 가지 요인으로 나누어 볼 수 있는데

첫째, 거래당사자나 거래상품의 특성을 한 쪽만 알고 있는 경우로써 이러한 '비대칭적 정보'의 상황을 '감추어진 특성'(hidden characteristics 또는 hidden type)의 상황이라고 한다. 둘째, 어느 한 당사자의 행동

46) 애컬로프(George A. Akerlof, 1940~), 스펜스(A Michael Spence, 1943~)와 스티글리츠(Joseph E. Stiglitz, 1943~)는 비대칭적 정보를 갖는 시장에 관한 연구로 2001년 노벨 경제학상을 수상하였다.

을 다른 쪽에서 관찰할 수 없는 경우에도 '비대칭적 정보'의 상황이 발생하는데 이 때는 '숨겨진 행동'(hidden action)의 상황으로 구분한다.

위 예에서는 할머니와 주부사이에 고사리가 중국산인지 국산인지에 대한 정보의 차이가 있으므로 '감추어진 특성'의 상황이라고 볼 수 있으며 시골 할머니가 진실하게 정보를 밝히는지 아닌지가 '숨겨진 행동'의 상황이라고 볼 수 있다.

이런 상황의 대표적인 예가 중고 자동차 시장이다. 신차와 중고차에 대한 거래당사자간의 정보의 차이를 생각해 보기로 하자. 자동차 공장에서 출고된 신차(예를 들어 소나타 0X라 586X)가 있다고 하자. 이 차에 대해 조립 공장의 최종 검사자가 이상 없음을 확인하였다면 이 세상 누구도 그렇게 믿는다. 공장장도 자동차 판매원도 수요자도 신차에 대한 정보는 모두 같다. 그러나 이 차가 1년이 지나 중고차가 되면 이 차에 대한 정보를 가장 많이 가지고 있는 사람은 바로 차 주인이 되며 다른 사람들은 주인에 비해 상대가 안 될 만큼 적은 정보를 가질 뿐이다. 즉 중고차 공급자와 수요자 사이에는 일단 '감추어진 특성으로 인한 정보의 비대칭성'이 나타날 가능성이 높다. 또한 공급자는 자동차에 대한 정보를 특히 자신에게 불리한 사항 예컨대 사고 경험, 결함 등에 대해서는 정확하게 알려주지 않으려는 행동을 하게 된다. 즉 '숨겨진 행동으로 인한 정보의 비대칭성'이 나타날 가능성이 높다.

이렇게 정보의 비대칭성이 존재하는 시장에서 어떤 일이 벌어질 수 있는지를 생각해 보기로 하자. 중고차 공급자는 자신이 가지고 있는 정보의 우위를 십분 이용하려고 할 것이다. 반대로 수요자는 중고차의 기능과 성능은 물론 공급자에 대해 정확한 정보를 입수하려고 노력을 기우리게 된다. 그러나 공급자가 유리한 형국이 되는 것이 일반적이다. 가격은 좋은 중고차와 나쁜 중고차의 평균으로 정해지기 때문에 좋은 중고차공급자는 시장 가격보다 더 높게 받으려고 하지만 나쁜 중고차공급자는 시장 가격보다 더 낮게 받으려는 경향이 있다. 따라서 중고차 시장에서 좋은 차는 (괜히)비싼 차로 인식되어 나쁜 차는 평균(시세)보다 싸게 살 수 있는 차로 인식되게 된다. 소비자들은 불행하게도 가격을 중시하기 때문에 "좋은 차를 싸게 샀다"고 자랑하지만 실제로는 '나쁜 차를 제 값에' 혹은 '나쁜 차를 약간 싸게 혹은 비싸게" 구매하였을 가능성이 높다.[47] 이렇게 되면 품질이 좋은 중고차들은 중고차 시장에서 점점 퇴출되게 된다. 이와 같이 정보의 비대칭성으로 인해 사회적으로 바람직하지 않은 상대방과 거래할 가능성이 높은 현상을 역 선택(逆選擇, adverse selection)이라고 부른다. 우리 속담에 '고르다 고르다 되 골랐다'나 '싼 게 비지떡이다'라는 표현은 바로 역선택을 의미한다고 하겠다. 한편 "물건을 모르면 비싼 것을 사라"고 하는 말은 역 선택을 피하기 위한 지혜를 가르치고 있는 말이며 단골을 정해 놓고 거래하는 것도 역선택을 미연에 방지할 수 있는 방법 중의 하나이다.

47) '승자의 저주(불행)'라는 개념으로 표현된다.

역선택이 자주 나타나게 되면 사람들은 시장을 신뢰하지 못하게 된다. 물건도 못 믿고 사람도 못 믿고… 진짜 믿을 만한 물건과 사람을 만나기 위해 상당한 시간과 노력, 비용이 들어가게 되는데 자원의 비효율적 배분을 야기 시킨다. 따라서 이와 같은 일을 미연에 방지하기 위해서 자동차시장에서는 국가 공인 자동차 중개상, 품질보증제, 성능검점기록부 제도가 도입되어 있고, 제조업에서는 품질 보증제가 보편화되어 있으며 최근에는 농축산물 거래에까지 확대되고 있는 추세이다.

"열길 물속은 알아도 한 길 사람 마음속은 알 수 없다."

이러한 역선택이 나타날 가능성은 거의 모든 시장에 존재한지만 고사리 시장이나 중고차 시장에서와 같이 재화를 거래하는 시장(재화시장)보다 보험시장과 같이 사람의 노동력이나 사람 자체가 거래의 대상이 될 때 더 심각하게 나타난다. 특별히 보험시장에서는 도덕적 해이(道德的解弛, moral hazard)이라고 불리는 현상이 문제시 되고 있다. 보험에 들어 있기 때문에 최선을 다해 위험에 대처하려고 하지 않는데 이것이 바로 도덕적 해이이다. 소위 '나이롱' 환자가 등장하고 있으며 심지어는 악의적으로 보험금을 노리는 살인사건도 발생하고 있다. 보험회사 입장에서는 옥석을 구별하기가 무척이나 어려운 일이며 사전에 철저한 자격심사는 물론 사후에도 심도 깊은 요건심사로 대처하고 있다.

엄마 우리 의사선생님 굉장히 훌륭하신가 봐, 상장이 방안 가득이야

한편 거래 당사자들도 자발적으로 역선택을 해소하려고 노력하고 있는데 정보를 많이 가진 쪽이 없거나 적은 쪽에 정보를 보내는 행동을 신호(信號, signaling)보내기라고 부른다. 큰 병원이나 대형법률사무소(로펌)에 가면 그렇지 않은데 동네 의원이나 작은 변호사 사무실에 가면 변호사나 의사들의 학력과 경력을 멋진 액자에 넣어 벽에 붙쳐 놓는 것을 신호보내기의 좋은 예라고 할 수 있다. "내가 이런 능력을 가지고 있는 사람이니 나를 믿고 재판(몸)을 맡기시오"라는 메시지를 의뢰인(환자)에게 주고 있는 것이다. 또 회사에 입사를 희망하는 사람이 이력서나 자기 소개서를 성의껏 작성하는 것도 같은 맥락에서 설명될 수 있다.

소아과의원에 다녀온 꼬마가 엄마에게 "엄마 우리 의사선생님 굉장히 훌륭하신가 봐, 상장이 방안 가득이야, 영어로 써 있는 것도 무지하게 많아"라고 말한다. 그 아이가 본 상장이란 실제 상장보다는 의사 자격증, 대학 졸업장, 소아과 협회 회원증, 대학 외래 강사, 박사학위증, 대학 병원 동료들의 감사패 등이 주를 이룬다. 이것들은 의사들이 자신의 학력과 경력을 알리려는 신호보내기로 해석할 수 있다.

반대로 정보를 없거나 적게 가지고 있는 쪽이 많은 쪽의 정보를 알아내려고 하는 노력을 선별(選別, screening)하기라고 부른다. 변호사나 의사의 인적 사항과 능력에 대해 적극 알아보려고 하는 의뢰인(환자)의 노력은 선별하기의 좋은 예라고 볼 수 있다. 또 인사담당자들이 심층면접 등 다양한 방법으로 신입 사원을 선발하려는 노력도 선별의 한 수단이다.

"중매는 잘하면 술이 석 잔이고 못하면 뺨이 세 대라"

결혼은 정보 비대칭과 관련된 여러 개념들이 잘 나타나는 경우이다. 상대가 어떤 사람인지 나와 좋은 배필이 될 수 있는지를 모르는 것은 서로가 마찬가지이다. 교제 과정에서 상대방에 대해 정확한 정보를 얻으려고 부단히 노력(정보 비대칭성의 정도를 줄이려는 노력)하지만 현실에서는 뜻대로 되지 않는다. '하늘에 있는 별도 달도 따다 주겠노'라고 말에 마음이 끌려, 아차 하는 순간에 역선택의 당사자가 될 가능성이 무척이나 높다. 양쪽이 믿을 만한 사람에 의한 중매는 이런 위험을 사전에 방지하기 위한 방법 중의 하나다. 중매자는 객관적인 신호보내기와 선별을 가능하게 해주는 역할을 한다. 하지만 중간에서 정보전달에 실수나 왜곡이 있으면 아니한 만 못한데, 그래서 옛말에 "중매는 잘하면 술이 석 잔이고 못하면 뺨이 세 대라"라는 말이 생긴 것 같다. 이 말은 중매가 어렵고 그만큼 신중하게 하여야 함을 가르쳐 주고 있다. 따라서 결혼정보시장 즉 중매시장이 탄생하게 되었고 2006년 말 현재 이미 600곳을 넘어섰으며 700여 만명으로 추산되는 전체 미혼인구 가운데 1.5%인 10여 만명이 매년 결혼정보회사를 이용하고 있다. '중매'를 사람사이에서 발생하는 정보 비대칭을 메우는 일의 일종이라고 생각할 때 가끔 결혼정보회사의 불법·탈법행위는 사회문제가 되고 있지만 그렇다고 사회적 순 기능 자체를 무시할 수는 없을 것 같다.

206

“믿는 자마다 멸망치 않고 영생을 얻게 하려 하심이니라”

✎ 성경말씀(요한복음 3장 16절)

✎ 공공재 이론

기독교 신자에게 전도(傳道)는 가장 중요한 사명으로 인식되고 있다. 만약 하나님의 사랑이 유한한 존재라서 신도가 증가함에 따라 기존 신도가 받는 축복이 감소한다면 어떤 일이 벌어질까? 꼭 교회나 성당에 가지 않고도 하나님의 축복을 받을 수 있다면 교회나 성당의 모습은 어떻게 변할까? 이 질문은 예수님의 사랑은 순수 공공재인가? 라는 문제로 귀착된다.[48)]

내 것과 네 것 구별하기

어떤 재화는 여러 기준에 의해 여러 유형으로 분류될 수 있으

48) 예수님의 사랑을 재화로 보아 그 성격을 따지는 것이 무척이나 불경스러운 일이지만 여기에서는 공공재의 개념을 정확히 알게 하기 위해 한 일이니 용서해 주실 것이라고 믿는다.

나[49], 소비에서의 경합성(競合性(rivalry in consumption))과 배제성(排除性, excludability) 이라는 두 개념을 기준으로 나누어 보면 〈표 6〉과 같이 4개의 카테고리로 분류할 수 있다.[50] 경합성이란 여러 사람이 동시에 소비할 수 없는 속성을 말한다. 또 배제성이란 대가를 치르지 않은 사람도 재화나 용역을 소비할 수 있는 것을 막을 수 있는가를 말한다.

❙표 6❙ 재화의 네 가지 유형

		소비에 있어서 경합성	
		있음	없음(비 경합성)
배제성	있음	사적재 아이스크림, 우유, 막히는 유료 도로	자연독점 소방 방재, 유선 방송, 막히지 않는 유료 도로
	없음 (비배제성)	공유자원 대양의 물고기, 환경 막히는 무료 도로	공공재 국방, 등대, 막히지 않는 무료 도로

출처: 맨큐, 앞의 책, p. 263기초로 작성하였음.

우리가 일상에서 쓰는 대부분의 재화는 사적재(私的財, private goods)로 분류되는 것들이다. 여러분이 이 책을 보는 동안 다른 사

49) 용도에 따라 소비재와 중간재, 내구성 유무에 따라 내구재와 비 내구재, 소득변화에 따른 수요변화의 방향에 따라 정상재와 열등재 등 여러 기준에 의해 다양하게 분류될 수 있다.

50) 각 유형의 경계가 애매한 경우가 많아 칼로 무 자르듯 명쾌하게 어느 유형에 속한다고 정의하기 어려울 것이 현실이다. 어느 재화가 배제가능한지 아닌지, 또는 소비에 있어 경합성이 있는지 없는지는 정도의 문제인 경우가 많다. 또 재화가 처해 있는 위치나 여건에 따라 다르게 분류될 수도 있다. 맨큐, 앞의 책, p.264.

람은 이 책을 볼 수 없기 때문에 경합성을 갖는다. 또 이 책을 여러분이 구입하였다면 다른 사람이 이 책을 보기 위해서는 여러분의 허락을 얻든가 대가를 지불하여야 한다. 만약 어떤 사람이 여러분에게 대가나 허락 없이 이 책을 가져가 읽는다면 법적인 문제가 발생할 수 있다. 여러분 소유의 이 책이 경합성과 배제성을 가지고 있기 때문에 전형적인 사적재로 분류된다.

그러나 만약 이 책을 대학이나 공공 도서관에서 빌렸다면 이 책은 다르게 분류될 수 있다. 여러분이 빌려 봄으로 인해 다른 사람이 볼 기회를 잃었기 때문에 경합성은 여전히 존재한다. 하지만 공공 도서관 소장 도서이기 때문에 일정 자격만 있다면(대학도서관인 경우 재학생, 공공도서관인 경우 지역주민) 무료 또는 무료에 가깝게 책을 볼 수 있기에 자격을 가진 사람들에게는 배제성은 존재하지 않는다.[51] 도서관의 책은 경합성은 있으나 배제성이 약하기 때문에 공유자원에 가깝다고 분류할 수 있다.

반면 공공재(公共財, public goods)는 경합성이 없으며 또 배제성도 없는 재화나 용역을 말한다.[52] 예컨대 등대의 불빛은 어느 한 배가 불빛의 혜택을 본다고 해서 다른 배가 받는 등대의 불빛이 감소하지 않는다(비 경합성). 또 등대이용료를 지불하지 않은 배에 대해 대가를 치르지 않았다고 등대 불빛 이용을 막을 수 없다(비배제성). 등대의 불빛은 공공재의 대명사로 불리고 있다. 또 공중파 방송은 누구나 다른 사람이 동시에 시청할 수 있으며(비 경합성) 시청료를 내지

---

51) 대학(공공)도서관의 경우 다른 학교 학생(지역 주민)들은 책을 빌릴 수 없기 때문에 배제성이 존재한다.

52) 공공재는 비경합성과 비배제성을 가지고 있다고 정의하기도 한다.

않은 사람의 시청을 방해할 방법이 없기 때문에(비배제성) 순수 공공재인 반면 유선 방송은 비 경합성은 존재하지만 요금을 납부하지 않는 사람을 배제할 수 있으므로 순수 공공재는 아니다.

예수님의 사랑은 순수 공공재인가

다시 예수님의 사랑 이야기로 돌아와 보자.

"믿는 자마다 멸망치 않고 영생을 얻게 하려 하심이니라"
"너희들은 나아가 전도에 힘쓰라."

이 성경말씀에 따르면 비 신도가 기독교 신도가 된다고 하여 기존의 기독교 신자들이 받는 사랑과 구원이 줄어들지 않음을 의미하며 예수님의 사랑이 경합성을 가지고 있지 않다고 정의할 수 있겠다. 만약 경합성이 존재한다면 기존의 신자들은 전도에 지금보다는 훨씬 소극적으로 변할 것으로 본다. 왜냐면 경합성으로 인해 전도를 하면 할수록 자신에게 돌아오는 구원의 몫이 줄어든다고 생각할 수 있기 때문이다. 하지만 신도가 전도를 많이 하여 새 신도가 증가하여도 예수님 사랑에 경합성이 없어 본인이 받는 구원에는 감소가 없다고 믿을 뿐만 아니라 오히려 더 많은 축복을 받는다고 믿으며 더 나아가 전도된 사람도 구원을 받을 수 있다고 생각한다. 전도로 인해 누구도 손해 보는 일이 발생하지 않는다고 믿기 때문에 적극적인 전도가 가능하다고 해석할 수 있겠다.

"나로 말미암지 않으면 주 하나님에게로 가지 못할 것이다." 이 성경말씀은 비 신도가 기독교 신도가 되어야만 구원을 얻을 수 있음을 의미한다. 기독교 신자가 아닌 사람은 그가 아무리 훌륭한 성인이라고 할지라도 구원에서 배제된다. 예수님의 사랑이 배제성을 가지고 있음을 의미한다. 성경에 대해 아무리 통달한 사람이라고 할지라도 세례를 받지 않으면 구원을 받지 못한다고 가르치고 있다. 그러기 때문에 기독교신자들은 꼭 세례를 받으라고 전도하고 있다. 이렇게 보면 예수님의 사랑은 경합성은 존재하지 않지만 배제성이 존재하기 때문에 순수 공공재라고 할 수 없다. 그의 사랑은 비경합성의 범위가 너무나도 크기 때문에 긍정적 외부효과가 매우 큰 공유 자원으로, '소금'에 비유될 때는 긍정적 외부효과가 매우 큰 사적재로, '빛'에 비유될 때는 최고의 공공재로 나타나고 있다.

소동파 왈 "자연은 순수 공공재"다.

자연이 갖는 공공재적 성격에 대한 예찬의 극치는 중국송 대의 시인 소동파(蘇東坡, 1036~1101)는 적벽부(赤壁賦)에서 찾을 수 있다. 그는 대자연의 아름다움과 고마움을 다음과 같이 노래하고 있다.

> "저 천지 사이에 사물에는 제각기 주인이 있어, 나의 소유가 아니면 한 터럭이라도 가지지 말 것이나 강 위의 맑은 바람과 산간의 명월은 귀로 들으면 소리가 되고 눈에 뜨이면 빛을 이루어서 이를 취해도 금함이 없고 이를 써도 다함이 없도다. 이는 조물주의 궁진함이 없는 갈무리로 나와 그대가 함께 누릴 바로다."

여기서 '저 천지 사이에 사물에는 제각기 주인이 있어, 나의 소유가 아니면 한 터럭이라도 가지지 말 것이나…'라는 대목은 보통의 재화는 사적재임을 인정하는 대목이며 '이를 취해도 금함이 없고…'는 자연에 대한 비 배제성을 '나와 그대가 함께 누릴 바로다'는 비경합성을 표현하고 있다. 만약 이토록 아름다운 자연이 배제성과 경합성을 가지고 있었다면 그는 조물주를 원망하는 시를 남겼지 않았을까… 상상해 보았다. 소동파 왈 "자연은 순수 공공재"다.

공공재 성격이 강한 재화는 수요자는 많으나 공급자가 적어 사회적으로 적정한 양이 공급되지 않는다. 너도 나도 무임 승차자(無賃乘車者, free rider)가 되기를 바라기 때문에 수요가 시장에 정확히 반영되지 않아 늘 공급부족 현상이 나타난다.[53] 사적재를 구입함에 있어 수요자는 자신이 지불하고자 하는 금액을 낮게 표현하면 그 상품을 손에 넣을 수 있는 가능성이 적어지기 때문에 지불하고자 하는 금액을 정확히 나타낸다. 그러나 공공재의 경우는 수요자가 지불하고자 하는 금액을 낮게 표현하려는 유인을 갖게 된다. 따라서 공공재에서는 가격이 최적 생산에 필요한 정보를 제공하지 못한다. 이 약점이 시장에 태생적으로 존재한 것이기 때문에 시간이 지난다고 자연스럽게 해결되는 것이 아니다. 이런 시장의 태생적 약점을 시장 실패(市場失敗, market failure)라고 부르며 정부에 의한 공급이 하나의 대안이 될 수 있다.

---

53) 무임승차자란 '부담에는 나 몰라라 하고 혜택에는 나부터 먼저를' 외치는 사람들이다.

따라서 많은 공공재나 유사한 성격을 가진 재화가 정부에 의해 생산되고 있으나 최근 들어 기술의 발전과 시장의 확대에 따라 민간에 의해 공급되는 것도 눈에 띄게 증가하였다. 국방과 함께 대표적인 순수 공공재로 분류되던 치안은 요즈음 들어 사설(私設)업체가 성업 중이다. 치안이 국방보다는 개별성이 강하여 비경합성과 비배제성이 약하기 때문이라고 풀이할 수 있다. 또 천안-논산 간 고속도로나 인천공항 고속도로에서 보는 바와 같이 도로 건설에서도 민간에 의한 공급도 증가하고 있다. 구간 구간 독립된 재화로서 기능할 수 있기 때문이다. 아무튼 과거에는 공공재라 여겨져 정부에 의한 공급이 당연시 되던 재화도 시장이 형성되면서 시장거래가 이루어지는 영역이 증가하고 있는 반면 반대로 사적재가 공공재적 성격을 띠게 되는 경우도 볼 수 있는 등 시장이 유동적으로 변하고 있다.

207

"담배 없이는 못 살아" vs "여보, 담배 좀 나가서 피세요"

✎ 골초 남편과 아내의 분노

✎ 외부 효과

'반딧불이 족'이라는 신조어가 유행한 적이 있다. 집안에서 담배를 못 피고 아파트 난간에 나와 담배를 피우는 처량한 흡연가를 일컫는 말이다. 담배는 흡연자 본인(직접 흡연자)뿐만 아니라 주변에 있는 사람(간접 흡연자)들에게 나쁜 영향을 끼친다는 사실은 이제 삼척동자도 다 아는 상식이 된지 오래다. 자기 돈으로 소비를 한다할지라도 전적으로 개인적인 일이라 치부할 수 없는 일이 되었다. 같은 사람일지라도 그가 담배를 필 때는 사람들은 그의 곁에 가기를 꺼려하지만 고급 향수를 몸에 뿌린 때에는 서로 가려고 한다. 같은 사람에 대해 다른 사람들이 대하는 180도 다른 태도를 보이고 있다.

흡연, 나 죽이고 남 죽이는 일

일반적으로 어느 경제주체의 생산 혹은 소비행위가 다른 경제주체의 생산 또는 소비 행위에 의도하지 않은 혜택이나 비용을 발생시키지만 그 혜택이나 비용에 대해 대가가 지불되지 않는 현상을 외부효과(外部效果, externality)라고 정의한다. 담배소비와 같이 다른 사람에게 손해를 가져다주지만 그것에 대한 대가가 보상되지 않는 현상을 외부불경제(外部不經濟, external diseconomy)라고 부르고 고급 향수소비와 같이 주위 사람들이 혜택을 가져다주지만 그것에 대한 대가가 보상되지 않는 현상을 외부경제(外部經濟, external economy)라고 부른다.[54] [55] 외부 경제가 나타나는 재화로 기초 과학 기술, 교육, 산림 등을 들 수 있으며 외부 불경제를 야기하는 재화로는 공해(소음, 먼지, 황사, 악취 등)나 혐오시설을 들 수 있다.

외부효과가 있는 경우 시장에서 자원의 효율적 배분이 이루어지지 못한다. 먼저 외부 불경제가 있는 경우를 생각해 보자. 간접흡연자들의 피해를 줄이거나 회복하기 위해 병원비 등 여러 가지 비용이 드는데, 흡연자 이외의 사람이 지불해야하는 비용을 외부비용(外部費用, external cost)라고 부른다. 따라서 흡연이 가져오는 사회적비용(社會的費用, social cost)은 흡연가가 감당한 비용(사적비용(私的費用), private cost)과 간접 흡연자와 그 이외의 사람들이 감당한 외부 비용이 합쳐진 비용이 된다.

---

54) 이 때 어느 흡연자의 옆에 그 사람보다 더 골초가 있다면 이 사람들 간의 외부효과는 외부 불경제가 아니라 외부경제로 정의될 수 있으며 향수냄새에 알레르기가 있는 사람에게는 향수냄새가 외부불경제를 가져다 줄 것이다. 하지만 담배연기는 외부불경제를 향수냄새는 외부경제를 야기시킨다고 보는 것이 더 일반적이라고 본다.

55) 외부 경제를 긍정적 외부효과, 외부 불경제를 부정적 외부효과라고 부르기도 한다.

흡연행위는 외부불경제성으로 인해 사회적 비용을 야기하지만 흡연자는 자기 자신만이 느끼는 편익과 개인적인 비용만을 고려하여 담배소비를 하는 경향이 강하며 피해자들도 피해에 대해 강력하게 대가를 원하는 경향이 적다. 따라서 흡연자는 사적 편익이 사적비용보다 크면 흡연을 하게 되고 이로 인해 발생하는 사회적 비용에 대해서는 지불하려고 하지 않는다. 이 때 인과관계가 확실하지 않아 그 규명이 쉽지 않는 경우도 매우 많다. 흡연의 사회적 비용이 연간 약 9조원에 이르지만 그 비용에 대해 과소평가 되고 있는 것이 현실이다. [56]즉 사회적으로 비용을 야기 시키는 상품이 무책임하게 생산·소비되는 현상이 나타나게 되지만 가격이 경제주체의 선호나 기술 등에 대한 정확한 정보를 담지고 있지 못하기 때문에 효율적인 자원배분이 불가능하게 된다.

요즈음 인기가 높은 SUV도 3가지 부정적 외부효과가 지적되고 있다.[57] 첫째, 환경에 미치는 부정적 외부효과를 들 수 있다. 차가 크고 연비가 낮기 때문에 더 많은 가솔린이 필요하며 이는 대기 오염과 이어진다. 둘째 도로의 마모·훼손으로 인한 사회적 비용을 야기시킨다. 보통 승용차에 비해 무겁기 때문이다. 셋째 안전상의 부정적 외부 효과를 들 수 있다.[58] SUV의 주인은 다른 차에 비해 안전함을 느끼지만 만약 SUV와 다른 일반 승용차가 사고가 나면 다른 차 운전

56) 매일경제 2007년 5월 21일자. 이 수치는 2005년 한 해 발생한 금액을 추정한 것이다.

57) Gruber, 『Public Finance and Public Policy』, Worth, p.121.

58) 실제로 우리나라에서 추돌 실험을 해 본 결과에 의하면 SUV와 승용차간 추돌사고 수리비는 승용차간 추돌사고 수리비에 비해, 시측 25km 속도 일 때 2.9배에 달하는 것으로 나타났다.

자는 SUV 운전자에 비해 더 큰 손해를 입게 된다. 좀 과장되게 말하면 흡연이 '나 죽고, 너 죽고' 식이라면 SUV 차는 '나 살고, 너 죽자' 식이라고 표현할 수 있겠다.

나무야 고맙다. 그리고 미안하다

앞에서는 부정적인 외부 효과에 대해 생각해 보았지만 반대로 긍정적 외부 효과가 있는 경우를 생각해 보자. 사회적 편익(社會的 便益, social benefit)을 크게 하는 상품이 더 생산·소비되는 것이 바람직하지만 외부경제를 발생시키는 사람도 혜택을 받는 사람도 그 혜택에 대해 정확한 정보를 시장에 나타내지 못하기 때문에 효율적인 자원배분이 불가능하게 된다. 예를 들어 우리나라의 삼림이 연간 약 73조 원의 가치를 생산하고 있지만 이 엄청난 가치를 보통 사람들은 과소평가 하고 있는 것이 현실이다.[59] 그래서 나무에게 이렇게 얘기하고 싶다. "나무야 고맙다. 그리고 미안하다."

다시 말해 외부 경제가 있는 경우 사회적으로 바람직하다고 인정되는 생산량보다 과소(過少)생산이나 과소소비가 나타나는 반면 외부 불경제가 있는 경우 과대(過大)생산이나 과대소비가 나타날 것이라고 쉽게 알 수 있다. 외부효과가 시장실패의 주요한 요인으로 손꼽히는 이유가 바로 여기에 있다.

---

59) 산림청 국립산림과학원(www.kfri.go.kr) 연구발표에 의하면 우리나라 산림(약 637만 ha)이 연간 창출하는 가치는 약 73조 원(GDP 7.1%)으로 이는 국민 1인당 151만 원에 해당되는 금액이다.

'정부가 나서고 시장은 뒷전' 에서 '시장이 보다 앞전' 으로

이 문제는 크게 3가지 방법에 의해 해결되고 있다. 개인 간의 자발적 해결, 정부의 개입, 및 시장 활용이다. 과거에 비해 시장을 활용하는 해결책이 다양하게 이용되고 있다. 먼저 자발적으로 해결되는 경우를 보기로 하자. 만약 흡연자가 비 흡연자에게 손해에 대해 대가를 지불한다거나 향수소비자가 다른 사람으로부터 혜택에 대한 보수를 받는다면 외부효과로 인한 문제는 쉽게 해결이 날 것이다. 하지만 손해나 이득의 유무나 정도에 대해 당사자 간 이견이 있다면 쉽게 해결이 나지 않을 것이다. 이 때 이해 당사자들이 협상을 통해 합의에 도달하는 과정에서 거래비용이 들게 되는 데 이 크기가 자발적인 거래의 성패를 결정 짓는다. 예를 들어 아파트 아래 윗 집에서 소음때문에 다투는 경우를 생각해 보기로 하자. 원만하게 서로 허심탄회한 대화로 서로의 입장을 이해하고 양보하여 문제가 평화적으로 해결되는 경우가 있는 반면 서로 앙숙이 되고 심지어는 살인으로까지 이어지는 경우도 볼 수 있다. 거래비용에 따라 결과가 달리 나타나는 것이다.

정부가 외부경제인 경우에는 보조금(補助金)을 주어 생산을 증가시키는 반면 외부불경제인 경우에는 세금을 부과하여 생산이 줄어들게끔 유도하는 정책을 쓰는 것이다. 기초과학 분야에 연구비를 지급하는 일은 전자의 예이고 휘발유세 부과는 후자의 대표적인 예이다.

이와 관련되어 국내에서는 쓰레기 종량제 실시와 국제적으로는 탄소배출권거래(Emission Trading System)라는 새로운 시장이 형성되었다는 것은 매우 흥미로운 일이 아닐 수 없다.[60] 만약 정부가 일률

적으로 배출량을 정하여 위반하는 경우 처벌한다고 하자. 경제주체들은 정해진 양까지는 줄이려고 노력하지만 그 이상 줄이려는 노력은 하지 않을 것이다. 해봐야 자신에게 이익이 되는 것이 별로 없기 때문이다. 하지만 쓰레기 종량제처럼 배출량에 따라 부담이 변하는 제도를 실시한다면 쓰레기를 덜 버리게 된다. 한 걸음 더 나가 정해진 양만큼 배출을 줄이고 여분의 배출량을 권리로서 남에게 팔 수 있다면 더욱 적극적으로 배출량을 줄이려는 노력을 할 것이다. 실제로 유리나라 대기업에서도 세계적으로 형성되고 있는 탄소배출권시장에 본격적으로 뛰어들고 있으며 큰 시장으로 성장할 것이 예상된다. 이 새로운 시장에서도 수요·공급의 원리가 작동할 것이고 오염배출권은 효율적으로 배분 될 것이다.

온실가스시장 2010년 1,500억 원 달러 … "굴뚝을 팝니다"[61]

LG 상사가 LG 필립 LCD와 손잡고 '탄소시장'에 진출한다. 온실가스 배출 시설을 보유하지 않은 대기업이 탄소시장에 진출하는 것은 LG상사가 처음이며 삼성물산 역시 진출을 검토하고 있는 것으로 알려져 국내 대기업 간 시장 쟁탈전도 예상된다.

자연을 사랑하는 사람들에게 자연이 "고맙습니다"라고 인사하는 매우 인상적인 광고를 본 적이 있다. 자연과 인간과의 인과 관계가

60) 2002년 4월 영국 런던 증권거래소에 '온실가스 배출권 거래시장'이 개설되었다. 우리나라는 2013년부터 온실가스 감축의무를 부담하게 될 것이다.

61) 동아일보, 2007년 4월 2일자.

반대로 설정함으로써 자연에 대한 사랑을 강조한 광고라는 생각이 든다.[62] '자연이 사람에게 고맙다고 할 것'이 아니라 많은 외부 경제를 인간에게 제공하고 있지만 과소 평가받고 있는 자연에 대해 사람이 '자연에게 고맙고 미안하다'고 해야 하는 것이 아닌지?

62) 이 광고 카피의 의미는 사람이 자연을 사랑하고 잘 보존하면 자연이 오히려 사람에게 감사한다는 내용을 보이고 있으며 그 의미는 그럴 정도로 까지 자연을 사랑하자는 뜻을 가지고 있다고 본다.

208

"소비자 농업인 모두의 행복을 책임지겠습니다"

✎ 국립농산물품질관리원의 모토

✎ 식품 안전의 경제학

몇 년 전만 하더라도 국립수의과학검역원, 국립농산물품질검사원, 국립수산물품질검사원 및 식품의약안전청 이라는 국가기관이 어떤 일을 하는지 아는 사람은 아마도 극소수에 불과했을 것이다.[63] 심지어는 이런 기관이 있다는 사실 자체도 모르는 사람도 상당하였을 것이다. 그러나 어느 날 갑자기 이 기관들은 뉴스의 집중조명을 받더니 이제는 우리와 매우 친근한 기관이 된 느낌이다.[64] 또한 AI, 비브리오 균, 구제역 등 매우 전문적인 수의학 단어를 그리 어렵지 않게 접하고 살고 있다.

---

63) 국립농산물품질관리원 www.naqs.go.kr, 국립수의과학검역원 www.nvrqs.go.kr, 국립식물검역소 www.pqs.go.kr, 식품의약안전청 www.kfda.go.kr, 국립수산물품질검사원 www.nfpqis.go.kr 참고바람.

64) 국립수의과학검역원의 뿌리는 1909년까지 거슬러 올라간다. 국립수의과학검역원 홈페이지 참고바람

'아무도 모르는 기관'에서 '누구나 아는 기관'으로

국립수의과학검역원, 국립농산물품질검사원, 및 국립수산물품질검사원은 농림수산식품부산하 기관이며, 식품의약안전청은 보건복지가족부산하 기관이다. 수의과학(獸醫科學), 농·수산물품질검사, 및 식품의약(食品醫藥)이라는 단어를 생각하면 하얀 실험가운을 입은 조용하고 침착한 과학자가 연상되며 전혀 경제와는 상관이 없는 것으로 보인다. 하지만 이 기관들은 국민들의 경제생활에 깊숙이 그리고 빠르게 연관되었고 이 기관들의 검사결과에 따라 울고 웃는 생산자와 소비자가 있게 되었다. 언제부터인가 이 기관들의 발표 내용에 따라 온 나라·온 국민에게 핵폭탄을 맞은 듯 충격에 휩싸일 때도 비일비재해졌다. 그래서 '아무도 모르는 기관'에서 '누구나 아는 기관'으로 엄청나게 큰 이미지 변화가 나타났다.

이와 같은 기관의 중요성이 대두되게 된 것에는 농림업, 축산업, 수산업 등의 시장화, 그것도 세계시장화가 크게 진전되어 있기 때문이다. 먼저 공급 측면을 보면 농가에서 생산하는 목적 자체가 다르다. 과거처럼 목가적(牧歌的)으로 집에서 키운 가금류를 자가(自家) 소비하고 남는 잉여생산물(剩餘生産物)을 시장에 파는 것이 아니라 처음부터 영리를 목적으로 생산·공급하고 있다는 점이 전적으로 다르다. 따라서 공급자들이 규모의 경제를 향유하기 위해 대형화되어 있으며 대규모로 집단화된 농장, 양어장, 사육장에서 체계적으로 생산되고 있다. 또 생산성 향상을 위해 자연적인 생산방식이 아닌 인위적인 방법을 쓰고 있고 있는데 동식물의 수정에서부터 출하까지 전

과정에 인간의 노력이 개입되어 되었다. 그래서 농축수산물의 안전과 품질에 관한 정보가 매우 중요시 되게 이르렀다. 수산물의 경우 양식과 자연산의 구별이 축산물의 경우 생산지와 도축지 구별이 중요하게 되었다. 또한 시장이 세계화됨으로써 우리 식탁에 가까운 중국산은 물론이고 칠레산 포도, 덴마크산 돼지고기가 올라오고 있는 실정이다. 우리 국민의 건강이 상당한 부분 외국인의 손에 의해 좌우되는 시대가 온 것이다. 우리 국경에 들어 올 때부터 철저한 검사와 검역이 중요하게 되었다.

이번에는 수요측면을 살펴보기로 하자. 과거에는 우리 국민 대부분이 농사를 지었기 때문에 자기 손으로 키운 것을 소비하여 농수축산물의 위생이나 품질에 대해 사회적으로 문제될 것이 없었다. 하지만 국민 대부분이 도시에서 2, 3차 산업에 종사하게 되면서 우리 식탁이 시장에 전적으로 의존하게 되었다. 농수축산물은 다양한 곳에서 다양한 형태로 공급되기 때문에 일반적으로 소비자들이 생산자에 비해 정확한 정보를 가지고 있지 못하다. 정보의 비대칭성이 존재하는 대표적인 시장인 것이다.

만약 질병에 걸린 농축수산물이 발견되었다고 알려지면 그 시장은 하루아침에 초토화(焦土化)된다.[65] 생산자들은 규모의 경제성을 얻기 위해 집단적으로 농축수산물을 생산하고 있기 때문에 어느 한 곳에서의 발병은 순식간에 전체에 영향을 미친다. 또 생산업자들 간의 교류가 증가하였기 때문에 빠르게 전염되고 있다. 또 소비자들의 입

65) 매년 전염병으로 인해 축산물의 20%가 감소하고 있으며, 약 1조 6천억 원에 이른다고 한다. 국립수의과학검역원 홍보 비디오 참고.

장에서도 볼 때 과거에 비해 뉴스 미디어가 다양화되고 신속화 되었기 때문에 농축수산물에 어떤 문제가 생겼다면 빠르게 그 소식을 접하고 소비를 꺼리게 된다. 이러한 충격에 대해 소비자는 대체재소비를 늘임으로써 대안을 찾을 수 있지만 생산업자들은 대안이 없거나 적기 때문에 소비자보다 생산자에게 엄청난 충격이 주어진다. 소규모 생산업자나 판매업자는 비관하여 자살까지 하는 경우를 심심치 않게 볼 수 있다. 따라서 농축수산물에 전염병이 문제된다면 정부는 적극적으로 그 피해가 확산되지 않도록 하여 일차적으로는 생산자를 이차적으로는 소비자를 보호하여야 한다. '소비자 농업인 모두의 행복을 책임지겠습니다'라는 국립농산물품질관리원의 모토(motto)가 가슴에 와 닿는다.

| 표 7 | 농산물 안전성 조사 실적

(건, %)

	1997	2000	2004	2005	2006	2007	2008
조사품목수	75	124	138	155	178	186	220
조사실적(A)	4,192	42,728	60,567	63,724	65,890	69,038	62,121
부적합건수(B)	107	525	770	730	750	1,477	1,436
부적합율(B/A)	2.6	1.2	1.3	1.1	1.1	2.1	2.3

자료: 국립농산물품질관리원 홈페이지 www.naqs.go.kr.

〈표 7〉은 최근 10년간의 국립농산물품질관리원이 실시한 농산물 안전성 조사 실적을 나타내 보았다. 10년 동안 조사 품목 수는 약 3배로 늘었고 실적은 무려 14.8배로 증가하였으나 부적합율은 점차 하락세를 보이고 있다. 농산물품질관리원의 활발한 조사가 생산자들 안정성에 대한 인식을 변화시킨 결과라고 할 수 있다.

따라서 농축수산물 시장이 제 기능을 하게 하기 위해서는 정확한 정보의 공개가 우선되어야 한다. 종(種), 생산지, 성장지, 생산 방식 등 품질에 관한 정보가 정확해야 가격이 올바르게 책정되고 시장이 정상적으로 작동한다.[66] 우리나라에서 실시하고 있는 몇 가지 주요 제도를 〈표 8〉에 소개해 보았다.

▌표 8▐ 농산물 품질관련 제도

▲ 농산물이력추적관리

농산물의 안전성 등에 문제가 발생할 경우 해당 농산물을 추적하여 원인을 규명하고 필요한 조치를 할 수 있도록 농산물을 생산단계부터 판매단계까지 각 단계별로 정보를 기록·관리하는 것을 말한다.(농산물품질관리법 제2조제6호)

▲ 우수 농산물관리제도

농산물의 안전성을 확보하고 농업환경을 보존하기 위하여 농산물의 생산, 수확 후 관리 및 유통의 각 단계에서 재배포장 및 농업용수 등의 농업환경과 농산물에 잔류할 수 있는 농약, 중금속, 또는 유해생물 등의 위해요소를 적절하게 관리하여 소비자에게 그 관리사항을 알 수 있게 하는 체계임

▲ 지리적 표시

(1) 우수한 지리적 특성을 가진 농산물 및 가공품의 지리적표시를 등록·보호함으로써 지리적특산품의 품질향상, 지역특화산업으로의 육성 도모
(2) 지리적 특산품 생산자를 보호하여 우리 농산물 및 가공품의 경쟁력 강화
(3) 소비자에게 충분한 제품구매정보를 제공함으로써 소비자의 알권리 충족

▲ 원산지표시

수입개방화 추세에 따라 값싼 외국산 농산물이 무분별하게 수입되고, 이들 농산물이 국산으로 둔갑 판매되는 등 부정유통사례가 늘어나고 있어, 공정한 거래질서를 확립하고 생산농업인과 소비자를 보호하기 위하여 '91년 7월 1일 농산물 원산지표시 제도를 도입하였다.

66) 농축수산물의 특성상 계절성과 생물성이 매우 강조되며 안정된 가격을 유지하는 것이 매우 중요하다. 재고 나 보관 등에 있어 공산품보다 매우 불리한 여건에 있다.

다른 것도 아닌 먹는 것 갖고 장난치면 정말 천벌을 받아야

이상에서 본바와 같이 우리의 식단이 시장에서 구입한 재화에 의해 채워지고 있으며 그것도 많은 부분 해외 수입품에 의해 채워지고 있다. 옛 부터 다른 것도 아닌 먹는 것 갖고 장난치면 정말 천벌을 받아야하다고 하였거늘 요즈음은 더 처벌의 중요성이 강조되고 있다고 하겠다. 하지만 사후 처벌보다 사전에 시장을 믿게 하는 조치를 선도적으로 취하는 것이 더 효과적이라고 할 수 있겠다.

세계화·개방화가 진전됨에 따라 안전한 농축수산물 생산은 인류 공동의 문제가 되었다고 해도 과언이 아니다. 우리나라와 같이 수입 의존도가 높은 나라에서는 수입 농축수산물에 대한 검사(품질, 전염병감염여부, 원산지 등)는 아무리 강조해도 지나침이 없을 것이다.

국립수의과학검역원, 국립농·수산물품질검사원 및 식품의약안전청 등 검사 검역기관은 생산자에게는 안정된 소득증대를 소비자에게는 안전하고 신선한 식탁을 제공하는 시장의 파수꾼들이다.

209

"영심아, 안 만나 주면 나, 한강에 뛰어 내릴 거야" vs "흥 내가 속을 줄 알고…"

✎ 영심이를 짝사랑하는 경태의 하소연

✎ 구애, 결혼 및 이혼의 경제학

'결혼은 누구나 하는 것. 이혼은 아무나 하나'에서 '결혼은 아무나 하나. 이혼은 누구는 못해' 시대로 바뀌고 있다. 또 결혼은 필수 이혼은 선택이던 시대에서 결혼도 이혼도 선택인 시대로 변하였다. 결혼과 이혼이 남녀 간의 사랑의 문제요, 법률문제인데 경제학에서 운운하는 것은 주제 넘는 일이라고 생각할 수 있다. 그러나 냉정히 생각해 보면 결혼이나 이혼이나 모두 인간의 선택이기 때문에 선택의 학문인 경제학으로 설명할 수 있다.

한 번 만 만나줘요

'영심이'라는 만화 영화에서 영심이는 귀여운 여중생이지만 공부는 밑바닥을 헤매는 여자 주인공이고, 남자 주인공 경태는 꺼벙하게 생긴 공부 잘하는 모범생이다. 경태는 영심이를 짝사랑한다. 영심이에게 안 만나주면 한강에 빠져 죽을 거라고 엄포를 놓는 장면이 나온다. 이 때 영심이는 겉으로는 들은 적도 안하고 콧방귀를 뀌며 외면하다가, 내심 고민하는 장면이 나온다. 정말 경태가 투신자살을 감행할 것인가 아니면 그냥 협박에 불과한 짓인가를 판단하여야 한다. 이 때 영심이의 선택을 결정하는 요인으로 우선 영심이의 성격을 들 수 있을 것이다. 좀 무심한 성격이냐 겁이 많은 성격이냐에 따라 달라진다. 더 중요하게 작용하는 것은 경태의 언행일치 여부이다. 경태가 평소에 '하면 한다'는 성격이어서 이번에 한 자살 운운이 그야말로 실행으로 이어질 가능성이 매우 크다면, 영심이는 자살 방조죄가 될 것 같은 두려움에 경태를 일단 만나고 볼 것이다. 반대로 경태가 평소 거짓말을 밥 먹듯 하고 플레이보이 기질이 있는 친구라면, 또 한 번의 공갈로 그치고, 그러다 말겠지 라고 생각하여, 경태를 만나지 않을 것이다. 평소의 믿을 만한 언행을 했느냐 안 했느냐가 상대의 믿음과 행동이 결정된다.

이상에서 본 영심이와 경태와의 관계는 일상에서 흔히 볼 수 있는 상황이다. 양치기소년이야기도 좋은 예가 될 수 있으며 돈 거래에서 돈을 빌리는 사람이 평소에 돈을 약속한 날짜에 잘 갚았는지 등에 따라 거래의 내용이 달라지는 것을 일상에서 흔히 볼 수 있는 일이다. 성공한 사람은 신의를 지키는 사람이며, 특히 자수성가한 사람들이 신용을 최고의 덕목으로 꼽는 것도 이와 무관하지 않다.

경제학에서는 이러한 예를 경제 주체들 간의 믿을만한 공약(公約, credible commitment)이 존재하느냐에 따라 전략이 달라진다고 설

명하고 있다. 그러니까 연인들 사이에는 물론 부부사이에도 과거의 행적과 신뢰가 대단히 중요하며, 내 뱉은 말에 대해 책임있는 행동을 실제로 하였는지 않았는지가 사람의 행동을 다르게 만들고 있다. 평소에 언행을 일치시킨 사람일수록 성공적인 연애 나아가 성공적인 결혼생활이 가능한 것이다. 우리 말에 "그 사람 말은 콩으로 메주를 쑨다 해도 안 믿는다"라는 말이 있는데 그렇게 식언(食言)을 한 사람은 바로 평소 믿을 만한 공약일 못한 사람, 또는 신뢰 있는 사람으로 평판을 못 얻은 사람이라고 평가할 수 있다.

오래 살다보면… 미운 정도 들고 고운 정도 들고

비슷한 다른 이야기를 해보자. 여자 친구의 생일날 데이트를 하고 싶은 남자가 휴대전화로 전화를 하다가 누구에게 전화를 빌릴 수 없는 상황에서 그만 약속장소와 시간을 말하기 전에 충전 배터리가 나간 경우, 어떤 일이 벌어지겠는가?

만약 이제 막 사귄 청춘 남녀라면 발을 동동 구르고 연락할 길을 모색하지만 여의치 않게 될 것이고 하는 수 없이 데이트를 못하는 비극(?)을 맛보아야 한다. 그러나 사귄 지가 상당한 기간이 되어 예컨대 1년 이상 이와 유사한 상황을 겪어 보았고 그 때 자주 만났던 장소와 시간으로 가면 될 것이다. 전화가 도중에 끊여져도 서로 이심전심(以心傳心)으로 마음이 통해 데이트를 할 수 있다. 사람이 관계란 비슷한 상황을 오랫동안 여러 번 겪다 보면 서로 마음이 통해 서로의 초점(焦點, focal point)을 형성할 수 있다.[67)68)] 이런 시각에서

---

67) 인간사회에서 나타나는 여러 가지 갈등과 대립을 해결하는 방안으로 셀링

보면 부부싸움은 초점을 형성해 가는 과정이라고 해석할 수 있다. 그래서 선조들이 부부싸움을 '칼로 물 베기'라고 하였는지도 모른다.

한편 60세가 넘은 노부부를 보면 젊은 부부보다 다툼도 적어 더 금슬(琴瑟)이 좋아 보인다. 요즈음 황혼 이혼이 증가하고 있는 추세라고 하지만 그래도 대부분의 60대 이상 부부들은 다투는 일이 젊은 부부에 비해 적다. 결혼 생활이 지속될수록 서로를 이해하고 상대가 요구하는 쪽으로 점점 움직여 가는 것을 금슬 좋은 부부에서 발견할 수 있는 공통적인 현상이다. 그들은 말한다. "미운 정 고운 정 다 들었다고…" 경제학자인 저자의 눈에는 두 사람간이 오랜 기간 티격태격하면서 자연스럽게 서로가 인정하는 초점이 형성되었고 그 초점에 맞추는 생활에 적응한 결과라고 해석할 수 있다.

출가외인의 시대는 가고

이혼에 대해 생각해 보기로 하자. 우리나라의 이혼은 매우 심각한 수준에 이르렀다고 전문가들은 걱정하고 있다. 2009년 한 해 동안 이혼은 12만 4천 건(쌍)으로 2008년보다 7천여 건(5.6%)증가 하였다. 유 배우자 인구(25~49세) 감소 및 이혼숙려기간 시범 도입 등으로 2004년부터 감소세로 전환되어 2008년까지 꾸준히 감소하였으나 미국발 경제 불안으로 인해 다시 이혼이 증가한 것이다. 하루 평균 342건(쌍)이 이혼한 셈이다. 평균 이혼연령은 남자 44.5세, 여자 40.6

(Schelling)이 주장한 개념이다. 그는 2005년 오만(Aumann)과 함께 노벨 경제학상을 수상하였다.

68) 게임 참가자들이 다른 균형점보다 더 자연스럽다고 믿는 균형점이라고 정의할 수 있다.

세로 높아지는 추세이다.[69]

과거에 비해 이혼이 늘고 있는 이유로는 여러 가지가 지적되고 있지만 뭐니 뭐니 해도 경제적인 요인이 가장 크다고 한다. 여자들의 교육기회가 증진되었고, 사회 참여가 획기적으로 증가함으로써, 이혼을 해도 손해 보는 것이 크게 줄어들었다[70]. 옛날 같으면 출가외인(出嫁外人)이라고 해서 친정에서 받아주지도 않을텐데, 요즈음은 그렇지 않다. 친정에서 받아주지 않는다고 하더라도 자기의 일이 있으면 얼마든지 혼자 생활할 수 있다. 자녀수가 적기 때문에 부담도 훨씬 감소하였다. 자신의 미래를 어떻게 보느냐에 대한 엄청난 변화가 있다. 과거에는 결혼과 동시에 '시집 귀신'이라는 등식이 성립하여 죽을 때까지를 의사결정의 시한(時限, time horizon)으로 잡았다. "지금은 힘들어도 살다보면 좋은 날 오겠지". 남편이 바람을 피우는 경우라도, "그래 50넘으면 제 발로 들어와 조강지처(糟糠之妻)와 사는 경우가 흔하다" 등에서 보듯 긴 시간에서 발생하는 행복과 불행을 고려하여 판단하였다. 특히 여자들이 미래지향적인 성향을 제도적으로 강요받았으며 그 결과 인내, 협력과 상생이 가능하였다. 그러나 최근에 들어서는 결혼의 시한을 짧게 보는 경향이 두드러지고 있다. 또 과거에는 자녀와 자신을 하나의 묶음으로 생각하였으나 요즈음은 독립된 주체로 보는 경향이 강하다. 과거에는 자녀가 생기고 나면 티격태격하던 부부도 장기적인 시한을 갖게 되고 서로 인내하려

---

69) 통계청 홈페이지 참고.

70) 1991년 이전에는 이혼할 때 여성은 위자료를 받는 것이 고작이었지만 1991년부터 맞벌이 부부는 재산의 50%, 전업부부는 30%의 재산분할(재산분할청구권)을 법적으로 보장받게 되었다.

는 경향을 보였으나 요즈음은 자녀를 큰 부담으로 생각하기 때문에 오히려 자녀가 생기기 전에 이혼을 서두르는 경우도 흔히 볼 수 있다. 그만큼 결혼의 시한을 짧게 보는 경향이 강해진 것이다.

혼인도 다다익선인가

이혼이 늘면서 자연히 재혼도 증가 추세를 보이고 있다. 소위 '재혼시장'이라는 새로운 용어도 등장하게 되었다. 통계청에 따르면 2008년 우리나라 혼인건수는 32만 7715건으로 2007년(34만 3559건)보다 4.6%(1만 5,844건) 줄었다. 1996년 이후 줄곧 줄어들다가 2004년부터 증가세로 전환되었으나 2008년에 다시 감소하였다. 2006년 재혼 커플은 전체 결혼 커플의 22.1%로 5쌍 중 1쌍이 재혼 부부다. 재혼자의 평균 연령은 남성 44.4세, 여성 39.7세로 해마다 높아지는 추세다. 남자 재혼은 5만 5700건, 여자 재혼은 5만 9800건으로 총 혼인에서 차지하는 재혼 비율은 남자가 약 16.7%, 여자 약 18.0%였다. 흥미로운 점은 '초혼남+재혼녀' 쌍이 1만 8300건으로 '재혼남+초혼녀' 쌍(1만 4100건)보다 4200건 더 많았다는 것이다. '연상녀+연하남' 역시 2006년 12.8%를 차지하며 연상녀와의 연령 차이는 1~2세가 대부분이었지만, 여자나이가 6세 이상 더 높은 부부도 0.6%에 달했다[71].

이는 '나이 든 사람이 재혼하는 것은 주책'이라는 사회적 관념이 희석되면서 나타난 현상으로 풀이된다. 재혼 정보회사의 모 팀장은 "사회가 서구화되면서 이혼에 대한 터부도 희석되고 있는 것 같다"

71) 통계청 www.nso.go.kr 여성가족부 www.moge.go.kr 참고바람.

고 말했다. 그는 “최근에는 20대부터 80대까지 연령대에 관계없이 이혼 사실을 당당히 밝히고 재혼에 관해 문의하는 사례가 급증하고 있다”고 덧붙였다[72].

구애에서 백년해로까지의 긴 세월을 보면 행복한 결혼은 처음부터 주어져 있는 것이 아니라 긴 시간동안 두 사람이 만들어가는 것이라고 말 할 수 있다. 상대를 이해하고 서로 초점을 만들어 간 결과이며, 단 기간 자신의 일상만을 생각할 것이 아니라 자식 대까지 장기간의 시간 선호를 하면 훨씬 더 만족스러운 결혼 생활을 할 수 있을 것이다.

---

72) 이코노믹 리뷰 2007년 7월 26일.

210

"자네 내 친구 맞아" vs "그래 자네 너무 고마워"

✎ 식당 주인 친구의 핀잔
✎ 경제학 원리의 이상과 현실

소위 먹자골목에서 갈비탕 전문 식당을 경영하는 주인이 오랜만에 만난 친구들 앞에서 식당 수익성에 대한 이야기를 다음과 같이 하였다고 해보자.

"요즈음 장사, 그저 그래. 이 동네 한 집 걸러 식당이니, 큰 돈 번다는 것은 불가능하고 그저 우리 네 식구 겨우 밥 벌어 먹고 사는 정도야. 다른 직업을 생각해 보았지만, 배운 도둑질이 이거라."라고 하소연을 하면서 소주잔을 기울일지 모른다.

식당주인의 하소연을 들은 경영학 전공자인 친구와 경제학 전공자인 친구는 식당 주인에게 무엇이라고 조언하겠는가? 아마 경영학 전공자는

"겨우 4식구 밥 벌어 먹고 정도로 되겠나. 매출을 올리고 수익을 올릴 생각을 해 봐. 내 생각에는 먼저 적극적인 광고(마케팅)를 권하

고 싶네, 그리고 식당을 리 모델링하여 분위기를 좀 바꾸고, 아니면 재료비나 인건비를 줄이는 방법을 강구하고, 그것도 안 되면 남이 안 하는 새로운 메뉴를 개발하던지."라고 조언 했을지 모른다.

하지만 경제학 전공자라면

"자네에게는 안 된 말이지만 겨우 4식구 밥 벌어 먹고 정도로 버는 것, 어쩌면 사회적으로 바람직한 현상이라고 할 수 있어. 하지만 내가 자네라면 새로운 비용 절감방법을 도입한다던지, 아니면 메뉴를 새로이 개발한다던지, 그런 방법을 일차적으로 하겠네. 그래도 안 되면 식당을 리모델링을 하거나, 그것도 여의치 않으면 마케팅을 적극적으로 해 보겠네."라고 조언했을 거라고 상상해 보았다.

말은 맞지만 어느 세월에… 자네 말을 들을 걸

독자가 식당주인이라면 누구 말이 더 도움이 될 것이라고 생각하는가? 우선 경제학 전공자의 말에 좀 기분 나쁠 수가 있다. "우리 4식구 겨우 밥 벌어 먹고 사는 정도의 수입이 사회적으로 바람직한 현상이라니! 내 친구 맞아?, 또 당장 코피 터지게 싸우고 있는데, 저렇게 답답한 이야기를 하니 누가 몰라서 못하는지 알아?"라고 불만을 느낄지 모른다. 그리고는 경영학 전공 친구의 조언에 따라 전단지를 만들려고 광고회사에 전화를 할 것이다. 어쩌면 당장 적극적인 광고나 마케팅을 권하는 경영학 전공자인 친구는 자기를 위하는 진짜 친구 같고 경제학 전공인 친구는 자기의 고생을 즐기는 고약한 친구 같은 생각이 들 수도 있다.

물론 위의 대화는 저자가 경제학과 경영학의 차이를 극명하게 나타내기 위해 좀 과장되게 만든 예시이지만 두 학문의 성격을 어느 정도는 대변하고 있다고 본다. 먼저 경영학자의 시각에서 보면 식당(기업)의 수익이 높지 않은 것은 경영상의 문제라고 파악한다. 또 해결의 수단으로 전단지 제작이나 적극적인 광고와 같이 단시간에 가시적으로 나타날 수 있는 방법을 선호하는 경향이 있다. 하지만 경제학자는 식당(기업)의 수익이 높지 않은 것은 동네 식당시장이 매우 경쟁적이어서 손님들이 자유롭게 식당을 선택한 결과로 파악한다. 소비자의 입장에서 보면 저렴하게 식사를 할 수 있다는 말과 일맥상통하니, 친구에게는 미안한 얘기지만 사회적으로 바람직하다는 말을 하고 있는 것이다. 따라서 수익을 올리는 방법에 있어서도 원가 절감이나 새로운 메뉴 개발 등과 같이 보다 원천적인 수단을 택할 것을 권한다. 이런 노력의 결과 소비자들은 그 전에 비해 더 맛있는 음식, 더 싼 음식을 먹을 수 있으니 좋고 식당주인은 수입이 증가하니 누이 좋고 매부 좋은 것이 아닌가? 물론 말처럼 쉽지는 않겠지만!!! 경제학이 주는 해법은 경영학이 주는 해법 보다 더 근원적인 문제부터 해결하라고 권하고 있다고 평가할 수 있다. 경제학의 해법은 뿌리부터 태클하는 방식이라면 경영학의 해법은 가지나 잎부터 손을 대는 방식이라고 비유할 수 있겠다. 자신이 처해 있는 입장에 따라 두 해법중 하나를 또는 두 해법을 동시에 사용한다면 문제 해결에 도움이 될 거라고 본다.

돈 벌기가 이렇게 어려운가!

경제학자들은 생산자들이 소비자에게 새로운 정보를전달하는 광

고에 -정보전달 광고(情報傳達 廣告, information advertizing)- 대해서는 호의적이지만 남의 손님 뺏어오려는 식의 광고 -설득적 광고(說得的 廣告, persuasive advertizing)에 대해서는 비판적이다. 사회전체적인 관점에서 보면 정보전달 광고는 소비자의 만족도 증가하는 동시에 생산자의 수입이 증가하기 때문이다. 하지만 설득적 광고는 사회전체의 편익 증가는 없는 가운데 광고한 사람에게는 잠시 득이 되지만 상대는 그 만큼 손해를 보는 결과를 낳을 가능성이 높으며 상대의 보복 광고에 의해 서로 소모적인 광고 전쟁으로 이어져 서로에게 손해가 발생하며 사회적으로 보아 자원의 낭비를 낳을 수 있기 때문이다. 광고를 규제하는 정부의 움직임에 당사자들이 싫어하지 않는 이유도 이런 이유에 기인한다.[73] 이와 같은 이유로 경제학자들은 식당 주인이 원가 절감이나 새로운 메뉴 개발 없이 그저 전단지나 널리 뿌리거나 비싼 모델을 써 광고하는 방법에 대해서는 부정적인 평가를 내리지만 차별화된 메뉴나 서비스 제공, 원가 절감을 널리 알리기 위해 하는 광고에 대해서는 호의적이다.

이번에는 이 주인이 주방장을 고용하면서 어떤 원리가 적용되고 있는지를 살펴보기로 하자. 주인은 주방장이 생산하는 수익과 그에게 지불되는 비용을 비교할 것이다. 주방장이 생산하는 수익은 그의 생산성(능력)과 음식 가격에 의해 결정될 것이며, 비용은 월급과 이에 추가적인 조건에 따른 지급액이 될 것이다.[74][75] 만약 수익이 비

73) 미국 담배산업에서 관찰된 사례가 있다. 김영세, 『게임의 기술』, 웅진 지식하우스, pp.44~46.

74) 실제 고용 계약에서는 미리 정한 월급이나 연봉이외에도 각종 인센티브가

용보다 크다면 계속 고용을 하겠지만 그 반대라면 그를 해고 할 것이다. 만약 수익이 비용보다 큰 상태가 지속된다면 주방장은 임금을 더 올려달라고 할 것이고, 결국은 주방장이 생산하는 수익과 그에게 지불되는 비용이 일치하는 점에서 균형이 이루어 질 것이다. 주인은 장기적으로 볼 때 주방장을 고용함에 있어 그가 수익에 기여하는 만큼의 임금이 지불되게 된다.

이 식당 주인은 갈비탕을 파는 시장에서 별로 돈을 못 벌 뿐 아니라 주방장을 고용하는 시장에서도 돈을 절약할 수 있는 가능성이 희박하다.[76] 이렇게 갈비탕 시장에서 크게 돈을 벌수도 없으며 주방장 시장에서 크게 절약할 수도 없는 시장을 완전경쟁시장(完全競爭市場, perfectly competitive market)이라고 부른다.

이 시장이 성립하기 위해서는 매우 엄격한 조건이 만족되어야 한다. (1) 무수히 많은 공급자와 수요자가 있다. (2) 공급자들이 공급하는 상품은 같은 질(質)이다. (3) 공급자나 수요자 모두 시장정보를 아무런 비용 없이 자유롭게 얻을 수 있으며 완전한 정보를 가진다. (4) 기업이 자유롭게 시장에 진입(進入,entry)하고 퇴출(退出,exit)할 수 있어야 한다. 따라서 이 시장에 참가하고 있는 기업들은 시장에서 결

있을 수 있으며 4대 보험료 등 부가(附加) 급료(給料)가 있다.

75) 논의를 쉽게 하기 위해 이 식당은 갈비탕만 전문적으로 파는 식당이라고 하자.

76) 갈비탕 시장과 같이 생산물이 거래되는 시장을 생산물 시장(生産物市場, product market: 식당 주인은 공급자, 손님은 수요자)이라고 부르며 주방장과 같은 생산요소가 거래되는 시장을 생산요소시장(生産要素市場, product factor market: 식당주인은 수요자, 주방장은 공급자)이라고 부른다.

정된 가격을 아무 저항 없이 받아들이는 가격 수용자(價格受容者, price taker)이다. 위에서 든 식당 주인의 경우 갈비탕 5,000원을 숙명처럼 받아들이고 장사를 하고 있다. 가격을 바꾸려는 노력은 포기하고 다른 것에서 예컨대, 독특한 깍두기 맛을 내게 한다던가, 독특한 갈비탕 맛을 내게 한다던가, 종업원들의 친절을 강화 한다던가 - 무언가 다른 동업자들과는 다른 맛이나 분위기를 제공하려고 한다. 이렇게 자신의 제품을 다른 경쟁자와 같은 듯 다르게 하려는 노력(similar but distinctive)을 제품차별화(製品差別化, product differentiation)이라고 부른다. 우리가 그 곳에 가면 무언가 다른 것이 있어라고 말할 때, '무언가 다른 것'을 만들어 내려는 노력이 바로 차별화라는 개념으로 쓰이는 것이다.

장부에 남은 이윤, 돋보기로 더 들여다 봐야

"겨우 4식구 입에 풀칠하는 정도야"라는 갈비탕집 주인의 말을 듣고 회계장부를 들여다보면 거의 수입과 지출이 일치하고 있음을 발견할 수 있다. "이윤이 없다는 말이 거짓이 아니구나, 장사꾼이야기는 믿을 수 없다는 말이 틀리는 모양이구나."라고 말할지 모른다. 하지만 지출내용을 보면 이미 집에서 쓰는 생활비, 자녀 교육비, 주인의 용돈 등 주인과 관련된 많은 돈이 이미 지출되어 있음을 알 수 있다. 엄밀하게 이런 지출들이 이미 비용에 포함되어 있기 때문에 이윤이 없는 것으로 기록된 것이다. 따라서 주인의 자본이나 노력에 관련된 비용을 어떻게 처리하느냐에 따라 장부상에 이윤이 있을 수도 있고 없을 수도 있음을 알 수 있다.

이 때 경제적 이윤(經濟的 利潤,economic profit) 개념과 회계적(會計的 利潤, accounting profit)이 달리 쓰이고 있다는 사실을 유의할 필요가 있다.[77] 회계적 이윤은 총수입에서 기업이 생산요소나 그 외의 비품 구입에 실제로 지불한 금액인 명시적 비용(明示的費用, explicit cost)을 뺀 개념으로 보통 회계장부에 남는 이윤을 말한다. 반면 경제적 이윤(또는 초과 이윤)을 계산할 때는 비용을 계산함에 있어 주인이 제공하는 모든 자원의 기회비용(機會費用)인 암묵적 비용(暗默的費用, implicit cost)까지를 포함하여 계산한다. 즉

회계적 이윤 = 총수입 - 명시적 비용

경제적 이윤 = 총수입 - 명시적 비용 - 암묵적 비용으로 계산된다.

따라서 경제적 이윤은 회계적 이윤보다 적게 된다. 만약 이 주인이 남의 집 주방장을 한다면 기대되는 소득(예컨대 월 300만 원)과 자기자본 월이자(예컨대 1억원 자기자본투자액의 이자 60만 원)을 합친 360만원이 암묵적(기회)비용으로 처리되어야 한다. 따라서 이 식당 주인의 경우 장부에 360만원 흑자로 기록되어 있다면 회계적 이윤은 360만원이지만 경제적 이윤은 제로이다. 장부에 남은 이윤을 다시 돋보기로 더 들여다보아야 한다.

이 예에서 나오는 세 경제주체(식당 주인, 손님, 주방장)의 입장을 각각 생각해 보기로 하자. 식당 주인은 가격을 더 올려 받고 싶지만 올렸다가는 아무도 자기 식당을 찾지 않는다는 것을 알고 있다. 소비

77) 김대식 외, 『현대 경제학원론』, pp.253~255.

자는 더 싸게 갈비탕을 먹고 싶지만 경쟁가격 이하로는 누구도 공급하지 않는다는 사실을 알고 있다. 주방장의 입장에서는 더 높은 임금을 받고 싶지만 경쟁 임금보다 높은 수준을 어느 식당 주인도 주지 않는다는 것을 알고 있다. 식당 주인 역시 보다 싸게 임금을 주고 싶지만 경쟁 임금보다 낮은 수준에서는 아무도 일하러 오지 않는다는 사실을 알고 있다. 따라서 세 경제주체 그 누구도 시장에서 결정된 균형가격에서 벗어 날 수가 없으며 가격의 움직임에 따라 경제활동을 아니할 수 없다. 즉 모든 시장이 이렇게 완전 경쟁시장이라면 시장에서 결정된 균형 가격보다 높으면 아무도 그 상품을 사지 않으며 그 가격보다 낮으면 아무도 그 상품을 팔지 않는다. 이런 시장에서는 특별히 돈을 버는 사람이 존재하지 않게 되며 가격이 자원배분의 신호로서 충실하게 역할을 하게 된다.

모든 시장이 완전 경쟁시장이면 효율적 자원배분이 이루어진다.[78] 그러나 현실에서는 완전 경쟁시장의 조건을 충족시키는 시장이 없으며 원천적으로 시장이 기능하지 못하는 영역이 있다. 이를 시장 실패(市場失敗, market failure)라고 부른다. 다시 말해 시장 실패란 시장이 자유롭게 기능하도록 맡겨들 경우 효율적인 자원배분이 달성되지 못하는 경우를 일컫는다. 시장의 태생적(胎生的) 한계를 지적하는 표현이다.

78) 후생경제학의 제 1정리라고 한다.

‘마켓 마이티, 낫 올 마이티(Market mighty, not Almighty)’

짐 캐리와 제니퍼 애니스톤이 주연인 영화 ‘브루스 올 마이티(Bruce, Almighty)’는 제목과는 달리 극 중 주인공 브루스가 전지전능하지 못한 인물로 그려지고 있다. 사실 내용상으로 보면 ‘브루스 마이티, 낫 올 마이티(Bruce, mighty, not Almighty)’라는 제목이 더 적절하다고 본다. 시장도 그렇다. ‘마켓 올 마이티(Market, Almighty)’가 아니라 ‘마켓 마이티, 낫 올 마이티(Market mighty, not Almighty)’라고 하는 것이 옳은 것 같다.

“시장에 맡겨라. 그러나 전지전능하다고 믿지는 말아라.”

211

내기 골프는 도박이 아니다(?)

✎ 어느 판사의 판시 내용

✎ 도박 이야기

"내기 골프는 도박이 아니다" 라는 판결이 내려져 화제가 된 적이 있다. 이런 결정을 내린 판사는 도박(賭博)이란 우연에 의해서 결정되는 예측 불가능한 사건의 결과에 돈이나 가치 있는 물건을 걸고 승부를 다투는 일을 말하는 데 골프는 우연보다는 실력이 크게 작용하기 때문에 내기 골프를 도박이 아니라고 판시하였다. 좀 속된 말로 하면 내기 골프는 '운칠기삼(運七技三)'이라기보다는 '운삼기칠(運三技七)'이기 때문에 도박이 아니라는 판단을 한 것이다.

로또, 토토, 슬롯머신, 증권, 내기 골프: 같은 점과 다른 점은

우리 주변에는 도박과 관련된 여러 가지 시장이 존재하고 있다.[79] 도박성 있는 상품 자체를 거래하는 경우가 있는가 하면 어떤 불확실

79) 임상일, 『통계는 성공의 나침반이다』, 한솔아카데미, p.160.

한 행위의 결과에 따라 배당이 결정되는 파생형 도박이 있다. 로또, 복권, 슬롯머신, 빠찡고, 내기 골프 등이 전자에 해당하고 스포츠 토토, 경주 스포츠 복표 등을 들 수 있다. 사행성·도박성 정도를 알아보기 위해 복권의 대명사인 로또와 증권의 특성을 비교함으로써 유사성과 차이점을 알아보고자 한다.

먼저 로또에서는 누구에게나 알 수 있는 객관적 확률이 존재하며 참여자들 간에 정보의 차이가 존재하지 않는다[80]. 객관적으로 누구에게나 동일한 경우의 수, 확률 및 기댓값이 존재한다.[81] 하지만 개인적으로는 다른 기댓값을 가질 수 있다. 돼지꿈을 꾼 사람과 그렇지 않은 사람과는 주관적인 기댓값이 다르다. 당첨여부는 오직 운에 의해 결정된다. 로또에 당첨되고 싶은 사람은 돼지꿈을 꾸도록 노력하는 것이 성공의 비결이다. 로또의 도박성은 엄청난 배당금과 배당률에 있으며 이러한 엄청난 수입이 불로소득인 동시에 오직 운에 의해서만 정해진다는 면에서 한탕주의를 불러일으킨다.

증권 투자는 의미 있고 유용한 객관적인 확률이 존재하지 않는다는 점에서 로또와는 일차적으로 다르다. 주관적인 예측이 결과와 일치하면 수입을 올리는 구조를 가지고 있다. 주가(株價)는 단순히 기업경영실적에만 의존하는 것이 아니라 거시적인 국내·외 경제 상황

80) 2002년 처음 발매된 로또는 2007년 4월말 현재 13조 1200억 원이 판매되어 대략 100억 장 정도라고 추계된다. 이는 우리 국민 1인당 220장에 해당되는 실로 엄청난 수치이다. 스포츠 서울 2007년 7월 16일.

81) 로또 복권에 당첨될 확률은 임상일, 위의 책, p.171과 www.lotto645.com

또 참가자들의 심리가 중요한 역할을 하기 때문에 개인의 능력으로는 정확한 예측이 불가능하다. 남들과 다른 결정을 내려야 큰 수입을 올릴 수 있기도 하고 반대로 패가망신을 당하기도 한다. 투자금액에 제한이 없기 때문에 크게 돈을 벌든가 크게 손해 볼 가능성이 높다.

▌표 9▌ 로또, 경주스포츠 복표, 스포츠 토토, 및 증권의 도박성 차이

	로또	경주스포츠 복표(경마, 경정, 경륜)	스포츠 토토	증권
유용한 객관적 확률	존재	존재하지 않음	존재하지 않음	존재하지 않음
정보의 필요성	약	중	중	강
사회적 기여	중	중	약	강
도박성	강	중	약	강

주: 경주스포츠 복표란 경마, 경정, 경륜 시합의 결과에 돈을 거는 복표를 말한다. 이 분야에서는 수익금을 사회 복지사업의 기금으로 사용하고 있기 때문에 간접적으로 기여하고 있다.

따라서 증권 투자에서 성공하기 위해서는 상당한 정도의 전문성이 요구 된다. 이러한 전문성은 스포츠 복표나 복권에 비해 훨씬 더 많은 능력을 요구하고 있지만 베팅(투자) 금액에 제한이 없기 때문에 일확천금이 가능하다. 또 다른 사람과 정반대의 예상을 했을 때 더 큰 수익이 생기기 때문에 정보 획득을 위한 많은 거래비용이 소요된다. 이런 성질 때문에 주가조작의 유혹이 증권가 주변에는 늘 상존하고 있다. 증권의 경우 자본시장에서 직접 자금을 필요로 하는 자와 공급을 하는 자가 직접 만나며 자금을 충당한 자가 주로 생산적인 일에 투자하기 때문에 사회적 가치를 인정받고 있다고 할 수 있다. 〈표 9〉에 여러 방법에 대한 도박성 정도와 사회적 기여에 대해 정리해 보았다.

그렇다면 내기 골프는 로또, 증권 중에서 어느 쪽에 더 가까운 성질을 가지고 있느냐를 밝혀야 할 것이다. 전적으로 운에 좌우되는 로또보다는 약간의 운과 전문성에 의해 결정되는 증권에 가깝다고 볼 수 있다. 그러나 증권은 외부요인에 의해 성과가 결정되지만 골프는 전적으로 당사자들의 실력에 의해 결정되기 때문에 더욱 더 우연성이 적다. 따라서 이런 측면만 보면 내기 골프는 도박성이 매우 약하다고 할 수 있다.

하지만 도박은 '어떤 대안에 대해 돈을 걸고 보통 이상의 높은 이득율을 얻는 행위'로 정의되고 있음을 유념할 필요가 있다. 골프 한 라운드를 도는 데 약 5시간이 소요된다고 볼 때 이 시간 동안 보통 사람이 벌 수 있는 수입을 기준으로 지나치게 높은 이득을 걸고 하는 내기 골프라면 그것은 바로 도박이 되는 것이다. 따라서 2010년 우리나라 최저임금이 시간당 4,110원이며 하루에 32,880원 정도인 점을 감안하면 한 홀에 몇 십 만원을 걸고 하는 내기 골프인 경우 그 정당성을 인정할 수 없다고 하겠다.[82] 아무리 운보다는 실력에 의해 승부가 결정된다고 할지라도 도박이라고 하여야 할 것이다. 건전한 증권 투자를 넘어 노름을 일삼는 주식 투기꾼을 '안락사'시켜야 한다고 주장한 케인즈(John M. Keynes)가 생각나는 대목이다.[83]

82) 일주일 44시간 근무자는 한 달에 928,860원, 40시간 근무자는 858,990원이다.

83) 김수행, 『알기 쉬운 정치경제학』, 서울대학교 출판부, p.124.

내기 골프는 서로 상대의 실력을 알고 핸디캡을 인정할 뿐 아니라 상대를 방해할 수 없는 규칙의 특성상 기능적으로 볼 때는 도박성이 약한 것은 사실이다. 특히 친한 사람끼리 게임의 긴장감을 높이고 여러 가지 경비를 마련하기 위해 약간의 내기 골프는 문제가 될 수 없으나 사회적 기여는 전혀 없으며 보통이상의 높은 이득율을 걸고 하는 내기라면 도박성은 인정되어야 할 것이다. 기본적으로 가지고 있는 제로섬(zero-sum) 게임 성격을 생각하면 내기 금액이 많을수록 반사회적(反社會的)이라고 할 수 있겠다.

따라서 "내기 골프는 도박이 아니다" 라고 한 판결은 골프의 기능성에만 너무 강조한 나머지 경제적 정의 측면이 반영되지 않은 판결이라고 할 수 있겠다.

바다이야기 → 패가망신 이야기 → 망국 이야기

2006년 여름 전국이 '바다 이야기' 때문에 시끄러웠다. '바다 이야기'라 해서 횟집 이야기인지 알았는데, 그게 아니고 사행성(射倖性) 오락 이야기라고 한다. 당시 국정원 보고서에 의하면 성인 도박(賭博)업체는 전국에 무려 2만 여 곳(미등록 업소 포함)이 있으며 연간 88조 원의 매상을 올리고 있다고 한다. 하루 한 업체에서 630~1,000만원에 이르는 금액이다. 이 보고서에 의하면 연간 탈루 소득액은 8조 8천 억 원에 이르며 환전 차액은 10~12%이며, 도박 중독자는 320만 명에 이른다고 한다. 이는 성인 9.3%에 해당하는 수치이며 캐나다 2.6%, 호주 2.1%와 비교하면 무려 3배에 이르는 수치이다. 바야흐로 전국이 '도박의 바다'가 된 셈이다.

도박이 문제가 된 것은 불로소득이기 때문이다. 생산적인 일에 참여하지 않고 운으로 결정되는 도박이 성행한다면 근로의욕의 상실을 초래할 것이고 사회의 생산력의 저하를 가져 올 것이기 때문이다. 실제로 로또로 대박을 터뜨린 사람 대부분이 말년이 불행하였다고 한다. 2007년 4월 말 현재 주인 잃은 로또 1등 당첨금이 367억 원에 이른다는 보도가 있었다. 이 사실도 피 땀 흘려 번 돈이 아니기 때문에 당첨자들이 그 소중함을 잘 체험하고 있지 못하다고 있다는 것을 여실히 보여주고 있다. 체불임금 몇 십 만원 때문에 살인까지 발생하고 있는 현실과 비교해 보면 불로소득의 반사회성을 쉽게 인식할 수 있다고 하겠다.

둘째 도박 자금을 얻기 위해 다른 비리를 저지른다는 사실이다. 실제 미국 NBA의 베테랑 심판이 도박에 빠져 잃은 돈을 만회하고자 승부조작을 기도한 사건도 발생하였다.[84] 마지막으로 마약과 같은 사회범죄행위와 연류 될 가능성이 높아 사회적 비용을 야기시킨다.

따라서 도박에 대한 정확한 인식을 어려서부터 교육시켜야 하며 인간의 도박 본능을 잘 다스리는 제도를 통해 생산에 기여하는 오락으로서의 도박이 되게끔 하여야 할 것이다.

---

84) 동아일보 2007년 7월 27일자.

212

"내가 미쳤지, 저 쓸데없는 돌덩어리를 그 비싼 값에 사다니"

✎ 영화 하트 브레이커스에서 엄마 꽃뱀 시고니 위버의 탄식
✎ 경매 이야기

모녀 꽃뱀의 화려한(?) 활약상을 그린 영화 하트 브레이커스에서 엄마 꽃뱀 시고니 위버가 늙고 병든 백만장자(짐 해크만 분)를 유혹하기 위해 그가 좋아 하는 남자 나신상(裸身像) 조각을 경매에서 산 후 후회하는 장면에서 내뱉은 대사이다.

일반적으로 경매(auctions, 競賣)하면 '돈 놓고 돈 먹기'와 같은 야바위 판과 같은 부정적인 이미지도 가지고 있지만, 어떤 때는 좋은 물건을 값싸게 살 수 있는 수단으로 또는 입찰(入札)을 통해서는 공개적으로 객관적인 가격을 설정하는 좋은 수단으로도 이용되고 있다. 농·수산물, 골동품, 예술작품, 정부 단기채권, 가구, 부동산, 석유리스, 기업, 그리고 수많은 소비재를 포함한 다양한 것들을 판매하기 위해 경매가 이용되고 있다. 특히 골동품이나 예술품 경매에서는 좋

은 취미생활과 여유가 느껴지면서도 돈이 오가는 것에 대한 묘한 거부감도 없지 않으나 그 가치를 객관화시킨다는 긍정적인 측면도 없지 않다. 실로 다양한 얼굴을 가진 제도라고 할 수 있겠다.

이승엽의 홈런 공, 누가 주인이 되어야 좋은가

이승엽선수의 한 시즌 아시아 신기록 홈런 공(56호) 경매를 예를 들어 설명해보기로 하자.[85] 이 홈런 공은 이 세상에 오직 하나 밖에 없는 역사적인 재화이다. 이 공을 탐내는 사람은 넘칠 정도로 많을 것이다. 전매(轉賣, arbitrage)가 허용되지 않아 이 공을 처음 산 사람이 영원히 소유한다고 해보자. 이런 조건이 붙으면 수요자는 처음보다 상당히 감소할 것이다. 이 때 수요자란 단순히 그 재화나 서비스를 사려고 하는 자가 아니라 사려는 의사는 물론 구입할 수 있는 능력을 가진 자 라고 정의된다.

이 공을 누가 갖는 것이 가장 사회적으로 바람직하다고(socially desirable) 생각하는가? 라는 질문을 던져보기로 하자. 다음과 같이 세 사람을 생각날 것이다.[86]

첫 번째 사람은 야구를 좋아하는 팬으로 이 공을 100만 원 정도라면 살 의사도 능력도 있다고 해보자. 이 공을 100만 원 이상을 주고 사라면 사는 것을 포기할 것이다. 왜냐면 자기가 이 공을 소유하고

---

85) 시중에서 약 10,000원하는 이 공은 1억 원이라는 고가에 삼성구단에서 구입하였다. 이승엽 선수 덕분에 귀하신 몸으로 다시 태어난 셈이다.

86) 가난한 사람에 대해 정이 많은 사람은 가난한 사람이 이 공을 주어 비싼 값에 팔아 돈을 벌었으며 좋겠다고 말 할지 모른다. 하지만 전매를 허용하지 않는다면 가난한 사람에게 그 공은 아무 가치가 없는 것이 되고 만다.

있다는 사실은 주관적인 만족(100만 원 정도)을 얻지만, 그렇다고 이 공으로 인해 그 이상의 새로운 가치나 수입이 생기는 것이 아니기 때문이다.

두 번째 사람은 바로 이승엽 선수의 부모가 될 수 있다. 상당히 고가로 예를 들어 1억 원을 주고서라고 이 공을 손에 넣고 가보(家寶)로 둘 생각이 있다. 여러 사람들에게 그 공을 보여주고 자랑하는 것의 가치가 1억 원은 된다고 보기 때문이다.

세 번째로 삼성구단이나 한국 프로야구위원회를 생각할 수 있다. 이들은 1억 원 이상의 돈을 주고서라도 이 공을 손에 넣으려고 할 것이다. 이 공을 구단 야구 박물관이나 위원회 전시장에 전시한다면 많은 사람에게 좋은 구경거리를 제공하는 셈이며 소속 구단 뿐만 아니라 프로야구계 전체에 좋은 홍보효과를 가져다 줄 수 있기 때문이다.

돈을 떠나서 객관적인 입장에서 볼 때 이 공이 부모나 열성팬의 손에 넘어간 것보다 훨씬 더 많은 사람에게 보여줄 수 있는 능력을 가진 삼성구단이나 한국 프로 야구 위원회의 손에 넘어가는 것이 가장 사회적으로 바람직하다고 생각한다. 이제 반대로 어떤 의사결정 체제가 이 공이 삼성구단이나 한국 프로 야구 위원회에게 자연스럽게 배분되게 할 수 있겠는가를 궁리해 보기로 하자? 바로 경매가 그 답 중의 하나이다.

경매는 이 공에 대해 가장 비싸게 지불하려고 하는 사람에게 이 공이 배분되게끔 하는 제도이다. 삼성구단이나 한국 야구 위원회는 이선수의 부모나 보통 팬들보다 더 유용하게 이 공을 쓸 수 있으며 지불할 수 있는 금전적 여력 역시 훨씬 더 크다. 따라서 경매를 통하면 이 공이 가장 이상적인 곳으로 자연스럽게 흘러 들어가게 된다.

승리의 기쁨은 짧고, 그 고통은 길다

경매는 이승엽선수의 야구공경매와 같이 공급자는 한 사람인 반면 수요자가 다수인 경우와 정부의 건설 사업 발주에서와 같이 공급자는 다수 반면 수요자가 한 사람인 경우로 나뉘어진다. 전자의 경우에는 되도록 비싼 값을 제시하는 구매자에게, 후자에서는 되도록 낮은 가격을 제시하는 공급자에게 낙찰된다. 경매 참가자들은 경매 물품에 대해 먼저 올바른 가치 평가를 하여야 할 것이다. 일반적으로 경쟁자마다 이 평가가 서로 다르기 때문에 다른 참여자들이 얼마로 가치평가하고 있으며 얼마를 제시할 지에 대해 나름대로 예측하여야 하는 고도의 두뇌싸움이 벌어지고 있다. 일반적으로 경매에는 〈표 10〉에서와 같이 4가지 유형이 있다.[87]

▌표 10▐ 여러 가지 경매방식

△ **영국식 경매**: 입찰자가 다른 사람의 입찰을 관찰하고 입찰을 올릴지 또는 올리지 않을지를 결정하는 올림차식 순차적 입찰. 경매는 한 사람의 경매자가 남아 있을 때 끝난다. 이 입찰자는 경매 품목을 갖게 되고 경매인에게 입찰 금액을 지불한다.
△ **네덜란드식 경매**: 경매인은 높은 제시가격으로 시작하고 어떤 구매자가 품목을 구입할 용의를 시사하는 가격까지 점진적으로 가격을 낮추는 내림차식 순차적 경매이다.
△ **1위 값의 밀봉입찰 경매**: 입찰자가 종이에 동시적으로 입찰을 제출하는 동시적 경매. 경매인은 높은 입찰자에게 경매 품목을 주고 높은 입찰자는 입찰 금액을 지불한다.
△ **2위 값의 밀봉입찰 경매**: 입찰자가 종이에 동시적으로 입찰을 제출하는 동시적 경매. 경매인은 가장 높은 입찰자에게 품목을 주고 낙찰자는 두 번째로 높은 입찰자가 입찰한 금액을 지불한다.

87) 정기웅외, 『경영경제학』, 한울출판사, 2004, pp.514~516.

영국식 경매와 네덜란드식 경매는 모두가 모인 자리에서 공개적으로 진행되는 공개구두경매(公開 口頭競賣, open-outcry auction)방식이다. 영국식은 예술품 경매에서 네덜란드식은 튤립이나 중고자동차 경매에서 흔히 볼 수 있다. 반면 1위 값의 밀봉입찰 경매 와 2위 값의 밀봉입찰 경매는 참가자들이 자신이 낼 용의가 있는 금액을 봉함된 상태로 제출하는 밀봉입찰제(密封入札制, sealed bid)방식으로서 관공서 공사 입찰 등에서 흔히 볼 수 있다.

경매대상이 되는 물건의 성격에 따라 이 4가지 방법의 결과는 다르게 나타난다. 그 물건의 객관적 가치(客觀的價値, objective value)가 존재하는 경우와 그렇지 않는 경우로 나누어 생각해 보기로 하자. 먼저 골동품이나 예술 작품을 생각해 보자. 그야말로 백인 백색(百人百色)이여서 어떤 사람에게는 무척이나 비싸게 보이는 반면 어떤 사람에게는 하잘 것 없는 것으로 보일 수 있다. 이런 경매를 개인가치경매(個人價値競賣)(private value auction)라고 부른다.

반면 지하자원 개발권이나 중고자동차가 대상인 경우에는 객관적인 가치가 존재하지만 사람들이 이를 정확히 몰라 서로 다르게 평가하는 경우를 공동가치 경매(common value auction)라고 부른다.[88)]

공동가치 경매에서는 소위 승자(勝者)의 저주(詛呪)(winner's curse)가 나타나기 쉬운데[89)], 낙찰자는 많은 사람들이 객관적으로 인정하

88) 개인가치 경매에서 몇 가지 가정이 충족되는 경우 4 방식에 의한 평균 수익이 같다는 정리(定理)가 존재한다. 이준구, 『미시경제학』, 법문사, p.422참고.

89) 승자의 저주라 하여 승자가 하는 저주가 아니라 그가 받은 저주임을 유의하기 바란다. "나는 경매에서 승리하였다. 그러나 상품은 갖고 싶지않다.(I Won the Auction. But Don't Want the Prize)"로 괴로운 심정이 표현된다.

는 값보다 더 많이 적어낸 사람이다. 다른 사람들이 생각하는 값보다 낮으면 낙찰이 되지 않기 때문에 당연히 더 높게 써 넣어야 한다. 다시 말해 공동가치 보다 적게 써 내면 낙찰이 안 되고 높게 써 내면 승리자가 되어 한 순간 기분이 좋을지는 모르나, 가치보다 더 비싸게 입수할 가능성이 있기 때문이다. 영화 하트 브레이커스에서 엄마 꽃뱀 시고니 위버가 바로 저주를 받은 승자로 그려지고 있다.

경매에 임하는 사람들도 '승자의 저주'의 가능성을 알기 때문에 나름대로 대책을 세우는데, 자신의 평가보다 낮게 가격을 제시하는 방법도 있으며 입찰 담합도 중요한 수단이 되고 있다. 업자들끼리 겉으로는 경쟁을 하는 것처럼 위장하고 정해진 룰에 따라 정해 적당히 입찰을 받는 것이다. 속된 말로 '짜고 치는 고 스톱'을 만들자는 속셈이다.

'낮에 말은 새가 듣고 밤에 말은 쥐가 듣는다'라는 옛말이 있듯이 사람이 하는 일의 비밀을 지키기가 매우 어려우나 소수의 참여자들이 매우 은밀하게 이루어진 담합은 적발하기가 매우 어려운 것이 현실이다. 이에 맞서 공정거래 위원회는 입찰담합 등의 부당 공동행위에 참가한 사업자가 그 사실을 공정위에 신고한 경우, 당해 사업자에 대해 시정명령 및 과징금을 감경 또는 면제할 수 있는 재량을 규정한 조항을 두어 담합자들 간의 내부고발을 유도하고 있다.[90] 이런 조치는 점차 은밀한 방식으로 행해지는 부당한 공동행위(담합)에 대한 조사의 어려움을 극복하고 규제의 실효성을 제고하는데 상당히 기여하고 있다.

90) 공정거래법 제22조의 2항.

또 공정거래위원회는 공공부문 입찰담합을 보다 과학적·체계적으로 감시하기 위해 공공부문 입찰담합징후분석시스템(이하 "「입찰상황판」")을 구축하고 2006년 1월 19일부터 가동을 시작하였다.[91] 입찰담합을 방지하여 세금을 조금이라도 줄이려는 정부당국과 입찰 희망기업 간에 벌어지는 치열한 두뇌 싸움의 끝은 언제일지, 누가 승리자가 될 지 관심거리가 아닐 수 없다.

미술시장에 불고 있는 돈바람

경매가 과거에 비해 우리 생활에 더 가까이 다가오고 있다. 자선 모금을 위한 경매가 화제가 되고 있으며, 월드컵 중계료 입찰, 박찬호 경기 중계로 입찰 등에서 볼 수 있는 바와 같이 끝나고 나면 말도 많고 탈도 많은 것이 경매이다. 특히 최근 들어 물가가 안정되고 부동산 경기가 시들해 지면서 과거 소수의 미술 애호가들만 관심을 가지고 있었던 미술품 경매시장이 주목을 받고 있다. 보통사람들의 적극적인 참여로 인해 소유의 대상이라기보다는 신비한 감상의 대상이었던 미술품이 성큼 우리 앞에 다가온 셈이다.

> "우리나라 미술시장에 '돈바람'이 몰아치고 있습니다. '단군 이래 최대의 호황'을 맞고 있으며 거의 모든 은행들에서 아트펀드를 운용하고, 개미투자가들까지 합세했으니 당연한 결과입니다."[92]

---

91) 「입찰상황판」: 공공 기관이 발주하는 입찰 관련 정보를 온라인으로 전송받아 낙찰률과 참여업체 수 등 입찰담합의 징후를 계량적으로 자동 분석하는 시스템임.

이런 분위기 탓인지는 모르겠으나 2007년 5월 박수근화백의 '빨래터'는 45억 2000만 원에 팔려 국내 미술 경매 최고가를 경신하였다. 2007년 3월 초 K옥션 경매에서 박수근의 시장의 '시장의 사람들'이 25억 원에 나간 지 두 달 만의 갱신이라 매우 이례적인 일이라고 평가받고 있다.

> '빨래터'는 1950년대 후반 작품으로 추정되며 37×72cm 크기(20호)다. 33억 원에 출발한 이 작품의 가격은 전화 응찰자들이 5000만 원씩 값을 올리면서 가파르게 상승했다. 한 서면 응찰자가 40억 원을 냈으나 전화 응찰자 2명이 경합해 45억 원을 넘어섰다. 낙찰에 걸린 시간은 5분이었다.[93]

시장경제 사회에서 문화예술 발전을 위해서는 예술가들이 그들의 사회기여에 상응하는 소득을 얻을 수 있게 제도화할 필요가 있다. 경매시장이 그런 역할을 하는 좋은 제도다. 미술품 감상을 통해 정신적 풍요를 느낄 수 있을 뿐 아니라 높은 수익률도 올릴 수 있으니 소장자 입장에서도 안팎으로 명분이 있는 투자인 셈이다. 하지만 새로운 투기장으로 변질된다든가, 정작 예술가 본인에게는 그 혜택이 빈약하게 돌아가는 일이 발생한다든가, 또는 위작·모작 등이 판을 쳐 시장의 진실성을 파괴하는 일이 발생하지 않도록 하는 제도 개선이 필요한 시점이라고 생각한다. 유명 작가의 후손들이 위작·모작에 앞장

---

92) 오마이 뉴스 2007년 5월 22일.

93) 동아일보 2007년 5월 23일.

서는 현실을 보노라면 아연실색하지 않을 수 없다. "현재와 같은 편중된 재테크 중심의 구입 열기 -특히 단기투자형식으로 일부 작가에게만 편중된 구매현상- 는 장기적으로는 일부 버블가격을 초래하는 위험성을 내재하고 있다"는 최병식 교수의 충고를 귀담아 들을 필요가 있다고 본다.[94]

94) 교수신문 2007년 7월 23일과 11월 12일자.

213

월급이 반으로 줄었어요! vs 부~자된 기분이에요

✎ IMF외환위기 때 미국 생활을 했던 저자의 기분

✎ 환율이 경제에 미치는 영향

1997년 8월말 경 1달러에 900원의 환율로 바꾸어 미국행 비행기에 올랐던 저자는 6개월이 지난 1998년 1월 중순 경 1달러에 2,000원에 육박하는 환율에 직면하였다. 원화 표시 월급은 변화가 없는데 달러 표시 월급은 반이하로 줄어 버린 것이다. 한마디로 월급이 반토막 난 것이다. 1998년 8월 귀국할 무렵 1달러에 1,300원까지로 안정되었다. 월급이 다시 45%정도 올라간 기분이었다.

1년이라는 짧은 기간 동안 '월급이 반으로 줄었어요!'도 '그 때에 비하면 부~자된 기분이에요'를 동시에 맛보았다. 그놈의 환율 때문에…

목이 죄는 기분을 아십니까?

환율(換率, exchange rate)의 불안정한 움직임이 경제에 얼마나 큰

영향을 미치는가는 IMF외환위기 때 우리 국민은 몸서리치게 느꼈을 것이다. 하루가 다르게 오르는 환율에 덩달아 치솟는 국내 물가에 시장 가기가 무서웠고 이러다가 나라가 망하는 것은 아닌가하는 두려움도 느꼈을 것이다. 당시 미국에서 객원교수로 있던 저자는 하루가 다르게 오르는 환율 때문에 무척이나 고생을 한 일이 새롭다. '목이 조이는 기분'이라는 표현이 바로 이런 거로구나 하는 느낌이 들었다.

우리나라의 대미 달러 환율은 1달러를 얻기 위해 우리 원화를 얼마주어야 하는 가로 표시되어 있다. 예컨대 1달러 당 1,000원으로 표시한다. 반대로 우리 돈 1원을 주는 대신 미국 달러 얼마는 받아야 하는가로 표시할 수 있다. 1원 당 1/1,000달러로 표시된다. 이 두 개념은 동전의 앞뒤와 같지만 수치로 나타낼 때는 반대로 움직인다. 우리나라에서는 1달러를 얻기 위해 우리 원화를 얼마주어야 하는 가로 표시하는 방식을 취하고 있다.[95]

외환위기 때 저자는 원화 표시 월급은 전혀 변화가 없었지만 달러 표시 월급은 절반이하로 떨어짐으로 발생하는 환차손(換差損)을 누구보다도 더 뼈저리게 경험한 사람이다. 반대로 우리나라 수출업자들은 신이 날 수 밖에 없다. 1달러 물건을 팔아 900원을 받다가 2,000원을 받게 되었으니 수입(收入)이 2배 이상으로 된 것이다. 계속해서 수출하려고 하는 의욕이 생기게 된다. 반대로 수입(輸入)업자는 2배 이상 비싸게 사 와야 하기 때문에 수입을 억제하게 된다. 또

95) 우리나라의 대미 환율이 달러 기준으로 되어 있기 때문에 원화의 '가치'와는 반대로 움직이고 있다. 그러기 때문에 우리 일상생활에서 환율이나 원화 가치를 이야기 할 때 혼동하는 경우가 많다.

비싸게 수입하였기 때문에 국내시장에 비싸게 팔수밖에 없으므로 수입품 가격이 오르고 국내 물가상승으로 이어졌던 것이다. 예컨대 휘발유 값은 원유 값에는 변화가 없었으나 환율이 올라 값이 대폭 오르게 되었다. 과거 오일 쇼크 때는 환율에는 변화가 없지만 원유 값이 올라 국내 석유류 값이 오른 것과는 결과는 같으나 원인은 서로 다르다.

이번에는 반대로 환율이 내리는 경우(원화의 가치 절상)를 생각해 보자. 1달러 당 1,500원하던 환율이 1,000원으로 내렸다고 해보자. 동남아 신혼여행을 가는 부부가 1백 5십만 원으로 1,000달러를 환전할 것으로 예상하였으나 환율 인하로 인해 1,500달러를 환전하게 된다. 신랑은 신부에게 이렇게 말 할 것이다. "어, 생각하지도 않았던 돈이 생겼네. 당신과 결혼하는 것도 나에겐 큰 행운인데, 행운의 연속이네"라고 싱글벙글할 것이다. 500달러 더 생긴 돈으로 더 여유 있는 신혼여행을 즐겼을 것이다. '부~자된 기분'을 느끼게 될 것이다. 수출업자는 반대의 느낌을 갖게 되었음은 불문가지이다.

환율은 한 나라의 대외 경쟁력을 나타내는 대표적인 거시경제 지표(巨視經濟 指標)다.[96] 거시경제 지표란 한 나라의 경제 상태를 포괄적으로 나타내는 정보를 가지고 있다는 뜻이다. 환율은 국제수지, 물가, 국내외 금리 차, 외환거래자의 예상 및 중앙은행의 외환시장 개입 등 경제적 요인에 의해 수시로 변동될 뿐 아니라 전쟁, 천재지변, 정치적 불안정 여부 등 비 경제적 요인에도 영향을 받아 변동한다.

---

96) 환율외의 거시 경제지표로는 실업률, 인플레이션율, GDP성장률, 국제수지, 이자율 등을 들 수 있다.

몸이 아파 병원에 갔을 때 의사는 제일 먼저 혈압과 체온을 재는 일부터 한다. 측정된 혈압과 체온을 1차적 근거로 하여 의사는 몸 전체적으로 어디에 문제가 있을 것이라고 추측하고 진료를 시작한다. 환율은 마치 체온과 같은 존재다. 우리 경제가 상대적으로 어려움에 처해 있게 되면 예를 들어 수출은 줄고 수입이 증가하면, 환율이 올라간다. 환율이 오르게 되면 수출이 증가하고 수입이 감소함으로써 경제는 좋아지는 쪽으로 움직이게 된다. 그러니까 환율움직임의 원인과 결과를 혼동해서는 안 될 것이다. 이와 같은 환율시장도 스스로 균형점을 찾아가려는 움직임이 있게 마련인데 이것을 제도적으로 보장하는 제도가 변동환율제(變動換率制, floating exchange rate system)이고, 정부에서 일정 수준으로 고정시키는 제도는 고정환율제(固定換率制, fixed exchange rate system)다. 오늘날 대부분의 국가에서는 변동환율제를 쓰고 있으며 우리나라도 예외가 아니어서 1997년 12월부터 이 제도를 실시하고 있다.

환율, 석유가: 어느 쪽이 더 힘이 셀까

환율의 변화는 우리 경제 전체에 큰 영향을 미치고 있다. 〈표 11〉 임금, 원유가, 환율이 물가에 미치는 영향에서 볼 수 있는 바와 같이 환율이 10% 상승하는 경우 소비자물가는 1.8%, 생산자물가는 2.8% 상승하는 것으로 나타났다.[97] 환율의 상승은 소비자물가보다는 생산자물가에 다른 요인(임금, 원유가격)보다 크게 영향을 미친다는 사실에 주목할 만하다. 자원빈국인 우리나라는 해외로부터 원자재를 사

97) 한국은행 www.bok.or.kr참고.

와야 하는 입장에 있는데 환률 상승은 수입물가의 증가를 가져와 생산자물가에 크게 영향을 미치는 것으로 나타나고 있는 것이다.

환율의 변화가 국내물가에 영향은 수입하는 상품의 성격에 따라 다르게 나타난다. 먼저 원유 값에 미치는 영향에 대해 생각해 보자. 국내 정유회사가 수입하는 가격은 산유지에서의 가격(달러표시)× 환율이기 때문에 환율이 10% 오르면 원유산지에서의 1배럴당 원유 값(달러 표시)이 변화가 없다고 하더라도 원화로 표시한 우리나라의 수입가격은 10%인상요인이 발생한다. 이 때 만약 정유회사가 10%인상요인을 국내 판매가에 그대로 반영한다면 우리 소비자들은 올라간 가격 때문에 소비를 줄이겠지만 석유가 필수품이기 때문에 그렇게 많이 소비를 줄일 수 없어 소비자에게 상당한 부담으로 작용하게 된다. 현실적으로 볼 때 환율 상승에 따르는 국내 유가 상승률은 환율 상승률보다는 좀 적겠지만 상당한 수준이 될 것이다.

▌표 11▐ 임금, 원유가, 환율이 물가에 미치는 영향

	환율 10% 상승	임금 10% 인상	원유가격 10% 상승
소비자물가	1.8%	2.9%	0.36%
생산자물가	2.8%	2.8%	0.57%

자료: 한국은행, 2003년 산업연관분석해설, p.146

이번에는 다이아몬드를 생각해 보자. 다이아몬드 산지에서의 1캐럿 당 달러 표시가격이 변화가 없는데 환율만 10% 올랐다면 원 화로 표시한 다이아몬드 값은 10% 상승하게 된다. 하지만 소비자들이 10%가격 상승을 부담으로 느껴 수요가 크게 줄어든다면 다이아몬드 수입상은 가격인상을 되도록 자제하려고 할 것이고 가격은 그리 크

게 상승하지 못할 것이다. 이상의 예에서 볼 수 있듯이 환율이 인상되면 석유와 같은 필수품의 국내가격 상승세는 다이아몬드와 같은 사치품의 국내가 상승세보다 더 크게 나타날 것이다. 따라서 환률 상승은 서민들에게는 더 불리하게 작용할 수 있기 때문에 정부는 환율을 적정한 수준으로 유지하는 데 노력을 하여야 하는 것이다.

외환위기 때 경험한 바와 같이 대미 달러 환율이 오르면 수입업자들이 보게 되는 환차손을 줄이기 위해 개인이나 기업에서는 미리 약속된 날짜의 환율을 정해 계약을 맺는다. 이런 시장이 별개로 존재하는데 환율변동에 따른 손해를 최소화하기 위해 미리 장래의 환율로 거래를 약속하는 시장을 선물환시장(先物換市場)이라고 한다. 과거에 비해 선물환시장을 이용하는 기업의 수가 눈에 띄게 증가하였다. IMF 경제위기 때 환차손으로 크게 손해를 본 우리나라 기업은 그 이후 외환 관리에 특별히 신경을 쓰게 되어 환차손이 크게 줄어들었다고 한다. 또 수출보험공사에서는 환변동보험을 실시하여 중소기업들의 환위험 걱정이 크게 줄었다고 한다.[98] 역시 실패는 성공의 어머니라는 격언이 틀린 말이 아닌 모양이다.

환율 상승과 원유가 상승 중 어느 쪽이 더 우리 경제에 영향을 미치는가를 생각해 보기로 하자. 위의 예에서 보듯이 환율의 변동은 정도의 차이는 있지만 석유와 다이아몬드 모두에 영향을 미치지만 원

---

98) 산업자원부 www.mocie.go.kr, 한국 무역투자공사 www.kotra.or.kr, 수출보험공사 www.keic.or.kr, 대외경제연구원 www.kiep.go.kr, 무역협회 www.kotis.net 참고.

유가의 상승은 일단 석유가격에만 영향을 미친다. 환율의 변동은 모든 경제활동에 영향을 미치는 반면 원유가 상승은 일차적으로 석유와 관련 제품에 영향을 미친 후 다른 부문에 파급효과를 낳는다. 따라서 〈표 11〉에서 보는 바와 같이 환율이 원유에 비해 더 큰 파괴력을 가지고 있다. 2007년 고공행진을 하고 있는 원유가 속에서도 우리경제가 그런대로 성과를 낸 것은 원유가는 국내 물가에 불리하게 작용하고 있지만 환율 하락으로 인한 물가하락 요인이 그 충격을 완화시키고 있기 때문이다.

'빅 맥 지수'론 1달러 952원

두 나라에서 판매되고 있는 같은 품질의 상품의 비율을 환율이라고 단순히 생각해 보기로 하자. 한 걸음 더 나가 세계 어디에서나 품질과 크기, 재료가 표준화돼 있는 상품이 있다면 이 상품의 두 나라에서의 가격비율을 구한 것이 환율로서 생각할 수 있을 것이다.[99)]

이런 상품으로 가장 잘 어울리는 상품이 미국의 맥도날드 햄버거의 '빅 맥'이다. 영국의 경제주간지 이코노미스트는 '빅 맥 지수'를 분기마다 한 번씩 발표하고 있다.[100)] 2009년 말 현재 공식 환율이 1,315원인 가운데 미국 내 빅 맥 가격은 3.57달러, 한국 내 판매가는 3,400원(2.59달러)이다. 따라서 빅 맥 가격에서 본 원화의 적정 환율은 달러당 약 952원(3,400원/3.57달러)이며 약 28%정도 평가 절하된

99) 이렇게 구한 비율을 구매력으로 평가한 환율(purchasing-power parity, PPP)이라고 한다.

100) The Economist지 홈페이지(www.economist.com) 참조.

것으로 계산된다. 대부분의 아시아 국가들의 대미 환율은 평가 절하되어 있는 반면 유럽은 그 반대였다.[101] 따라서 환율이 구매력에만 의존하는 것이 아니라는 점과 한 상품만을 대상으로 하는 것도 한계가 있다는 점을 감안 할 때 이 '빅 맥 지수'는 그저 재미로 참고하여야지 당위성을 갖는 것은 아니다.

MS 원도우 비스타로 보면 1달러 1,500원

이번에는 MS 원도우의 미국 가격과 우리나라에서의 가격 비교를 통해 대미환율을 계산해 보기로 하자. 2007년 2월 현재 MS 원도우비스타(홈 베이직)의 미국 내 가격은 199.00달러이고 우리나라에서의 가격은 303,000원 이다.[102] 구매력으로 보면 대미 환율은 1,500원 정도로 계산된다. 2007년 하반기 대미환율이 910원 대임을 감안하면 원화가 상당히 과대평가 받고 있다는 생각을 지울 수 없으며 동시에 MS사가 우리나라에는 상대적으로 비싸게 팔고 있다는 의구심도 든다. MS측에서는 각국에 판매하는 제품에 차이가 나 가격차가 존재한다고 해명하고 있지만, 왠지 석연치 않다. 이런 점을 인정하더라도 국내 판매가격(원화로 표시한)이 비싸다는 사실을 숨길 수 없을 것 같다. 우리나라의 정보통신 시장이 대단히 발전되어 있어 MS제품에 대한 수요가 크기 때문에 MS사는 독점력을 바탕으로 제품가격을 높이 책정하는 전략을 취하고 있지 않은가하는 의구심이 든다. MS사

101) 중국에서 빅 맥의 가격은 1.83달러인 반면 노르웨이에서는 6.87달러이다. 빅 맥 지수로 볼 때 중국의 위안 화는 49%, 저평가 된 것으로 나타난 반면 노르웨이 크로나 화는 무려 90% 가까이 고평가된 것으로 조사되었다.

102) http://widelake.net/185 이 자료 출처임.

입장에서는 수요의 성격차이를 적극 이용한 전략의 하나라고 답하고 있지만, 우리 입장에서는 그렇게 기분 좋은 일은 아닌 것이 틀림없다고 하겠다.

이렇게 세계적으로 경쟁력이 있는 상품을 국가별 가격을 비교함으로써 환율을 평가해 보는 것도 상당한 재미와 의미가 있을 것 같다. 한 걸음 더 나아가 '김치지수', '소나타 지수', '애니콜 지수'같은 우리 브랜드를 대상으로 지수도 만들어지고 세계 여러 사람들에게 인용되었으면 하는 바람을 가져본다.

214

먹다죽은 놈 때깔도 좋다는데 vs 소비가 미덕인가 악덕인가

✎ 경제교육을 처음 받는 초등학생의 의문
✎ 저축과 소비의 경제학

지금은 없어진 '대한 뉴스'라는 홍보영화에서 공장, 다리, 도로 건설에 필요한 돈을 확보하기 위해서는 온 국민이 허리띠를 졸라매어 소비를 줄여야 하고 저축을 하여야 한다고 배운 기억이 새롭다. 저축은 투자자금으로 활용되어 생산설비와 같은 자본저축을 통해 생산능력을 확충하는데 견인차 노릇을 한다. 아담 스미스는 저축의 중요성을 강조하여 "소비하는 자는 경제성장을 가로막는 공공의 적"이라고까지 말하였다.

케인즈(Keynes, 1883~1946)는 반대로 소비의 긍정적 역할을 주장하였다. 소위 '절약의 모순'(節約의 矛盾, The paradox of thrift)이라는 개념으로 설명되고 있는데, 누구나가 다 절약을 하고 저축을 한다면 자연히 소비가 감소 할 것이고 생산자들이 만든 상품이 팔리지 않게 될 것이고, 생산위축으로 이어지며, 경제 전체가 침체에 빠진다고 하였다. 우리 식 표현으로 한다면 '자린고비의 모순'이라고 부를 수 있겠다. "소비가 미덕이다"라는 주장이다.

백 미터 미인에 대한 실망의 추억

절약의 모순은 절약을 하면 내 개인에게는 득이 되는 일이지만 사회 전체적으로 보아 해가 될 수 있다는 것인데, 이를 논리학에서는 구성의 모순(構成의 矛盾, the fallacy of composition)이라고 부른다. 부분적으로는 옳다고 생각되는 것이 전체적으로는 옳지 않을 수 있다는 것이다. 우리가 가끔 쓰는 말 중에 '백 미터 미인'이라는 말은 구성의 모순을 잘 표현하는 것 같다.103) 전체와 부분이 조화를 이루고 있지 못하고 있는 것이다.

여러분은 "소비하는 자는 경제성장을 가로막는 공공의 적"이라고 주장과 "소비가 미덕이다"이라는 주장 중 어느 쪽에 찬성합니까? '안방에서는 시어머니 말이, 부엌에서는 며느리 말이 맞는 것 같아…'라는 표현에서 볼 수 있는 바와 같이 시어머니나 며느리 중 한 쪽의 편을 들어야 하는 곤난한 처지가 된 기분을 느끼시는지?

경제발전을 위한 투자재원은 국내 저축이나 해외 자금으로 조달된

103) 요즈음 젊은이 사이에 쓰이고 있는 '장미단추'라는 표현도 같은 의미를 가지고 있다고 하겠다. 장미 꽃 의 단추가 아니라 멀리서 보니(장,長) 미인인데 (미, 美)인데 가까이에서 보니(단, 短) 추녀(추,醜)이라서 실망했다는 뜻을 가지고 있다.

다. 국내자금을 위해 국내 저축이 필수적이지만, 이것이 부족하면 외국에서 빌려 와야 하는데, 이는 외채의 증가를 의미한다. 혹은 중앙은행에서 돈을 찍을 수밖에 없는데 이는 자칫 인플레이션으로 이어질 위험이 있다. 하지만 경제가 케인즈가 살던 1930년대 대 공항 시기나 우리나라의 IMF 경제위기 때 와 같이 큰 불황에 빠져 있을 때는 인플레이션 걱정보다는 바닥에 있는 경기를 살리는 것이 급선무이다. 말라 있는 수동식 물 펌프에서 물을 끌어올리기 위해 먼저 약간의 물을 넣어주어 지하수를 끌어 올리듯이 수요가 크게 줄고 재고가 많은(말라 있는) 경제(물 펌프)에 건전한 소비(약간의 물)로 활력소를 제공하여 경제를 활성화시키는 것(지하수를 끌어 올리는 것)이다. 그러므로 경기(景氣)에 따라 저축에 대한 평가가 달라질 수 있는데 '대체적으로 저축이 미덕이지만 불황일 때는 건전한 소비가 미덕이 될 수 있다'라는 말이 설득력을 갖는다고 할 수 있다. 이렇게 볼 때 아담 스미스의 주장이 일반적으로 인정받지만 IMF 경제위기 때와 같은 불황에서는 케인즈의 주장이 더 설득력을 갖는다고 평가할 수 있을 것이다.

"인플레이션은 암살자처럼 치명적이다."

우리는 한국은행에서 발표하는 우리나라의 저축률은 약 31% 남짓이라는 저축 통계를 보고 놀라는 경우가 많다. 많은 국민들은 자신은 물론이고 주위를 아무리 봐도 모두들 빚에 쪼들려 모두들 힘들다고 하는데 저축률이 31%라니. 남의 나라 일이 아닌가, 통계가 잘못된 것이 아닌가 하는 생각이 든다. 그러나 경제학에서 정의하는 저축이라는 개념은 보통사람이 쓰는 개념과 다르다. 경제학에서 저축(貯蓄, savings)이란 일정기간 동안에 얻은 소득 중에서 소비하고 남은 부분이라고 정의한다. 예를 들어 월 소득 100만 원인 사람이 20만 원은 주택 부금에, 60만 원은 생활비로, 10만 원은 은행에 저금을, 10만 원은 세금으로 지불하였다고 하자. 보통 사람들은 은행에 저금한 10만원만을 저축이라고 생각하지만 경제학에서는 주택 부금 20만 원과 은행에 저금한 10만 원을 합친 30만 원이 저축이라고 정의하고 있다. 주택부금으로 들어간 돈은 당장 쓴 것이 아니라 미래 주택구입을 위해 저축한 돈으로 보기 때문이다.

은행에 저축을 하면 이자를 얻게 되지만 물가 상승분만큼 손해를 감수하여야 한다. 저축은 이자율과 물가 상승률에 대단히 민감하게 반응한다. 이자(利子, interest)는 금전거래에 대한 미래의 보상을 나타낸다. 이자율은 저축과 소비에 영향을 미친다. 은행에서 높은 이자율을 준다면 저축하고 싶은 욕구를 자극하게 된다. 그런 때 이 때 은행 이자율만을 보고 판단해서는 낭패를 보기 쉬운 게 현실이다. 물가가 많이 오른다면 '빛 좋은 개살구'가 될 가능성이 있기 때문이다. 은행에 돈을 예금했을 때 은행에서 제시하는 명목이자율(名目利子率, nominal interest rate)에서 물가 상승률을 빼야 실질적으로 손에 쥐게 되는 이자율이 계산된다. 여기에서 실질적으로 구매력을 나타내는 이자율을 실질이자율(實質利子率, real interest rate)이라고 하고 명목이자율에서 물가 상승률(인플레이션율)을 뺀 값이다.

이자율은 사람들이 미래를 어떻게 보느냐에 따라 또 경제발전 정도에 따라 달라진다. 미래를 불안정적으로 본다면 현재 돈을 가지고

있는 것이 유리하고 남에게 돈을 잘 안 빌려 주려고 하기 때문에 이자율은 높게 나타난다. 경제가 안정되면서 이자율은 낮아지는 경향을 보이고 있으며 선진국에서는 이미 투자된 자본이 많고 저축된 돈으로 큰돈을 벌 수 있는 사업이 그리 많지 않기 때문에 이자율은 낮게 나타나는 경향을 보이고 있다.

인플레이션(inflation)이란 지속적으로 물가수준이 상승하는 현상을 일컫는다. 사람들이 인플레이션을 정확히 예상한 경우와 그렇지 못한 경우 행동을 달리하기 때문에 그 효과가 다르다. 문제가 되는 것은 예상치 못한 인플레이션이 발생하는 경우다. 예상치 못한 인플레이션율이 높은 경제에서는 저축이 본인에게 크게 득이 되지 않을 가능성이 높다. 각고의 노력 끝에 1억 원을 모았다고 하자. 이 돈으로 1억 원짜리 땅을 살까 은행에 저축을 할 까 고민하게 된다. 이자가 년 5%라면 1년 뒤 1억 5백만 원이 될 것이다. 만약 인플레이션율이 10%라면 땅은 1억 1천만 원이 된다. 저축을 한 후 얻은 돈으로 이 땅을 살 수 없다. 5%만큼을 손해 보는 셈이다. 하지만 만약 인플레이션율이 2%라면 3%만큼을 이득을 보는 셈이다.

따라서 높은 인플레이션율이 나타나면 돈을 가지고 있는 것보다 실물자산(토지, 아파트, 골동품 등)을 가지고 있는 것이 더 유리하다. 또 빚을 지고 있는 사람이 빚을 준 사람보다 유리하다. 봉급생활자에게 불리하게 작용한다. 소득은 '있는 자'쪽에 유리하게 재분배되는 경향을 보이게 된다. 특히 국토가 좁고 수도권인구 집중이 심한 우리나라에서는 인플레이션율이 높으면 부동산 투기 쪽으로 자금이 몰리고 이것이 다시 인플레이션을 가속화시키는 악순환을 보이고 있다. 많은 경제학자나 정치가들은 인플레이션을 '공공의 적 넘버 1'이라고 경계하고 있다. 로날드 레이건(Ronald Reagon, 1911~2004, 40대 미국 대통령)은 "인플레이션은 노상강도처럼 난폭하고, 무장 강도처럼 겁나고, 암살자처럼 치명적이다." 라고 인플레이션의 해악을 강조하였다.

바야흐로 저축의 시대는 가고 투자의 시대가 오는가

〈표 12〉에 개발 연대라고 불리는 1965년부터 1980년간의 여러 이자율과 수익률을 나타내 보았다. 우선 저축성 예금 명목 이자율이 높다는 사실을 알 수 있으나 물가상승률이 너무 높아 실질 이자율은 70년대 후반에 들어 마이너스를 기록하였다. 하지만 사채이자율은 원래 명목적으로 워낙 높은데다가 자금시장의 움직임을 잘 반영할 수 있기 때문에 가장 수익성이 좋은 곳이었다. 은행에서 상대적으로 낮은 이자율에 돈을 빌려 사채놀이를 한다면 가만히 앉아서 년 30% 가까이 수익을 올릴 수 있었다. 또 주식도 좋은 투자 대상이었지만

❙표 12❙ 여러 이자율과 수익률 추이(1965년~1980년)

(단위: %)

	저축성 예금 명목 이자율	실질이자율	사채시장 이자율	배당수익률 + 매매차익	국공채 수익률
1965년	18.8	8.1	58.8	9.7	29.4
1970년	22.8	12.6	50.8	23.8	34.9
1975년	15.0	-9.2	41.3	45.9	21.4
1980년	22.4	-11.9	45.0	-	-

자료: 콜·박영철, 『한국의 금융발전: 1945~80』, 한국개발연구원, 1984.

보통 사람들이 접하기에는 여러 가지 면에서 불편하여 극소수에게만 재산 증식의 수단으로 이용되었을 뿐 대중화가 되지 못하였다. 보통 사람들에게 가장 손쉬운 재산 증식의 수단으로 부동산이 최고로 손꼽혔던 것은 어쩌면 다른 대안이 없었기 때문이다.

그래서 그 시절에는 부동산 투기의 대명사로 '복부인(福婦人)'이 사채시장의 큰 전주(錢主)를 의미하는 '큰 손'이라는 용어를 심심치 않게 들을 수 있었다. 복부인의 화려한(?)등장으로 새로운 개발 예상지는 야바위판으로 변하였고 큰 손의 현란한(?) 손놀림은 금융시장을 진흙탕으로 만들어 놓기도 하였다.

요즈음 들어 아직도 부동산 투기가 없지 않지만 과거에 비하면 그 파장이 상대적으로 줄어들었다고 할 수 있으며 사채시장(私債市場) 역시 그렇다. 그 이유로는 저금리 시대의 도래, 다양한 금융기관의 탄생과 정상화, 국민 인식의 변화 등을 들 수 있다. 이자율이 낮으니까 돈을 은행에 맡기는 것이 무익한 일이 되어 투자처를 찾아 나서는데 금융기관들이 갖가지 상품을 내놓고 이 돈을 끌어들이고 있는 것이다.

우리나라 사람들은 금융기관이 발전하지 못했던 5, 60년대에는 주로 계(契)를 이용하여 목돈을 만들었고 7, 80년대에는 주로 부동산 투자와 제 2금융권을 이용하여 재테크를 하셨다. 90년대에는 증권을 통한 재산증식으로 이어졌으며, 저금리시대에 들어서면서 연 0.1% 안팎인 은행 보통예금과 달리 연 4% 안팎의 고금리를 지급하는 CMA와 펀드(fund)에 자금이 몰리고 있다.[104] 2003~2005년 예금 평

104) CMA는 머니마켓펀드(MMF)나 환매조건부채권(RP) 등 단기 고수익상품에 투자하며 은행과 연계해 수시입출금, 자동이체, 결제대금 납부 등 부가서

균금리는 3~4%대이고 소비자 물가 상승률은 3~4.8%를 기록하였기 때문에 실질금리는 마이너스 이거나 0%대에 머물러 은행예금이 재산 증식수단으로서 매력을 잃었기 때문이다. 개인의 재산 증식 수단이 경제발전에 따라 변하고 있으며 금융기관 역시 변신을 하면서 이런 추세를 이끌고 있다.

"10년 이상 보유할 주식이 아니라면 단 10분도 갖고 있지 말라"

과거에는 직접 투자가 주를 이루었으나 점차 간접투자로 전환하고 있다. 주식의 흐름을 정확히 예측하는 것은 신이 아닌 이상 전문가라고 할지라도 불가능하다. 보통 사람들은 주식을 사고파는 것은 위험도가 크고, 많은 시간과 관리의 노력이 필요하지만 펀드 투자는 복잡한 투자 과정을 매우 단순화시켜 누구나 손쉽게 투자 가능하다는 장점을 가지고 있다. 생업에 바쁜 나대신 전문가가 수익성이 좋은 곳에 투자를 해주니 처음 가입할 때 신중하게 선택만 하면 비교적 쉽게 재산 증식을 할 수 있기 때문이다. 또 투자할 대안이 너무 많아 보통 사람들은 어디에 얼마를 투자하는 것이 안전하면서도 수익성이 높을지를 알 수 없다.

펀드는 운용대상이 되는 유가증권의 편입비중에 따라 〈표 13〉과 같이 구분된다.[105] 주식의 비율이 높을수록, 기대수익률이 높지만

비스를 제공하는 상품이며 펀드는 다수의 사람들로부터 모은 자금을 주식, 채권 등에 투자하여 이에 따른 손익을 다시 투자자에게 배분하는 간접투자 상품이다.

105) 임 경, 『소설처럼 재미있는 금융이야기』, 평단, 2007, pp.250~253.

그만큼 위험성은 증가한다. 또 편입된 종목 대부분이 하락하면 수익률이 마이너스가 될 수도 있음에 주의하여야 한다. 따라서 장기적인 시각을 갖고 나름대로 원칙을 정해 투자에 임해야 할 것이며 실력 있는 투자운용회사의 전문가를 만나는 것이 성공의 지름길이다. 투자 천재 워렌 버핏(Warren Buffett, 1930~)의 원칙 "10년 이상 보유할 주식이 아니라면 단 10분도 갖고 있지 말라"는 말에 귀기우려야 할 것이다[106].

▌표 13▌ 펀드의 종류

펀드의 종류	내용
주식형 펀드	주식의 편입비중이 60% 이상을 투자하는 상품
채권형 펀드	주식이나 주식 관련 파생상품이 단 한주도 포함되지 않으며, 채권이나 채권 관련 파생상품에 신탁재산의 60%이상을 투자하는 상품
혼합형 펀드	주식과 채권의 비율을 조정하여 투자하는 펀드

106) 동아일보 2007년 4월 23일자.

215

"뭐 장가가면 세금을 더 내야한다고. 그렇다고 장가 안 갈수도 없고…"

✎ 결혼을 앞둔 총각 월급쟁이의 말

✎ 세금의 경제학

결혼세(結婚稅, marriage tax)라니! 처음 듣는 순간 독신일 때는 내지 않다가 결혼을 하게 되면 새로이 부담해야하는 세금이 아닌가 하는 오해를 불러일으킬 소지가 있으나 실제로는 결혼세라는 독립된 세목(稅目)이 있는 것이 아니라 결혼을 함에 따라 늘어나는 세금을 일컫는 말이다.[107] 누진세율(累進稅率, progressive)이 적용되고 있는 가운데 부부합산과세를 하게 되면 자연히 세금이 올라가게 되어 총각, 처녀 때 각각 내던 세금의 합보다 결혼 후 부부가 내는 세금이 증가하기 때문에 붙여진 이름이다. 실제로 결혼세라고 하는 이름의

107) 중세 유럽에서는 실제로 결혼세가 존재하였다. 농노들이 다른 장원영주(莊園領主)의 지배를 받고 있는 농노와 결혼할 때 영주에게 바치던 세금인데 특히 결혼 후 다른 장원으로 떠나는 여자에게 부과됐다. 영주의 수입이 농노의 노동력에 의존했던 터라 이러한 손해를 보상하는 의미로 영주의 결혼허가에 일정한 금액을 지급한 것으로 풀이할 수 있다.

세금이 있는 것이 아니라는 점을 유의할 필요가 있다.

유명세와 결혼세, 같은 종류의 세금인가

〈표 14〉에서와 같이 경태(남) 영심(여), 용세(남) 및 용미(여) 네 사람이 있으며 각각 연봉이 1억 4,000만 원, 1,000만 원, 7,500만 원, 7,500만 원이라고 하자. 또 연봉이 이천만원미만은 1%, 이천 만원에서 팔천 만원까지는 2%, 그 이상은 3%의 누진세율이 적용된다고 해 보자.

이 네 사람이 처녀, 총각 때 내는 세금을 보면 경태가 320만 원, 영심이는 10만 원, 용세와 용미는 각각 130만 원을 부담하고 있다. 이제 경태와 영심이 또 용세와 용미가 부부가 되었고 부부합산이 아닌 개인 소득을 기준으로 세금을 부과한다면, 처녀 총가 때의 세금을 단순히 합쳐 경태 부부는 330만 원(320만 원+10만 원)을 용세부부는 260만 원(130만 원+130만 원)을 부담하게 된다. 경태 부부 와 용세 부부는 연간 소득이 1억 5,000만 원으로 같지만 경태 부부는 용세 부부보다 더 많은 세금을 내고 있다.

하지만 부부 합산 과세를 하는 경우를 생각해보기로 하자. 두 부부의 소득이 1억 5,000만 원으로 같기 때문에 350만 원의 세금이 부과된다. 결혼 전에 비해 경태 부부에게는 20만 원이 용세 부부에게는 90만 원만큼의 추가 세 부담이 발생한 것이다. 이것이 바로 결혼세로 해석할 수 있다. 또 결혼 전에 소득 차가 적었던 부부일수록 더 많은 부담을 안아야 한다. 여성의 경제활동 참가가 늘어갈수록 부부간 소득 차가 적어질 것이고 결혼세는 더 많아 질 것이다.

"당신이 사랑에 빠져 결혼을 한다면 세무당국이 당신에게 벌을 내리는 꼴이 된다."라고 한미국 공화당 의원 딕 아미(DickArmey)의 지적이 생각난다. 이렇게 부부합산과세가 논란의 대상이 되고 있는데, 우리나라 헌법재판소에서는 단순부부합산 과세를 하는 것은 "결혼한 부부가 혼인하지 아니한 성인 남녀보다 조세부담의 점에서 받게 되는 현저한 불이익이며 아무런 합리적인 이유 없이 차별하는 것이다"라고 해석하고 있다.[108]

❙표 14❙ 세 부담에 미치는 결혼의 효과

(단위: 천원)

	개인소득	개인 소득세	개인 소득세의 합	가계소득	가계소득에 기초한 가계 세금
경태(남)	140,000	3,200	3,300	150,000	3,500
영심(여)	10,000	100			
용세(남)	75,000	1,300	2,600	150,000	3,500
용미(여)	75,000	1,300			

이러 문제점을 개선하기 위해 각 국에서는 다른 제도를 채택하고 있다. 미국, 노르웨이, 아일랜드는 가계소득 과세제(부부 합산제)를 채택하고 있으나 OECD국가 중 19개국은 개인별과세, 5개국(프랑스, 독일, 룩셈부르크, 포르투갈, 스위스)은 소득 분할(income splitting)을 갖는 가계소득과세를 통해 보조금을 지불하는 형식을 취하고 있

108) 이런 이유로 우리나라 헌법재판소는 단순합산과세방식으로 계산되는 부부의 자산소득합산과세를 규정하고 구 소득세법 제 61조에 대해 헌법 불합치 판정을 내렸다(2001헌바82). 이 결정에 대해 많은 논란이 있다.

다. 가족 모두의 소득을 합산한 후 동일하게 나눈 후 그것을 과세표준으로 삼는 제도이다. 위의 예를 통해 보면 경태부부나 용세부부나 부부합산 소득은 일억 오천 만원이다. 이를 2로 나누면 1인당 칠천 오백 만원이 되며 이것을 과세표준을 삼으면 경태부부도 용세부부도 이백 육십 만원의 세금을 내게 되어 평형성에 문제가 없어지게 된다.

돌고 돌다 결국은…

조세(租稅, tax)란 공법(公法)상의 단체가 그 활동에 필요한 경비를 충당할 목적으로 그 구성원에게 구체적인 반대급부 없이 강제적으로 부과·징수하는 경제적 부담이라고 정의할 수 있다. 구체적인 반대급부 없이 막연한 공공서비스에 대한 대가를 지불하는 것이기 때문에 부담자의 입장에서 보면 조세에 대한 저항은 언제 어디에서나 있게 마련이며[109] 반대급부로 행하여지는 공공 서비스에 대해 구성원들은 무임승차자(無賃乘車者, free rider)가 되려는 경향을 보이고 있기 때문에 법적 강제가 필수 불가피(조세법률주의)하며 조세평등의 원칙, 법적 안정성의 원칙, 과잉금지의 원칙 등이 지켜지고 있다.[110]

---

109) 1215년 영국의 대헌장, 1776년 미국의 독립선언, 1789년 프랑스 대혁명 등 세계 민주정치사에 큰 획을 긋는 사건 뒤에는 늘 세금 문제가 있었음을 유의할 필요가 있다.

110) 우리나라에는 약 32개의(개인 소득세, 법인세, 부가가치세, 등)법으로 조세법이 구성되어 있다.

경제학자들은 국민에게 부과된 세금이 종국에는 누가 부담하게 되느냐에 큰 관심을 가지고 있다.[111] 즉 조세의 전가와 귀착에 높은 관심을 보이고 있다. 전가(轉嫁, shifting)와 귀착(歸着, incidence)이라고 하면 보통 사람은 매우 어려운 한자말이라서 처음에는 상당한 거부감을 느낀다. 그러나 이 개념을 우리 일상생활에서 쉽게 볼 수 있다.

손녀 영심이가 냉장고에 있는 아이스크림을 먹고 싶어 할머니에게 아이스크림을 가져다 달라고 했다고 하자. 할머니는 자기 딸(영심이 고모)에게 이 일을 시킨다. 고모는 다시 올케(영심이 엄마)에게 이 일을 부탁한다. 엄마는 다시 딸인 영심이에게 본인이 가서 아이스 크림을 먹으라고 시키는 것으로 끝난다. 이렇게 심부름이 할머니, 고모, 엄마를 거쳐 처음 일을 시킨 영심이 자신에게 되돌아갔는데, 할머니에게 맡겨졌던 일이 고모, 엄마에 전가되었고 최종적으로는 영심이에게 귀착되었다는 표현을 쓴다. 결국 돌고 돌아 결국은 영심이에게 돌아온 것이다. "결국은 누가 부담하게 되는가"라는 말과 "누구에게 귀착되었냐"라는 표현은 같은 것이다. 소풍가서 누구나 하는 손수건 돌리기에서도 오락 프로에서 볼 수 있는 불붙은 모의폭탄을 돌리는 게임에서도 전가와 귀착의 현상을 볼 수 있다.

위의 예에서 볼 수 있듯이 조세정책입안자가 마음먹고 세금을 부과하는 대상과 마지막으로 부담하는 대상이 실제로는 다를 수 있다. 아무리 좋은 취지의 세금이라도 전가되어 엉뚱한 사람이 세금의 피

---

111) 경제학에서는 조세를 하나의 정책수단으로도 이용하고 있다. 누진세제도를 이용한 소득재분배기능, 세율 조정에 의한 경기조절정책, 관세를 활용한 국내 산업보호 기능 등을 하고 있다.

해를 볼 가능성이 언제나 도사리고 있음을 명심하여야 할 것이다.

이런 시각을 갖고 사치세에 대해 생각해 보기로 하자. 사치세(奢侈稅, luxury tax) 부과라는 단어를 들으면 우리 같은 서민들은 정부가 마치 활빈당(活貧黨)과 같은 의적(義賊)으로 느껴지고 속이 시원한(?) 생각이 들기도 한다. 우리나라에서는 특별소비세라는 이름으로 부과되고 있다.[112]

하지만 오히려 사치세가 목적으로 삼고 있는 저 소득층의 생활을 어렵게 할 가능성이 있음을 유의하여야 한다. 예컨대 요트에 사치세를 대폭 높게 부과한다면 요트 타던 부자들은 다른 재화(예를 들어 최고급 주택)를 구입하거나 다른 오락·스포츠(에를 들어 최고급 스포츠 차)를 하면 된다. 하지만 요트 생산 공장에서 일하는 저 소득 기능공들은 수요 감소로 인해 일자리를 잃을 수 있다. 또 시대에 뒤떨어지는 세목과 세율을 고집한다면 예상치 못한 부작용을 낳을 수도 있다. 또 상식적으로 생각해 보아도 고소득층일수록 세금을 피할 유효한 수단을 많이 가지고 있기 때문에 정부가 너무 의욕적으로 고소득층을 타겟으로 하는 과세는 오히려 저소득층에게 손해가 될 수 있음을 유념하여야 할 것이다. '고래 싸움에 새우등 터지는 수가 있다'는 것이다.

아이디어 속출, 세금 피하기

"세상에 확실한 것은 세금과 죽음밖에 없다"벤자민 플랭클린

---

112) 고급 승용차, 석유류, 골프용품과 수렵용 총포류, 모터보트, 요트와 그 관련제품, 수상스키용품 등에 부과되고 있다.

(Benjamin Franklin, 1706~1790)[113]이 한 말이고 케인즈((John Maynard Keynes)는 "절세는 노력한 만큼 보답을 얻을 수 있는 유일한 노력이다."라고 말하였다. 이 두 사람의 말을 통해 어차피 피할 수 없는 세금이라면 합법적으로 최대한 절약하는 지혜가 필요하다라는 결론에 도달할 수 있다. 조세 회피(回避)와 탈세(脫稅)는 구별되어야 한다. 회피(tax avoidance)는 법을 준수하면서 최대한 세 부담을 줄이는 노력인 반면 탈세(tax evasion)는 불법적으로 세금을 내지 않는 것이다. 케인즈는 조세회피를 의미하는 것이지 탈세를 의미하는 것은 아님을 명심하기 바란다. 아래에서는 교묘한 절세의 꾀와 처절한 납세 거부의 저항을 소개하고자 한다.

태국의 간판[114]

태국에서는 가게의 외부 간판(external signs)이 태국어로 쓰여 있으면 낮은 세율이, 영어와 태국어가 같이 쓰여 있으면 중간정도의 세율이, 영어로만 쓰여 있으면 매우 높은 세율이 적용된다. 태국 사람들은 태국어로는 작게 쓰고 주로 영어로 간판을 만들어 절세를 하고 있다. 심지어 상점 안쪽에 있는 창문 커튼에 상호를 씀으로써 세금 자체를 한 푼도 안내는 경영자도 있다.

---

113) 발명가이자 정치가, 다재다능한 능력의 소유자이며 미국 달러화의 모델인 그가 생전에 남긴 말이다. 죽음이 인간의 생물적 속성의 반영인 반면 세금은 인간의 사회적 속성을 나타내고 있다고 본다.

114) Gruber, 『Public Finance and Public Policy』, pp.551~552.

190만 달러 탈세 혐의 5년형 선고에 60대 부부 납세거부 무장투쟁[115)]

미국 뉴햄스셔주의 작은 마을 플레인필드(인구가 2,200명)에 사는 에드 브라운(64)과 부인 일레인(66)은 1월 탈세 혐의로 지방법원으로부터 징역 5년형을 선고 받았다. 이 부부가 1996년부터 납세를 거부, 일레인의 치과 실습소 수입 190만 달러에 대한 세금을 내지 않았다는 이유에서 이다.

그러나 브라운 부부는 선고 직후 "일상적인 노동에는 과세할 수 없다"는 것이 연방헌법과 대법원 판례의 정신이라고 주장하면서 납세와 교도소행을 거부하고 경찰, 집행관 등과 대치를 시작했다. 경찰이 이들을 진압할 엄두를 내지 못하는 것은 노부부가 "자유를 위해 싸우다 죽을 준비가 돼 있다"며 완강한데다 집이 요새화돼 있어 섣불리 진압을 시도할 경우 유혈사태가 불가피하다고 판단하기 때문이다.

부인은 "미국은 죽었다. 노예로 살기 보다는 싸우다 죽겠다"며 목소리를 높이고 있고, 남편도 "미국은 공산주의 국가가 됐다. 중국 톈안먼(天安門) 광장에서 항거하던 사람과 우리는 같은 입장이며 누가 우리를 죽일 수는 있어도 겁먹게 할 수는 없다"며 결사적인 태도를 보이고 있다.

---

115) 한국일보, 2007년 7월 22일자.

216

"나는 의리의 사나이가 아니라 그저 내 이익(利益)에 눈먼 사람일 뿐입니다."

✎ 고 이주일씨가 하춘화씨를 구출하고 한 말
✎ 개인의 이익과 사회의 이익(후생)

코메디언 고(故)이주일씨가 가수 하춘화의 생명의 은인이라는 사실은 널리 알려진 일이다. 1977년 이리역(지금은 익산으로 바뀐)에서 화약 운반 열차에서 폭파사고가 났고 당시 그곳에서 공연 중이던 당시 최고의 여가수 하춘화씨가 위기에 처했을 때 쇼의 사회자였던 이주일씨가 위험을 무릅쓰고 그녀를 구출해 내었다. 그래서 하춘화씨는 그를 생명의 은인으로 소개하게 되었고 자신의 쇼 사회를 전적으로 그에게 맡겼고 이를 바탕으로 무명이던 이주일씨는 승승장구하여 당대 최고의 코메디언이 되기에 이른다.

전지전능한 손 = 보이지 않은 손

이 사건 이후 이주일씨는 의리(義理)의 화신(化身)으로 칭송을 받

았는데 이에 대한 정작 그의 반응은 상당히 의외였다. "사람들이 나를 의리 있다고 하는데 사실과 다르다. 20년 가까이 무명 생활을 하다가 겨우 자리를 잡았는데, 그것도 당시 최고의 가수 하춘화 쇼의 사회를 맡았는데, 하춘화가 나의 밥줄인데, 그녀가 잘못되면 나도 끝이다 라는 생각이 순간 들어 위험을 무릅쓰고 그녀를 구한 것뿐이다. 그 순간 나에게는 의(義)와 같은 고귀한 가치를 추구한 것이 아니라 나의 이익(利益)만이 있었다"라고 술회하였다. 코메디언인 그가 한 말이니까 일부러 사람들을 웃기려고 한 말이라고 치부하는 경향이 있지만… 언중유골(言中有骨)이라고 그가 결코 우스갯소리라고만 생각하기에는 무언가 있는 것 같은 생각이 든다.

이 사실에서 우리는 아주 쉽게 인간의 본성에 대해 알게 된다. 겉으로 보기에 의로운 일도 행하는 사람의 이기심(利己心)의 발로인 경우가 적지 않다는 사실을[116]… 이와 유사한 사실은 경제학의 시조 아담 스미스가 쓴 국부론(國富論)에서도 발견할 수 있다. 그는 인간의 이기심에 대해 이렇게 말하고 있다.

> **"우리는 백정이나 양조업자나 제빵업자의 자비심의 덕분이 아니라, 자기의 이익에 대한 그들의 관심 덕택에 식사를 기대할 수 있다. 우리는 그들의 인도주의가 아니라 자애심(自愛心)에 호소하며, 그들에게 우리 자신의 필요를 이야기하지 않고 그들 자신이 어떤 이익을 얻을 수 있는지 이야기해 주는 것이다"**

116) 순수하게 희생정신이나 사명감으로 위기에 처한 사람을 구하는 의인(義人)도 우리 주변에서 가끔 볼 수 있다. 이런 측면에서 보면 의사자로 칭송받는 사람들의 거룩한 희생정신과 사명감은 더욱 빛나는 존재이다.

우리가 맛있게 식사를 할 수 있는 것은 도살장·정육점 주인, 양조업자, 및 제빵업자의 박애정신에 기인하는 것이 아니라 자신들의 이익을 확대하려는 과정에서 자연스럽게 발생하는 것이다 라고 주장하고 있다.[117] 그는 인간의 이기심은 탐욕스러운 존재가 아니라 매우 절제된 것이라고 주장하였고, 시장에서 '보이지 않는 손(invisible hand)'이 작용한 결과 조화로운 질서에 도달한다고 주장하였다.

그는 또 국부론에서

"경제주체는 자신의 이익을 추구함으로써 처음부터 사회의 이익을 위해 하려고 했을 때보다 더 효과적으로 사회의 이익을 증진하는 것이다"라고 쓰고 있다.

죽음을 각오하고라도 자신의 이익을 위해 몸을 바칠 수 있는 사람이 어디 고 이주일씨 한 사람뿐이겠는가? 230년 전 스미스가 예시한 영국의 백정이나 양조업자나 제빵업자의 생산 행위와 30년 전 고 이주일씨의 목숨을 건 구출행위는 이기심의 발로라는 면에서 같다고 본다. 이기심으로 움직이는 사람이 어디 이들 뿐이겠는가. 이 책을 쓰고 있는 저자도 독자들도 이기심을 바탕으로 살고 있다는 사실을 아무도 부인하지 못할 것이다. 아니 인간이라는 종(種)이 가지는 가장 기본적인 본성이 아니라고 부인할 사람이 아무도 없을 것이다. 따라서 인간의 이기심이 잘 작동되도록 함과 동시에 서로 잘 조화될

117) 가난한 시골의 의사가 동네의 가난한 환자에게는 매우 싸게 받는 대신 소득이 높은 유지급 사람에게는 좀 비싸게 진료비를 받는 행위도 경제학자의 눈에서 보면 합리적인 이윤극대화의 수단으로 평가할 수 있는 측면도 있다.

수 있게끔 제도를 만든다면 사회적으로 바람직한 성과를 얻을 수 있을 것이다 라는 명제에 도달하게 된다.

전지전능한 보이지 않는 손도…

그러나 그의 주장과는 달리 이기심에 기초한 개인의 행위가 시장을 통해 사회적 조화를 이끌어 내지 못한다는 사실은 도처에서 발견되었다. 여기에서는 공유의 비극(共有의 悲劇, The Tragedy of Commons)을 통해 개인의 이기심이 사회적 조화를 낳지 못할 가능성에 대해 알아보기로 하자.[118] 내 이익만 챙기는 쏠림 현상이 심해지면 그 결과는 낭비나 비극을 낳을 수 있다는 내용을 담고 있다.

| 표 15 | 공유의 비극

	10마리	20마리
10마리	(50,50)	(30,60)
20마리	(60,30)	(35,35)

주: 앞의 수치는 농부 A의 이득이고 뒤의 수치는 농부 B의 이득임

〈표 15〉에서와 같이 농부 A와 농부 B가 있다고 하자. 두 사람이 소를 10마리씩 사육을 하면(공급량이 적어 가격이 높음, 총 공급 20마리) 각각 50씩 얻지만, 한 사람이 20마리를 사육하면(공급량 약간 증가하여 가격 약간 하락, 총 공급 30마리) 많이 사육한 사람은 60, 적게 사육한 사람은 30을 얻게 된다. 두 사람 모두 20마리씩을 사육

118) 이 용어는 1968년 미국의 생물학자인 Garret Hardin이 Science에 기고한 논문의 제목이며, 게임 이론의 눈에서 볼 때 이 게임은 '용의자의 딜레마' 게임의 한 예이다.

하면(공급량 약간 증가, 총 공급 40마리, 가격 크게 하락) 각자 35씩을 얻게 된다고 하자.

두 농부 모두에게 최고 바람직한 상태는 각자가 10마리씩을 사육하여 각각 50을 얻는 경우이지만, 각자 자기의 이익에만 집착함으로써 20마리 씩을 사육하게 되고 그 결과 각각 35를 얻게 된다. 눈을 버젓이 뜨고도 손해를 보는 셈이다. 개인적 유인과 사회적 유인간의 차이 때문에 발생하고 있다.

이 예는 개인과 사회의 이득의 조화를 가능케 하는 '보이지 않는 손'의 한계를 보여주는 예이다. 보이지 않는 손은 시장이 경쟁적일 때만 자원을 효율적으로 배분하며, 시장은 참가자들이 서로 협력에 실패할 때만이 경쟁적이 된다.[119]

일반적으로 공유자원으로 거론되는 것은 깨끗한 물과 공기, 야생동물, 바다 고기 등과 같이 자연자원이 주를 이루고 있다. 대부분의 경우 공유자원의 비극은 관찰되고 있다. 소유권을 정하기 어려워 내 것, 네 것이 구별되어 있지 않아 먼저 차지하는 사람이 절대적으로 유리하기 때문에 공유자원은 자연히 과도하게 사용되는 경향이 있으며 고갈현상이 광범위하게 나타나고 있다. 이러한 고갈 현상은 우리 주변에서 매우 쉽게 볼 수 있다.[120]

---

119) 맨큐의 경제학, pp. 413~418.

120) 주식시장에서도 투자가들의 성급한 투자심리와 증권자의 단기실적위주의 운용 때문에 공유자원의 비극이 발생하고 있다. 그 예는 매일경제신문 2006년 1월 24일자.

과거 환경오염이 큰 문제가 되지 않았을 때 물과 공기는 자유재(自由財, free goods)로 분류하고 누구나 마음대로 비용을 지불하지 않고 쓸 수 있다고 보았다. 하지만 오염문제가 심각해지면서 특별히 깨끗한 물과 공기는 한정된 공유자원으로 인식되게 되었다. 한 걸음 더 나가 깨끗한 물과 공기를 인류 공유의 자원으로 인식하고 도쿄 기후협약과 같은 전 세계적인 협정을 통해 효율적으로 관리하기 위해 노력하고 있다.

내 돈 낸다면 그렇게 안 먹지

동창회 회식 자리는 공유의 비극을 가장 극명하게 보여주고 있다. 동창회가 끝난 자리를 보면 조금밖에 먹지 않고 버려진 술병과 음식이 즐비하게 있는 것을 발견할 수 있다. 그래서 늘 술값과 식대가 예상보다 많이 나와 주체측이 난처해지는 경우가 많다. 간부 중의 한 사람이 처음에는 통제를 하려고 노력을 하지만 시간이 좀 지나 긴장감이 풀어지면서 통제가 불가능해진다. 한 사람이 마시면 다른 사람은 마실 수 없기 때문에 경합성이 존재하지만 회비를 냈던 안냈던 혹은 얼마를 냈던 마시는 양에 대해 누가 시비를 걸지 않는다. 즉 배제성이 존재하지 않는다. 음식과 술은 공유자원인 셈이며 공유자원의 비극이 적나라하게 나타난다. 낭비가 발생하고 동창회비는 늘 식대를 감당하기 바쁘다. 또 회식할 때 비싼 술이나 비싼 음식을 먹는 경우를 자주 볼 수 있으며 회식을 자주하는 사람 중에는 과체중인 사람을 많이 볼 수 있다. 그런 사람들도 "내 돈 내고 먹으라면 그렇게 안 먹지"라고 말하고 있다.

우리나라 소풍 도시락 vs. 일본 소풍 도시락

일본과 우리나라의 도시락 문화를 비교를 통해 공유의 비극과 그 해결방법에 대해 생각해 보기로 하자. 우리나라에서 5인분 도시락을 싸는 경우를 생각해 보자. 반찬은 반찬대로 밥은 밥대로 싼다. 사람 수는 찬합의 크기를 결정하며 찬합 숫자는 반찬 수를 기준으로 준비된다. 만약 반찬 다섯 개를 준비한다고 하면 5인용 찬합이 6개가 준비된다. 이 도시락은 5인 모두의 것이고 한 번에 묶여 있기 때문에 무겁다. 보통 남자가 혼자 들고 낑낑 거리고 운반한다.

일본에서는 사람 수가 기준이 되어 도시락 수가 결정된다. 5가지 반찬 과 밥이 들어간 일인용 도시락이 만들어지고 5개의 도시락이 준비된다. 처음부터 도시락 하나하나가 소유권이 정해지는 것이다. 운반에 있어서 자기 것을 자기가 한다. 한 사람이 희생(?)할 이유가 별로 없다.

공원에 와 도시락을 먹는 광경에서도 차이가 난다. 우리는 삥 둘러 앉아 오손 도손 도시락을 먹는다. 하지만 음식이 공유자원이기 때문에 먼저 먹거나 빨리 먹는 사람이 더 맛있는 것을 더 많이 먹을 수 있다. 선점(先占)의 원칙이 작용하고 있어 처음부터 듬뿍 가져다 놓고 먹는 것이 가장 지혜로운 방법이다(first in time, first in right). 자연히 5인분음식이 부족하게 되는 느낌이 든다. 다음에는 5인이라고 할지라도 넉넉하게 6인분을 싸와야지 하면서… 다음을 기약한다. 다음 소풍 때는 지난번 경험을 살려 넉넉하게 6인분을 싸가지고 간다. 자연히 포식을 하게 되거나 음식이 남는 일이 발생한다. 누군가

가 남은 음식을 보고 "아까워서 어떻하지" 라고 하며 옆 사람에게 정답게(강요하다시피하며) 음식을 떠 준다. 옆 사람은 "배불러 죽겠는데, 또 먹으라고"하며 거절을 해보지만 이미 음식은 먹지 않으면 버려야 하는 상태에 까지 이른 경우가 허다하다. 모두들 "그래도 모자라는 것보다 남는 게 낫다"라고 말한다. 바로 공유자원의 비극이 발생하였지만 이것을 숙명처럼 받아들이는 셈이다.

일본사람이 공원에 도시락을 먹는 경우를 생각해 보자. 개인당 도시락이 하나씩 있기 때문에 친한 사람끼리 삼삼오오도 가능하고 혼자 따로 먹는 것도 가능하다. 남을 위해 배려할 이유도 훨씬 적다. 혹 식사량이 부족하다고 한 사람이 있으면 다음에는 그 사람 몫만 더 많이 준비하며 된다. 우리 보다 낭비적 요인이 훨씬 적다. 왜 이런 일이 벌어질까?

엄밀히 말하면 우리나라 도시락은 공유자원이지만 일본 도시락은 개인 재산에 가깝다. 우리나라에서 도시락을 들고 가는 사람에게 누구 거냐고 물어보면 "우리 것"이라고 답하지만, 일본사람들은 "자기 것"이라고 답한다. 처음부터 일본 도시락은 개인별로 준비되어 개인의 소유권을 부여하고 있기 때문에 도시락 문화는 개인주의적이다. 반면 우리나라의 도시락 문화는 집단적이다. 비단 도시락문화뿐만 아니라 우리는 대체로 '여럿이 같이' 먹고 마시는 생활에 일본인보다 더 익숙해 있다. 특히 명절 때는 더욱 이런 현상이 나타나고 있다. 따라서 우리나라가 일본보다 공유자원의 비극이 발생할 소지가 더 많으며 자원의 낭비되거나 고갈될 가능성이 더 높다고 하겠다. 하지만 일본사람은 적어도 음식을 먹을 때는 '남을 배려하는 일'이 적을 수밖에 없다. 반대로 우리는 '남을 배려하는 일'이 많다. 이것을 우리는 '정(情)'이라고 부르는데, 공유자원의 비극을 염두에 두고 서로 나누어 가지려는 마음이 표현된 것이라고 본다.

그놈의 '정'을 줄여라. 그러면 비극은 줄어 들 것인가?

우리나라 도시락 문화와 일본 도시락 문화의 차이에서 공유의 비극을 극복하기 위한 단서를 찾을 수 있다. 가능한 한 최대로 가치 있는 자원의 소유권을 지정하고 집행하는 것이다. 비록 '정'이 없어지는 아픔이 있더라도 일본 도시락 문화처럼… '네 것 내 것을' 확실하게 함으로써 공유자원의 비극으로 인한 자원낭비를 줄일 수 있다는 얘기다. "그놈의 '정'을 줄여라. 그러면 공유지의 비극과 자원의 낭비는 줄어 들 것이다"라는 주장까지 발전할 수 있을 것이다. 경우에 따라서는 소유권 부여가 해답이 될 수는 있으나 유일한 정답일 수는 없다. 왜냐면 재산권을 인정하기가 어려운 경우도 많아 말처럼 쉬운 일은 아니며, 이 경우 소유권 부여를 위해 막대한 비용이 든다면 더욱 어려워지기 때문이다.

217

"원래 내 것인데…"

✎ 특허권을 주장하지 못하는 이노우에 씨의 후회

✎ 지식재산권의 경제학

"원래 내 것인데…" 이 탄식의 소리를 듣는 순간 우리나라 사람이라면 누구나 신라시대 처용을 연상할 것이다. 저자 역시 처용이 제일 먼저 연상되지만 또 한 사람이 떠오른다. 바로 우리가 애용하고 있는 노래방의 원조라고 할 수 있는 일본 가라오케의 아이디어를 처음 낸 사람인 이노우에(井上)씨가 그 주인공이다. 항구도시 고베(神戶)의 밤무대 악사인 그는 이 기발한 아이디어를 내 놓기만 했지만 저작권을 설정해 놓지 않았기 때문에 권리를 하나도 주장할 수 없는 처지이다. 가라오케 룸이나 노래방이 세계 각처에 있다는 사실을 생각하면 굴러들어온 복을 아니 자신이 만든 복을 스스로 차버린 어리석은 사람이 된 셈이다.

죽 쒀서 개 준다면

지식 재산권(知識 財産權, intellectual property)은 '지식'과 '재산

권'의 합성어로서 인간의 지적 창조물(연구결과)이나 창작된 방법에 대해 인정하는 독점적 권리인 무체(無體)재산권으로 정의된다.[121) 새로운 발명·고안에 대하여 그 창작자에게 일정기간동안 독점배타적인 권리를 부여하는 대신, 이를 일반에게 공개하여야 하며 일정 존속기간이 지나면 누구나 이용·실시하도록 함으로써 기술진보, 산업발전, 및 문화 창달을 추구하고자 마련된 제도이다. 일반적으로 특허권(patents), 실용신안권(utility models), 디자인권(designs, 구 의장법), 상표권(trademarks), 및 저작권(copyrights)이 언급되고 있으나 최근 들어 과학기술의 급속한 발전과 사회여건의 변화에 따라 종래의 지식재산법규의 보호범주에 포함되지 않으나 경제적 가치를 지닌 지적창작물을 의미하는 신지식 재산권 개념이 추가되었다.[122)] 〈표 16〉에 대표적인 지적 재산권의 종류와 내용을 정리해 보았다.

왜 발명가에게 상당기간 동안 독점력을 주는가? 하는 의문부터 시작하기로 하자. 일반적으로 경제학에서는 독점의 폐해를 지적하고 부득이한 경우를 제외하고는 독점을 규제하려고 한다. 그런데 지식재산에 대해 독점권을 부여하고 있으니 그 이유가 무엇인가?

지식 재산이 어떤 성격을 가졌기에 다른 재화에는 허용하지 않는 독점을 정부에서 인정하는 것일까? 지식 재산권 중에 으뜸인 특허권을 중심으로 설명해 보기로 하자.[123)] 첫째 지적 생산물 생산에 상당

---

121) 특허청 홈페이지 www.kipo.go.kr에서 인용.

122) 저작권법의 주무부서는 문화체육관광부이며, 특허법을 비롯한 나머지 법은 특허청이 담당하고 있다.

123) 특허법에서 발명이라 함은 자연법칙을 이용한 기술적 사상(思想)의 창작

한 비용이 들지만 일단 생산된 것을 다른 사람에게 넘겨주는 데는 별 비용이 들지 않는다. 두 번째 종전에 없던 지식 생산물이 생산된 다음에는 이것을 소비하는 사람이 많으면 많을수록 사회적 편익이 커진다. 지식 재산은 공공재 성격을 가지고 있어 다른 사람들은 무임승차하려고 하지 대가를 지불하는데 인색하게 된다.[124] 발명가의 지식 생산물을 구매한 자가 쉽게 복사하여 판매함으로써 그가 발명가의 경쟁자가 되는 꼴이 된다.

▌표 16▐ 대표적인 지식 재산권의 종류와 내용

지적재산권의 종류	대상	존속기간
특허권	발명품이나 진보된 기술	20년
실용신안권	새로운 고안(考案)	10년
디자인보호권	새로운 디자인	15년
상표권	남들과 구별되는 상업적인 표시나 심볼	10년 단위로 갱신가능, 영구히 상용가능
저작권	작가, 예술가, 작곡자의 생산품	살아있는 동안 그리고 사후 50년
신 지식 재산권 (제 3의 지식 재산권)	반도체 칩, 데이타 베이스, 컴퓨터 프로그램, 영업비밀 등	컴퓨터 프로그램은 50년

으로서 고도(高度)한 것을 말한다. 특허를 받을 수 있는 발명품은 종래의 기술수준을 획기적으로 넘어야 할 뿐 아니라 산업상 이용가능성이 매우 높은 것이어야 한다.

124) 위에서 언급한 여러 지식 재산권 중에 상표권은 공공재 성격이 가장 약하기 때문에 다른 권리와 많이 다르다. 소비자에게 식별을 쉽게 해줌으로써 거래비용을 줄이는데 기여하고 있는 제도이다. 특허청 홈페이지를 참고하기 바람.

발명가 스스로가 자기 눈을 찌른 꼴이 되고 만다. 뒤 늦게 자기의 권리를 주장해 보았자, 법이 그를 인정하지 않는다. 이노우에씨 처럼 "원래 내 것 인데. 당신들이 내 허락도 없이…"라고 해봐야 이미 때는 늦었다.

이러한 성격을 가지고 있기 때문에 발명가들은 '죽 쒀서 개주는 꼴'을 당할 수 있다. 사생활을 포기하다시피하고 연구실과 실험실에서 혼신의 힘을 다해 얻은 연구 결과가 다른 사람에 의해 손쉽게 모방되고 본인의 손에게 아무 것도 쥐어지지 않는다면 연구의욕이 없어질 수밖에 없다. 이것은 그만큼 사회에 가치 있는 재화의 위축을 의미한다. 이런 일을 원천적으로 막기 위해 지식 재산권을 설정하는 것이다. 지식 재산권 설정으로 인해 ① 발명가는 시장에서 독점적 지위를 바탕으로 큰 수익을 얻는다. 독점가격을 설정함으로써 고이윤을 얻을 수 있을 뿐 아니라 기술판매를 통한 로열티 수입도 예상된다. 기술력이 앞선 기업이라는 이미지는 또 하나의 무형의 재산이 되어 소비자의 신뢰도를 향상시키는 결과를 낳는다. ② 특허분쟁을 사전에 예방할 수 있다. 자신의 발명 및 개발기술을 적시에 출원 및 권리화 함으로써 타인과의 분쟁을 사전예방하고, 타인이 자신의 권리를 무단 사용시 적극적으로 대응하여 법적보호 가능하다. ③ R&D 투자비 회수 및 향후 추가 기술개발의 원천으로 삼을 수 있다. 막대한 기술개발 투자비를 회수할 수 있는 확실한 수단이며 확보된 권리를 바탕으로 타인과 분쟁 없이 추가 응용 기술개발 가능 정부의 각종 정책자금 및 세제지원 혜택을 얻을 수 있다. 한마디로 지식 재산권은 발명가의 의욕을 고취시키는 당근에 비유할 수 있다.

세상 어디에서나 완전한 제도가 없듯이 발명가의 의욕고취를 위한 지식 재산권 역시 사회적인 비용을 발생시킨다.[125] 지식 재산권은 권리자의 독점을 낳으며 중복투자를 야기시킨다. 특허권을 선점하는 경우 상당한 기간 동안 독점력을 가질 수 있다는 사실은 많은 기업을 적극적인 연구개발 투자로 내몰고 있다. 하지만 이 폐해보다 지식 재산권 보호의 사회적 편익이 더 큰 한 사회가 감당해야 하는 부담이라고 할 수 있다. 그래도 이 제도의 부정적인 요소를 줄이기 위해서는 특허권 인정의 범위와 존속기간을 어떻게 설정하느냐가 새로운 과제로 부각된다.

만약 특허권 인정의 범위(breadth)와 존속기간(duration)을 발명가에게 불리하게 설정한다면 창조성은 크게 위축이 되는 반면 다른 사람들은 발명품의 보급 확대로 인해 쉽게 많은 이득을 얻을 수 있을 것이다. 반대로 범위와 존속기간을 발명가에게 유리하게 설정한다면 창조성은 활발해지겠지만 다른 사람들에게는 보급 확산의 제한으로 인해 큰 부담으로 작용할 것이다. 어느 경우도 바람직하지 않다. 즉 '창조성의 촉진'과 '보급 확산의 제한'간에 상충관계(相衝關係, trade off)가 나타난다.

---

125) 최근에는 다양한 특허를 사들인 다음 각국을 돌며 해당 특허를 침해한 업체를 찾아내 배상을 전문으로 하는 특허전문회사(Patent Troll)이 생겨나 새로운 양태의 폐해를 낳고 있다. 제조 기업간의 특허분쟁은 특허를 제품 개발과 판매에 활용해야 하기 때문에 최종 파국 국면까지는 가지 않으나 이 회사는 끝까지 싸워 값을 올리기 때문에 상당한 폐해가 발생하고 있다. 한국경제신문사, 한경비즈니스 2008년 6월 9일자.

세종과 장영실, 모건과 에디슨

몇 년전에 '유명한 과학자가 한국에 태어났다면…'하는 유머가 많은 사람에게 회자된 적이 있었다.

> 퀴리 부인이 한국에 태어났다면, 여자라는 이유로 대학은 커녕 초등학교도 제대로 못 다녔을 거라고, 그러니 언감생심 노벨상을 받는다는 것은 말도 안 된다고.
> 에디슨이 한국에 태어났다면, 엉뚱한 일만 하는 사고뭉치에 학습지진아로 낙인 찍혀, 평생 열등생으로 살았을 것이니 발명왕은 꿈도 못 꾼다고.

우리나라의 척박한 과학기술 문화를 비꼬는 이 이야기를 듣고 웃어넘기기에는 부끄러운 면이 많음을 고백하지 않을 수 없다. 이 말에는 에디슨(Thomas Alva Edison, 1847~1931)이 미국에 태어났으니 발명왕이 가능하였다고 생각하는데, 맞는 말이다. 하지만 저자는 만약 그가 그의 탄생 100년 전인 1747년에 태어났다면 과연 발명왕이라는 칭호를 얻을 수 있었을까? 하는 의문을 추가해 보았다. 미국은 1787년 연방헌법에 특허권을 규정하였기 때문에 그 어느 나라보다 발명의 토대가 잘 마련되어 있었던 것은 틀림없는 사실이지만 이때는 이미 에디슨이 40세에 이른 나이이다. 달걀을 품에 안고 부화를 시도하는 소년 에디슨의 모습은 아마 찾을 수 없지 않을까? 에디슨을 발명왕으로 만든 데는 연방헌법의 공이 있으며 또 시대적 상황도 크게 기여하였다.[126] 에디슨이 활약하던 시기는 남북전쟁이 끝나고

미국 사회가 안정을 빠르게 회복해 가고 있었고, J.P 모건(John Pierpont Morgan, 1837~1913)과 같은 자금모금 능력이 출중한 금융가가 있었기 때문이다. 에디슨의 신출귀몰한 생각을 현실로 바꾸는데 모건이 큰 역할을 하였다. 그가 있었기에 에디슨은 자금 걱정없이 연구에만 몰두 할 수 있었던 것이다. 에디슨의 성공은 미국의 특허제도, 정치적 안정, 시장의 확대, 그리고 생산지원형인 금융자본이 합작하여 만들어낸 사회적 산물이다. 여기에 탁월한 교육제도가 더 해지면서 미국의 번영을 가능하게 하였다.

이제 우리에게로 눈을 돌려 보자. 우리는 조선시대 최고의 과학자로 장영실(蔣英實)을 꼽고 있다. 그가 연산조나 임진왜란 때가 아닌 세종 때 사람임에 유의할 필요가 있다. 비록 세종 대왕이 특허법을 제정하지는 않았지만 정치적 안정을 바탕으로 장영실의 발명을 음으로 양으로 장려하였기에 가능한 일이었다. 에디슨에게 제도적으로는 특허법이 자금모금 측면에는 모건이 있었다면 장영실에게는 세종이 제도와 자금지원도 도맡아 한 셈이다.

제 2의 장영실을, 찾는(find) 시대에서 만드는(make) 시대로 가야

더 많은 장영실을 낳기 위해서는 합리적인 특허제도 운영, 연구에만 몰두할 수 있게 하는 정치·경제적 분위기 조성, 확고한 기초과학 육성, 그리고 신발명을 돕는 금융의 활성화가 필요하다고 하겠다. 과

126) CCTV다큐멘터리 대국굴기 제작진, 『강대국의 조건, 미국편』, 안그라픽스, 2007년.

학자·발명가의 창의력을 풍요로운 사회로 가는 밑거름으로 삼는 대신 그들에게 명예와 부를 주는 사회적 지혜가 필요하다고 본다.

소극적으로 제 2의 장영실을 찾는 시대를 만들 것이 아니라 온 국민이 합심하여 제 2의 장영실을 만드는 시대로 가야 할 것이다.

218

"군기는 군대의 생명이다, 알았나"

✎ 논산 훈련소 교육조교의 포효

✎ 군기와 국방의 경제학

군에 가면 귀가 따갑게 듣는 것이 군기(軍紀)확립이다. 고참병이 "군기가 빠졌다"는 말과 함께 얼 차례를 받아 본 경험이 누구에게나 있을 것이다. 일반 병이야, 2년 군복무를 하면 그만이지만 직업군인이 군기가 빠졌다는 말을 듣는 것은 최대의 치욕이다. 제 3자의 눈에 '군기'가 그렇게 까지 중요하냐고 하겠지만 정말 군에서는 군기확립이 최우선과제다. 그럼 왜 '군기확립'이 군에서 중요한 일인가를 경제이론을 통해 살펴보기로 하자.

국방 서비스: 시장 실패의 종합세트

국방도 하나의 서비스 산업인 이상 다른 산업과 구별되는 특성을 가지고 있다. 경제학의 눈에서 볼 때 시장실패(市場失敗, market failure)의 종합세트라고 부를 수 있을 것 같다. 첫째 대표적인 공공재(公共財, public goods)로서 사회적인 수요보다 공급이 적게 나타나기 때문에 헌법에 의해 사회적 수요를 충족시키는 특이한 재화이다.[127] 바로 국방의 의무 규정은 국방 서비스의 수급을 맞추기 위한 가장 강력하고 확실한 수단이라고 풀이할 수 있다.

두 번째로 국방서비스는 자연독점(自然獨占, natural monopoly) 산업이라는 점을 들 수 있다. '국군'은 국방서비스의 독점 공급자이다. 국군의 통수권자인 대통령은 CEO에 비유될 수 있다. 자연독점이란 같은 제품을 여러 기업이 생산할 때보다 한 기업만이 생산할 때 총비용이 낮아지는 경우 즉 시장 규모에 비해 규모의 경제가 현저하게 나타나는 시장에서 주로 발생한다. 말 그대로 이런 경우 어쩔 수 없이 독점이 자연스러운 현상으로 받아들여지지만 독점기업에 내재하고 있는 비효율은 피해 갈 수 없다.

〈그림 3〉에 군과 기업의 효율성제고를 위한 내외부적 여건을 비교하여 보여주고 있다. 일반적으로 기업의 비효율성은 내·외부적인 압력에 의해 제어되지만 군의 비효율성은 외부적인 압력이 구조적으로 크지 않기 때문에 주로 내부적 요인에 의해 제어되고 있다. 기업은 아웃소싱(outsourcing)이나 다운사이징(downsizing) 등 조직 자체를 효율적으로 디자인할 뿐 아니라 내부 모니터제도를 통해서도 내부효율성을 증진시키고 있다.[128] 생산라인에서 일하는 많은 생산자들은 윗선에 있는 조장들이 조장들은 그 위에 있는 반장들이 또 반장들은 과장, 부장, 공장장에 의해 그들의 행동이 조절된다. 자연스럽게 피

127) 제 2부 6장 참고.

128) 제 2부 2장 참고.

라미드식 위계(位階)조직이 만들어 진다. 그 정점에는 대표이사가 있다. 또 승진제도, 능력에 따른 보수체계, 평가제도 등 여러 가지 제도로 조직내 효율을 향상시키고 있다.

이와 같은 내부 요인뿐만 아니라 다른 생산자(경쟁자), 소비자에 의한 시장의 압력, 정부의 규제 또는 M&A의 위협 등 외부 압력도 내적 효율성에 기여하고 있다. 하지만 군대는 원천적으로 독점공급자이기 때문에 외부 압력이 미미하며 많은 정보가 군사기밀에 해당하기 때문에 외부로 유출되는 것이 매우 한정적이다. 우리 국군이 비효율적 조직이라고 해서 외국군으로 대체할 수 없는 것이기 때문이다. 따라서 군대의 효율성을 제고시키기 위해서는 조직 디자인과 내부 모니터 제도의 활성화가 우선적으로 고려대상이 된다. 단기적으로는 조직 디자인 작업이 어렵기 때문에 내부 모니터링 제도가 제 기능을 하여야 하며 그 책임이 바로 군 리더들에게 있다.

세 번째 국방의 중요한 특성으로는 일단 배분된 군사자원은 공유자원(共有資源)의 성격을 갖는다는 점이다. 일반병사에게 지급된 무기를 예를 들어 보면 일정기간 동안 그가 사용자의 위치에 있을 뿐이지 소유자는 국방부, 아니 대한민국 국민이다. 일반병사들은 군사 자원을 내 것처럼 사용하려는 의지가 약하기 때문에 '공유의 비극'이 발생한다. 이를 줄이기 위해서는 책임있는 상관이 필요하며 그의 명령에 부하가 복종할 때 '공유의 비극'은 크게 감소하게 될 것이다. 군사 자원을 효율적으로 사용하기 위해서는 군기확립이 필요한 것이다.

네 번째 전장(戰場)이라는 매우 특수한 상황에서 승리를 위해 존재하는 매우 특이한 조직이며 경험이 매우 중요한 조직이라는 점을 들 수 있다. 승리를 위해서는 적의 움직임과 능력 그리고 전략을 정확히 읽고 우리 병력을 지휘해야 한다. 사람의 목숨과 관련된 결정을 하여야 하기 때문에 신중하면서도 신속한 결단이 필요하며 그 결과에 대해 엄중한 책임이 부과된다.129) 따라서 하위 계급에서는 단순히 사격 명중률이 높고 백병전을 잘하는 군인이 인정을 받지만 계급이 올라갈수록 전체적인 상황을 판단하고 적군과 아군의 능력을 잘 파악하고 전략전술이 뛰어난 군인이 필요하다. 생각컨대 이순신 장군이 왜장보다 활을 잘 쏘거나 말을 잘 타서 전쟁에서 승리한 것이 아니라 전략전술이 뛰어났기 때문이다. 지휘관은 이런 훈련을 체계적으로 반복 학습을 한 사람들이기 때문에 그들의 결정에 하위 병사들이 따르는 것이 승리를 위해 필수불가결하다. 전장에서의 승리를 위해서 고급 지휘관의 명령에 복종하고 따르는 분위기 즉 군기 확립이 절대적으로 필요하다.

다섯째 군은 이익사회도 공동사회도 아니며 학교, 정부기관, 회사의 특성을 모아 놓은 매우 특이한 조직으로서 리더의 인성과 자질 그리고 솔선수범이 매우 중요시된다. 높은 전문성을 바탕으로 여러가지 다양한 자질이 요구된다. 또 징병제를 채택하는 우리나라에서 군대는 바람직한 조직문화를 형성하는 도장으로서 그 중요성이 날로 증대되고 있다.

따라서 위에서 언급한 군의 특성과 군기 확립의 필요성을 역으로 생각해보면 군은 다른 조직보다 상명하달이 잘 되는 체계를 갖추는 것이 강력한 군·효율적인 군 조직·선진 병영문화를 달성하기 위한 첩경이라고 할 수 있다. 하지만 이 때 강압적인 명령이나 상명하달방

129) 제임스 맥그리거 번스 지음 조중빈 옮김, 『역사를 바꾸는 리더십』, p.74.

식방법에만 너무 의존하다보면 하의상달 기능이 마비됨으로써 오히려 효율성이 저하할 수도 있음을 유의할 필요가 있다.

이런 관점에서 볼 때 국방인력의 문민화는 군의 효율성을 제고시키기 위한 외부적 요인이 될 수 있다. 비록 군의 특성상 한정적일 수밖에 없지만 각 군의 보급, 정비, 복지 등 전투·작전과 관련이 적은 행정·군수 분야 부대를 책임운영기관으로 지정하여 현역뿐만 아니라 민간 전문가도 기관의 책임자가 될 수 있도록 하는 등 전투 지원 분야에서의 과감한 아웃소싱을 추진하겠다고 밝히고 있다.[130]

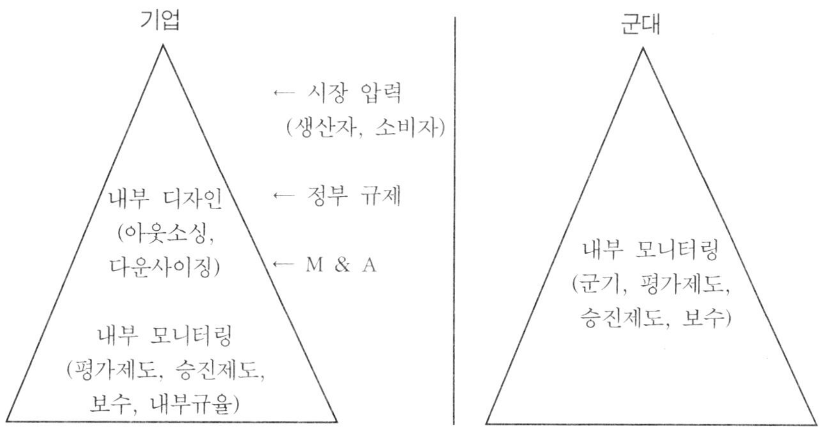

▌그림 3▐ 기업과 군의 효율성 제고 방식의 차

이상에서 본 바와 같이 유능한 군 고급 리더들은 전략전술가로서 전문성과 군기가 주는 권위를 바탕으로 군 자체를 강하게 하는 데 기여하고 있다. 또 그들이 군 외부에 미치는 영향은 두 가지 측면에서 설명가능하다. 먼저 하위 계급자들은 군에서 보고 느낀 모범적인

130) 국방부, 『국방개혁』.

리더상을 사회에 나가 모방하는 경향이 있다. 모범적인 군 리더는 간접적으로 사회의 조직문화발전에 기여하고 있다. 두 번째로는 우수한 고급 군 리더가 본인이 제대한 후 민간부문에서 활동한다면 군에서 익힌 리더십을 실천한다면 이것 역시 사회에 기여하는 것이 된다.

고급 군 리더의 영향력은 군 내부에서도 외부에서도 증가할 것으로 예상된다. 고급 군 리더의 육성 방향은 군사전문가로서의 전문성과 유연하고 창의적 마인드를 갖는 인재 육성이어야 하며 장기적이고 체계적인 육성책이 필요하다. 보다 구체적인 하부 목표로는 군사전문교육, 인성·사명감교육, 다양성 교육, 정보·세계화 교육 및 체력교육을 들 수 있겠다.

전쟁에서 승리하는 장군, 그리고 사회에 모범이 되는 리더, 당장 기업 CEO가 되어도 능력을 발휘할 수 있는 창의성과 유연성을 갖춘 인재가 장기적 안목에서 길러져야할 것이다.

제 3 부

기업경영원리와 스킨십

"재벌, 그들에게는 무언가 특별한 것이 있는 것인가?"

✎ 재벌을 보는 우리 국민들의 시각
✎ 재벌 경제학

친구가 거드름을 피면서 허세를 부리면 "자기가 무슨 재벌이라고…" 하면서 그 친구를 비아냥거린 적이 누구나 한번쯤은 있을 것이다. 이렇게 재벌은 우리나라 사람들에게 부의 상징으로 이해되고 있다.

옛날 부자는 만석꾼으로 대표되는 땅 부자였으며 자연히 평야지대에 많았다.[131] 하지만 산업사회로 발전하면서 자본가(資本家)가 부자의 상징으로 부상하였고 우리나라에서는 재벌이라는 매우 특이한 존재가 나타나면서 부의 상징으로 자리 잡고 있다.

재벌은 아무나 되나

재벌(財閥)이란 거대자본을 가진 동족(同族)으로 이루어진 혈연적 기업의 모임을 일컫는다.[132] 삼성, 현대, LG, SK, 롯데 등은 우리나

131) 만석꾼이라면 오늘날로 볼 때 약 300만 평의 논밭을 가진 엄청나게 큰 부자를 일컫는다. 전진문, 『경주 최부자집 300년 부의 비결』, 황금가지, p.27.

라를 대표하는 재벌이며, 많은 사업가들은 자신의 회사를 재벌의 반열에 올리게 하기 위해 혼신의 힘을 다하고 있다. 우리나라의 위상을 세계에 과시하는 첨병이며 우리 경제의 견인차이며 모두의 선망의 대상이다. 하지만 심심치 않게 터지는 재산분쟁, 총수들의 부적절한 행동, 변칙상속 증여, 무분별한 사업 확장 등은 비난의 대상이 되기도 하며 선망과 존경의 대상으로 여겼던 것을 부끄럽게 만드는 일도 자주 발생하고 있다. 재벌은 우리에게 두 가지 얼굴로 보이고 있다고 할 수 있다.

오늘날 한국을 대표하는 재벌인 삼성은 고 이병철(李秉喆 1910~1987)의해 1938년 대구에 세운 쌀 도매상인 삼성 상회가 효시다. 이제는 반도체·전자·의류·건설·중공업 등 곳곳에서 최고의 위치를 차지하고 있다. LG그룹은 창업주 고 구인회(具仁會, 1907~1969)씨가 1947년 처음 설립한 락희화학공업사(현 LG화학)를 설립한 후 승승장구하여 오늘날에는 전자·석유정제·생활화학·의류·건설 등 여러 곳에서 두각을 나타내고 있다. 또 현대는 고 정주영 (鄭周榮, 1915~2001)에 의해 세워진 재벌이다. 처음에는 토목업과 건설업에서 시작하였으나 이제는 조선 · 자동차·백화점·증권 등 다방면에서 선두자리를 유지하고 있다. 고 최종현(崔鍾賢 1929~1998)이 형 고 최종건(崔鍾建 1925~1973)창업한 섬유 산업을 바탕으로 시작한 SK는 지금은 석유정제·이동 통신 등에서 두각을 나타내고 있다.

---

132) 재벌이란 단어는 원래 저널리즘 용어였으나 요즈음은 경제학 용어로도 쓰이고 있다. 공정거래법의 '(대규모)기업집단'에 상응하는 개념이다.

이들 대표적인 재벌의 성장사는 해방 후 우리 자본주의 역사와 일치하고 있다. 해방이전 일제 강점기에는 일본인에 의해 우리 경제가 운영되었기 때문에 우리나라 사람이 주인인 기업은 매우 극소수에 불과하였으며 해방 후 격랑의 시대에 잘 적응하지 못해 대부분 도태되었다. 현재 우리나라 4대재벌이라고 불리는 삼성, 현대, LG, SK는 해방 전에 창업자들이 창업하였고 해방, 한국전쟁, 및 6~70년대 '압축 성장시대'를 거치면서 비약적인 발전을 하였고 오늘날에 이르고 있다.

┃표 17┃ 유명 재벌 창업자의 내역

재벌명	창업자	출생지	사업 시작연도와 회사명
삼성	이병철(1910~1987)	경남 의령	1938년 삼성 상회 설립
현대	정주영(1915~2001)	강원 화천	1938년 경일 상회 설립 (첫 사업시작)
LG	구인회(1907~1969)	경남 의령	1947년 락희화학공업사 설립 (현 LG화학)
SK	최종건(1926~1973) 최종현(1929~1998)	경기 수원	1953년 선경직물(현 SK글로벌)설립
두산	박승직(1864~1950) 박두병(1910~1973)	경기 광주	1896년 박승직 상점개설 1945년 동양맥주(주) 설립
코오롱	이원만(1904~1994) 이동찬(1922~)	경북 포항	1954년 코오롱 상사 주식회사 설립
한화	김종희(1922~1981)	충남 천안	1945년 조선화약 공판주식회사 지배인 맡음(1941년 일본인에 의해 설립된 회사임)
한진	조중훈(1920~2002)	서울	1945년 한진 상사 창업
롯데	신격호(1922~)	경남 울산	1948년 주식회사 롯데(일본) 1967년 롯데제과(한국)

이들이 가지고 있는 공통점으로는 첫째 창업주가 주로 1910~1925년 생으로 해방을 35세에서 20세에 맞았다는 사실이다. 〈표 17〉에서 볼 수 있는 바와 같이 이들은 해방이전 20대에 사업을 시작하여 약간의 자본과 경영 지식을 익혔고 준비된 청년 사업가였다. 해방이 되자 일본인들이 본국으로 돌아가면서 공백이 된 경영자 층에 젊은 나이에 이 공백을 매울 수 있는 행운을 잡은 것이다. 4대재벌창업자뿐만 아니라 롯데, 한진, 한화, 두산 등 다른 성공한 재벌에서도 공통적으로 볼 수 있는 현상이다. 준비된 청년이었던 재벌 창업자들에게는 해방이나 한국전쟁이 사업성공의 기회로 작용하였고 60~70년대 고도성장은 그들에게 날개를 달아 준 셈이다.

둘째 사업다각화(事業多角化, diversification)로 지속적으로 성장하였다는 점이다. 문어발식 확장이라는 비난도 받았지만 우리 경제가 양적으로나 질적으로 하루가 다르게 성장하고 있는 과정에서 자연스럽게 나타난 측면도 없지 않다. 고도성장 경제는 앞선 경영능력을 가진 선두 기업가들에게 새로운 기회의 땅을 준 것이라고 해석할 수 있다. 기존의 사업영역과 별 관련성이 없는 분야로까지 진출하게 되었고 전문성이 약한 선단식(船團式) 혹은 백화점식 경영구조가 되었다. 전문성이 떨어진다는 비난을 받고 있다.

한편 다각화가 위험분산의 효과를 가져다주었다는 면도 무시할 수 없다. '계란을 한 바구니에 같이 담지 말라'는 말에서 알 수 있듯이 계란을 여러 바구니에 담는 다각화는 고도성장 경제에서 위험분산의 효과를 가져다주었던 것이다. 이 과정에서 필요한 자금을 얻기 위해 계열회사간의 상호출자(相互出資)를 하였으며 계열회사간의 내부거래(內部去來)를 통해 다른 기업과의 공정한 경쟁을 저해하는 결과를

낳았다는 비난도 받고 있는 것이 사실이다. 끼리끼리 거래하는 바람에 다른 업자들이 성장할 수 있는 기회가 그 만큼 상실된 것이다.

다각화는 고속성장시대에 어쩔 수 없는 성장전략이라는 평가도 있지만 무분별한 사업 확장이 세인의 비난을 받기도 하였다. 정부의 의욕적인 중화학공업 육성책에 부응하여 전폭적인 지원을 받으면서 새로운 분야로 진출하는 과정에 특혜의혹이 끊이질 않았다는 점 역시 비난을 받는 점이라고 할 수 있겠다. 이 과정에서 정경유착(政經癒着)의 본산지라는 오명을 듣기도 하였다.

임자, 나도 국적기 좀 타고 외국 가 보자

당시의 분위기를 잘 대변하는 일화로 1969년 한진의 KAL 인수과정이 회자되고 있다. 당시 한진의 고 조중훈 회장은 만년적자에 허덕이고 있던 국영 대한 항공 공사를 인수하라는 박정희 대통령의 간청(?)을 받고 "당시 중역들이 완강히 반대했지만, '우리 국적기(國籍機)를 타고 해외 나들이를 한 번 하고 싶은 게 소망'이라는 박정희 대통령의 강권에 못 이겨 억지로 인수했다" 고 당시의 상황을 회고하고 있다.

셋째 앞에서 창업주들이 만난 시대적 기회에 대해 지적했지만 아무리 기회의 시대라고 할지라도 본인의 피나는 노력이 없었으면 오늘에 이를 수 없었다. 새로운 것을 추구하려는 도전정신과 리더십에 대해서는 결코 과소평가할 수 없을 것이다. 당시로서는 무모하다고 생각했던 일, 현대의 조선업진출, 현대 자동차의 미국시장 진출, 삼성의 반도체 진출 등은 그 좋은 예이다.

마지막으로 회사 경영을 자신의 혈족에게 맡기는 전근대적인 경영 방식과 지배구조(Corporate governance)가 비난을 받고 있다. 장자 상속의 전통이 강한 우리나라의 문화를 감안하면 특별한 일도 아니라고 항변할 수 있으나 상속을 둘러싸고 벌어지고 있는 갖가지 불법·탈법행위는 누구도 동의할 수 없는 반사회적 행위로 평가받고 있다. 근대 주식자본주의의 요체라고 할 수 있는 소유와 경영의 분리에 의한 전문 경영체제, 소득 재분배, 사회정의 면에서 볼 때 개선의 여지가 많다고 평가할 수 있다.

표 18 세계 100대 브랜드 순위

순위	브랜드 (국적)	가치 (억 달러)	순위	브랜드 (국적)	가치 (억 달러)
1(1)[주1)]	코카콜라(미국)	666	11(10)	벤츠(독일)	256
2(3)	IBM(미국)	590	12(12)	휴렛 페커드(미국)	235
3(2)	MS(미국)	590	21(21)	삼성전자(한국)	177
4(4)	GE(미국)	530	49(41)	포드(미국)	77
5(5)	노키아(핀란드)	359	58(62)	아마존(미국)	64
6(6)	도요다(일본)	340	67(68)	아우디(독일)	54
7(7)	인텔(미국)	313	72(72)	현대자동차(한국)	48
8(8)	맥도널드(미국)	310	90(92)	렉서스(일본)	35
9(9)	디즈니(미국)	292	(97)	LG전자(한국)[주2)]	31
10(20)	구글(독일)	256			

자료: http://www.interbrand.com/best_global_brands.aspx?year=2007&langid=1000
주1): ( ) 안은 전년도 순위.
2): LG전자는 2007년도 수치임.

"재벌, 탐욕의 화신이냐, 경제성장의 주역이냐"

〈표 18〉에서 볼 수 있듯이 영국의 브랜드 컨설팅업체인 인터브랜드가 발표한 '2008 글로벌 100대 브랜드'에 따르면 삼성전자가 21위 그리고 현대차가 72위에 올랐다.[133] 나라 별로 볼 때 미국이 50개로 가장 많았고, 독일 10개, 프랑스 8개, 일본 7개, 스위스 5개, 이탈리아 4개, 영국과 네덜란드가 각각 3개를 차지했다. 또 현대차는 세계 차 브랜드 중 가장 빨리 성장하고 있다고 평가하고 있다. 해당 기업의 자랑인 동시에 우리의 자랑이기도 하다. 고 노무현 대통령이 인도를 방문하고 온 후 "인도에 가보니 코리아가 어디 있는지, 대통령이 누구인지, 심지어는 한국이라는 나라가 있는지도 잘 모르는 사람들이 현대, LG, 삼성은 알고 있더라"라고 하면서 기업의 성공이 국가의 이미지 상승에 미치는 영향을 실감하였다고 한다.

우리나라 재벌 연구의 권위자인 강철규·최정표 교수는

"재벌, 탐욕의 화신이냐 경제성장의 주역이냐"

라는 질문을 던지고 있으며 또 진보신당 노회찬 대표는 삼성의 변칙상속을 비난하면서

"삼성이 세계 최고 일류기업이라 우리의 자랑이지만, 그렇다고 초헌법기업이어서는 안 된다."

라고 지적하고 있다. 재벌 관계자들은 물론 우리 모두가 한번쯤은 새겨야할 말이 아닌가 싶다.

---

133) LG전자는 2007년 97위를 차지하였으나 2008년에는 100위 밖으로 밀려 났다.

302

"그 놈의 비아그라 때문에"

✎ 해구신 수입업자의 탄식

✎ 시장과 산업의 정의 및 범위 정하기

뱀이나 해구신과 같은 보양식품의 밀수입이 크게 사회문제가 된 적이 있었으나 요즈음은 크게 줄어들었다. 정력보강을 위한 중년남자들의 수요가 줄어서가 아니라 이런 보양식품의 강력한 대체재인 바로 비아그라가 등장했기 때문이다.

꿩의 등장으로 갈 곳을 잃은 닭

비아그라가 판매된 지 10년째인 2007년 주간 조선에서는 비아그라 10년의 명(明)과 암(暗)을 보도하고 있다.[134)]

134) 주간조선, 2007년 9월 21일~28일.

2007년 현재 무려 18억 정이 소비됐다. 공식적으로 세계 남성 3,000만 명이 이 약을 먹었으며 지금도 1초당 6명이 이약을 삼키고 있다… 서울 약령시 B한의원 직원 정씨는 비아그라의 속도와 편리함에 대한 사회의 찬가가 불만스러운 표정이다. 보양식 재료를 내놓는 아줌마로 북적이던 예전 분위기는 찾아보기 어렵다… 비아그라의 등장은 비뇨기과의사에게는 축복이었다. 환자를 치료할 강력한 무기가 새로 생겼다는 의미다. 비아그라로 호황을 누리게 된 곳은 아이러니컬하게도 심전도 기계 판매회사였다.

그러나 그동안 뱀·해구신 수입업자나 보양원을 비롯한 남성정력증진관련업에 종사하던 사람들은 큰 피해를 입게 되었다. 남성들이 과학적인 근거가 확실한 비아그라를 찾게 됨으로써 그들의 수입이 격감하였기 때문이다. 즉, 해구신은 비아그라와 같은 시장에 있었다는 죄(?)로 경쟁에서 밀리게 된 것이다. 그동안 꿩 대신 닭이었는데, 드디어 꿩이 나타남으로써 닭이 시장에서 사라지는 꼴이 된 것이다.

먼저 시장과 산업에 대해 정의를 내리고[135] 사업을 할 때 시장 획정(劃定)의 중요성에 대해 논하기로 하자. 시장(市場, market)은 교환이 발생하는 모든 장소의 묶음을 은유적으로 표현한 개념[136]이며 산업(産業, industry)은 동일한 특성을 갖는 재화를 만드는 기업들 전체를 일컫는 개념이다. 시장은 생산자와 수요자 쌍방의 이해가 교차하는 곳이고, 산업은 주로 생산과정과 생산자에 더 무게가 주어지는

135) 시장을 정의할 때 우리는 보통 산업과 혼동하는 경우를 가끔 보게 된다.
136) 스티글리츠, 『스티그리츠의 경제학』, 제2판, 한울아카데미, 2002, p.819.

개념이다. 시장의 범위를 정하는 것이 산업의 범위를 정하는 것 보다 어렵다. 비아그라와 해구신은 같은 시장(보양 증진제 시장)에 있다고는 말 할 수 있으나 해구신 생산은 동물채취산업으로 비아그라 생산은 의약품 산업으로 분류된다.

자동차를 대상으로 시장과 산업의 범위(획정)를 정해 보기로 하자. 경차와 최고급 리무진은 자동차 산업이라는 같은 산업에 속해 있지만 다른 시장(소형차 시장 대 고급차 시장)에 속해 있다고 말할 수 있다. 경차구입을 고민하는 사람은 대안으로 고급 오토바이를 생각한다. 하지만 고급 리무진 구입에 고민하는 부자는 교외의 별장이나 골프 회원권을 대안으로 생각한다. 따라서 수요자의 입장에서 보면 경차와 최고급 승용차는 전혀 다르게 분류되는 시장이지만 생산자의 입장에서는 고급차를 생산 할 것인가 경차를 생산 할 것인가 둘 중 하나를 선택하는 것이 자기 의지로 가능하며 투입되는 원료, 중간재, 부품, 인력 등 많은 부문에서 공통 요소가 많기 때문에 같은 산업이라고 분류할 수 있다.

소주와 맥주, 적이야 동지야

상품간의 대체성, 보완성 및 독립성에 따라 시장을 정할 수 있다. 이와 잇몸은 대체관계, 실과 바늘과의 관계는 보완관계, 너는 너대로 나는 나대로 라는 표현을 쓸 때는 독립관계를 나타낸다. 〈표 19〉에 재화의 종류, 정의와 예를 들어 보았다.

‖ 표 19 ‖ 재화의 종류

▲ 대체재(代替財, substitute goods)
상품의 용도가 비슷하여 한 상품 대신에 다른 상품을 소비해도 소비자가 얻는 만족에 별 차이가 없는 상품들을 일컬음. 예: 커피 vs 녹차, 야구경기 관람 vs 오페라 관람, 평상시의 소주(양주) vs 맥주, 꿩 vs 닭, 자장면 vs 짬뽕, 제주도 여행 vs 동남아 여행, 송대관 vs 태진아
▲ 보완재(補完財, complementary goods)
따로따로 소비할 때보다 같이 소비할 때 소비자가 더 큰 만족을 얻을 수 있는 상품들을 일컬음. 예: 커피와 설탕, 실과 바늘, 영화 관람과 팝콘, 폭탄주를 마실 때 소주(양주)와 맥주, 담배와 라이터, 컴퓨터와 프린터, 송대관 과 태진아
▲ 독립재(獨立財, independent goods)
다른 재화의 만족에 전혀 영향을 미치지 않는 상품을 일컬음. 예: 커피 와 휴대 전화, 책과 목욕탕, 담배와 구두, 시계와 볼펜

이런 상품간의 관계가 불변이 아니라는 사실을 유의하여야 할 것이다. 특히 기술의 혼합화 혹은 선호의 퓨전화가 빨라지면서 과거의 관계와 다른 관계가 나타나는 경향이 많아지고 있다. 평소에는 소주와 맥주가 서로 대체재라고 볼 수 있으나 폭탄주를 마실 때 소주와 맥주는 보완재로 변한다. 적이 동지로 탈바꿈하는 셈이다. 또 중년 트로트 가수인 송대관 과 태진아의 경우도 각자 활동을 할 때(대체관계)도 있지만 두 사람이 합동 콘서트를 열거나 같은 프로에 출연하여 의도적으로 상대를 거론함으로써 서로의 주가를 올리는 일(보완 관계)도 흔히 볼 수 있는 일이다. 또 짬짜면은 대체관계 있는 자장면과 짬뽕을 보완재로 변신시킨 예라고 할 수 있다.

이발소 아저씨와 미용실 아줌마의 영역 다툼

이발소와 미장원간의 갈등도 시장이 변하고 있음을 보여주는 좋은 예이다. 남자들이 이발소가 아닌 미장원에서 이발을 하게 되자 손님이 크게 줄어들었고 이에 대해 이발소 주인들이 미장원에서 '바리깡'(이발소에서 머리 깍는 기계)을 못쓰게 하자고 정부에 건의함으로써 사회 이슈가 된 적이 있다. 이발소와 미장원이 엄격하게 다른 시장으로 분리되었다가 남자들의 의식과 선호가 바뀌면서 이발시장이 미용시장에 의해 상당히 잠식당하고 있는 양상을 보이고 있는 것이다. 저자가 어렸을 적을 회상해 보면 어른에게는 미장원과 이발소가 독립적인 서비스를 제공하는 장소였지만 남자아이들은 엄마가 미용실에 오는 길에 끌려와 옆에 있는 이발소에서 이발을 하였다. 이발소와 미장원은 독립 혹은 약간의 보완적 관계를 갖는 관계였으며 그래서 서로 사이좋게 영업을 하였으나 요즈음 남자들의 선호가 변함에 따라 남자 아이는 물론 어른까지도 미장원을 찾고 있다. 이발소의 입장에서 볼 때 미장원이 협력자에서 적으로 변한 셈이다. 남들이 보기에는 밥그릇 싸움으로 보일지 모르지만 당사자들에게는 사활이 걸린 문제이다.

가수들의 이유 있는 단결(?) — 그놈의 MP3 때문에

2006년 대한민국가수협회 초대 위원장으로 당선된 왕년의 스타 남진씨는 저작 인접권 권리행사를 크게 강조하였다. 음악선호자들이 앨범을 사지 않고 MP3를 이용하여 인터넷에서 쉽게 다운받아 음악을 즐길 수 있기도 하고 또 노래방이 성업하면서 사람들이 노래를

듣기보다는 직접 하는 쪽으로 바뀜에 따라 가수들의 수입이 과거에 비해 현저하게 줄어들었기 때문이다. 특히 MP3의 등장은 앨범 판매량에 결정적인 타격을 가져왔는데 과거 최고 히트 앨범은 100만장이상 팔리던 시장이 MP3등장 이후 20만장 팔기도 어려워졌다고 한다. 이에 가수협회에서는 가수들의 초상권 등 권리를 재산권화 시켜 자신들의 권익을 지키겠다고 한다. 가수들 역시 "그놈의 MP3 때문에…"라는 말이 아니나 나올 수 없게 된 것이다.

"사업성공에 있어서 가장 중요한 세 가지 요소는 첫째도 입지, 둘째도 입지, 셋째도 입지다" 137)

사업을 시작할 때 사전에 시장조사를 철저히 하여야 한다. 현재의 시장은 물론 과거 시장의 흐름과 미래의 시장변화에 대해서도 면밀한 조사가 필수적이다. 이 때 시장이란 상품 시장과 지역 시장을 의미한다. 무엇을 어디에서 생산 할 것인가를 잘 결정하여야 한다. 예를 들어 돼지 갈비전문 식당을 개업하려고 한다면 돼지갈비 장사가 주변에 얼마나 있는가를 조사하여함은 물론 대체관계에 있는 삼겹살집, 실비 회집, 치킨 집의 숫자와 영업 상태에 대해 철저하게 살펴보아야 한다. 하지만 한정식점, 고급 중국요리점, 고급일식식당에 대해서는 관심을 덜 가져도 될 것이다. 한편 노래방, 호프 집, 영화관 등 보완 관계라고 할 수 있는 다른 업소의 실태도 면밀히 살펴보아야 할 것이다. 너무 대체성이 강한 음식점이 많아도 너무 적어도 곤란하다. 또 적절히 보완관계에 있는 업종이 잘 구축되어 있을수록 사업에

137) 맥도날도의 창업자 레이 크록(Ray Kroc)이 한 말이다.

유리하다. 즉 상권(商圈, trade area)이 잘 형성되어 있어야 한다.[138] "장사는 장사꾼이 모여 있는 곳에서 잘 된다" 우리 속담에 이런 뜻이 담겨져 있다고 본다. 특히 소매업이나 서비스업에서는 더욱 중요하다.

따라서 '그놈의 비아그라', '그놈의 미장원', '그놈의 MP3'를 탓하기 전에 시장에 들어가기 전에 미리 시장의 움직임(상품과 지역)을 살펴야 하고 진입 후에도 시장에서 어떤 일이 벌어지고 있으며 어떻게 변해 갈 것인가에 대해 예의주시하는 자세가 꼭 필요한 것이다.

---

138) 이를 집적(集積)의 경제성(經濟性)이라고 한다.

303

“아빠 회사에 다니는 대요” vs “회사라도 다 같은 지 아냐?”

✎ 초등학생의 대답과 담임선생님의 속마음

✎ 회사의 종류와 주인 대리인문제

초등학생에게 아버지 직업을 물어보면 회사에 다닌다고 답하는 학생을 많이 보게 된다. 이 때 회사란 ‘직장’을 총칭하는 개념으로 쓰인 것으로 해석된다. 회사는 우리에게 일자리와 소득을 주는 생존의 뿌리가 되었다. 일상생활에서는 기업과 회사를 구별하지 않고 쓰고 있으나 경제학 교과서에서는 생산의 주체로 기업(企業)이라는 용어를 쓰고 있는 반면 법학이나 경영학에서는 회사(會社)라는 개념이 더 널리 쓰이고 있다.

여기도 회사, 저기도 회사

기업이 법적인 실체성을 인정받을 때 회사라고 부르고 있다. 회사(會社)는 합법적인 계약 묶음(legal and contractual mechanism)이다[139]. 특히 계약에는 투입물의 사용, 생산물의 처리 및 잔여 이익을 청구할 수 있는 권리를 구체적으로 담고 있다. 상법에서 회사란 “상행위 기타 영리를 목적으로 하여 설립한 사단(社團)을 이른다”고 규정하고 있다. 회사는 경제활동의 결과로 얻는 이익을 누가 어느 범위까지 합법적으로 처분할 수 있는가 또 그에 따라 만약 회사가 파산을 해야 할 때 누가 어느 정도까지 부채에 책임을 지느냐가 그 성격을 규정하고 있다. 회사는 주로 잔여 이익처분과 파산 시 책임소재 범위를 중심으로 크게 5종류 -개인회사, 합자회사, 유한 회사, 합명회사, 및 주식회사 - 로 분류하고 있으며. 우리 상법에서는 이 중에서 개인회사를 제외한 나머지 회사에 대해 규정하고 있다[140].

개인회사(個人會社, proprietorship)는 한 사람이 전적으로 출자한 회사이다. 회사의 이윤이 개인의 소득이 되고 회사의 자산 및 부채가 개인의 자산과 부채가 된다. “사장이 곧 회사”다. 총수입에서 여러 비용을 제외한 나머지 잔여분(殘餘分)이 개인의 소유가 된다. 이 회사는 기업주의 자유재량에 근거한 유연성이 장점이지만 규모가 작어 현대적인 대규모 생산 및 민주적 경영에 적합하지 않다는 점이 단점이 있다. 파산 시 기업주는 자신의 전 재산을 팔아서라도 부채를 변제하여야 할 의무가 있다. 합명회사(合名會社, ordinary partnership)는 두 사람 이상이 공동으로 출자한 형태이며 파산 시 출자자 모두가 무한(無限) 책임을 진다. 동업자간의 참여의 범위, 각자의 공헌, 소득

139) 신석훈, “기업의 본질과 경쟁 - 경쟁개념의 법 경제학 접근” 규제연구 제15권 제 2호 2006년 12월, p.106.

140) 상법 제 169조와 제 170조.

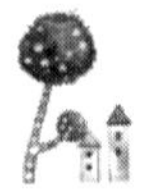

처분에 대한 개인 간의 이해 혹은 합의를 명문화하거나 구두로 약속한 회사다. 이 회사의 장점으로는 개인회사 보다 더 많은 자금을 동원할 수 있어 비교적 큰 규모로 성장할 수 있다는 점이다. 또 출자자 중 경영능력이 뛰어난 사람에 의해 경영됨으로써 많은 성과를 기대할 수 있다. 단점으로는 자기 목소리를 내는 사람이 많아 회사가 중심을 잃을 가능성이 있다. "사공이 많아 배가 산으로 가는 꼴"로 비유할 수 있다. 리더십부재로 인한 비효율, 불안정이 나타날 가능성 높다. 원래 동업이란 좋을 때는 본전이요 나쁠 때는 서로간의 의를 상하게 하는 경우가 많음을 우리 실생활에서 많이 볼 수 있다.

합자회사(合資會社, limited partnership)는 소수의 사람들이 인적 신뢰를 바탕으로 하는 점에서 합명회사와 마찬가지로 인적(人的) 회사이다. 회사의 채무를 끝까지 책임지는 무한(無限) 책임사원과 정관(定款)에서 정한 출자액 한도 내에서만 책임을 부담하는 유한(有限) 책임사원으로 나누어진다. 유한책임사원은 회사의 업무를 집행할 수 없으며 대표권도 없다. 합자회사는 경제적으로는 무한책임사원이 경영하는 사업에 유한책임사원이 자본을 제공하여 사업에서 생기는 이익을 분배받는 제도다. 유한회사(有限會社, private company)는 2인 이상 50인 이하의 유한책임 사원으로 구성되는 회사다. 각 사원은 자신이 출자한 좌수(座數)에 따라 지분(持分)을 갖으며 그 출자한 금액을 한도로 책임을 진다. 출자 1좌(座)의 금액은 5천 원 이상으로 균일하게 책정되어 있으며 회사의 자본총액은 1천만 원 이상이어야 한다.

마지막으로 주식회사(株式會社, corporation)는 1인 이상의 발기인(發起人)이 있으면 설립할 수 있다. 이 회사는 16-17세기경 지리상의 발견 이후 대 탐험시대의 무역회사로부터 유래한다. 해상 탐험무역에 성공하면 큰 돈을 벌 수 있으나 도중에 폭풍우·해적·질병을 만나 실패하게 되면 본전도 못 건지는 모험성을 띤 투자가 그 기본을 이루고 있다. 이 모험에 참여한 사람들은 실패에 대해서는 누구에게도 책임을 물을 수 없는 대신 성공한 경우 엄청난 수익을 철저하게 분배받을 수 있었다. 좋게 말하면 진취적이고 도전적인 자본의 합법적 묶음으로 표현할 수 있고 나쁘게 말하면 도박성 자본이 모인 곳이기도 하다. 근대 상법이 도박성을 합법화 시키는 대신 불특정 다수로부터 많은 자금을 모으는 지혜를 주식회사를 통해 보여주고 있는 셈이다. 영국의 위대한 경제학자 케인즈(Keynes, 1883~1946)는 주식투자로 상당한 돈을 벌었지만, 주식시장에서 벌어지는 투기적 자본에 대해 '카지노 자본주의'라고 비난도 하였다.

염불보다 잿밥에…

오늘날 가장 보편적인 회사 형태는 주식회사이다. 대규모 자금동원이 가능하고 위험분산이 쉬워 오늘날 산업자본시대의 생산양식인 대규모 생산에 가장 적합하기 때문에 자본주의의 꽃이라고 불린다. 이러한 장점은 소유와 경영의 분리, 유한 책임제도, 및 주식양도의 자유에서 그 뿌리를 찾을 수 있다. 일반 투자가들은 회사의 장래성을 보고 투자를 하고 경영에 대해서는 책임을 지지 않는다. 소수의 대주주만이 이사회를 통해 경영에 참여하고 있을 뿐이다. 그들은 배당이익과 주가차액으로부터 얻는 소득에 관심이 있기 때문에 장기적으로 회사가 높은 가치를 갖기를 기대하고 있다. 한편 소유와 경영이 분리

되어 경영자의 이해가 주주의 이해 일치하는 행동을 하지 않을 가능성이 높다. 소위 '월급 사장'의 경우 주주들의 눈치를 안보고 소신껏 일할 수 있는 면이 있는 반면 경영이라는 미명으로 자신만의 이익을 즐길 수도 있다. 승용차, 더 넓은 사무실, 필요이상의 조직 확대, 기여도 이상의 보너스와 판공비, 외유성 해외출장 등 불필요 경비를 지출하고자 한다. 자신이 재임하고 있는 동안에만 높은 성과가 나타나게끔 노력하게 되어 자연히 기업의 비전이 단기적인 성과에만 집착하게 되고 장기적인 변화를 착실히 준비할 수 없게 된다. 이런 경영자를 염불(회사의 장기적인 가치 극대화나 주주의 이익)보다 잿밥(자신의 이익)에 더 관심을 두고 있는 스님에 비유할 수 있다.

회사사정에 대해 주인인 주주보다 대리인인 경영자가 더 잘 알고 있으나 주주의 입장에서는 경영자의 자기 이기적인 행동을 정확하게 관찰할 수 없으며 적절한 제재 수단도 갖고 있지 못한 것이 현실이다. 정보의 비대칭성(asymmetry of information)에서 연유하는 이 문제를 주인-대리인문제(principal-agent problem)이라고 부른다.[141] 현대 자본주의 경제의 도덕적 비판자인 갈브레이스(John Kenneth Galbraith, 1908~2006)는 "현대 기업에서 사실상 권력을 쥔 자들은 자본의 소유자가 아닌 경영자들이다… 특권을 누리는 경영자들이 자신의 보수를 스스로 결정하는 것을 사기로 보지 않는 것은 놀랄 만한

141) 대리인 문제는 주주와 경영자 사이에서 뿐만 아니라 경영자와 근로자 사이, 변호사와 의뢰인 사이, 공무원과 국민과의 사이, 가수와 매니저 사이, 영화배우와 제작사 사이, 스포츠 선수와 에이전트 사이 등 우리 일상에서 쉽게 볼 수 있는 현상이다.

일도 아니다."라고 이 문제의 심각성과 그에 대한 무감각을 지적하고 있다[142]. 따라서 대리인이 주주의 이익을 위해 최선의 노력을 다할 수 있게끔 하는 유인제도(誘引制度)를 만드는 것이 중요한 과제이다.

유인 제도는 크게 내부적 유인과 외부적 유인으로 나눌 수 있다. 내부적 유인으로는 경영자에게 일정 수량의 자사 주식을 매입하여 나중에 임의대로 처분할 수 있도록 하는 스톡 옵션(stock option)과 이윤에 직접적으로 관련된 다른 상여금을 들 수 있다. 외부적 유인으로는 평판(評判, reputation)과 기업인수(企業引受, takeover)의 위협을 들 수 있다. 경영자의 능력을 정확하게 평가할 수 경영자시장이 활성화되어 있다면 경영자들은 좋은 평판을 얻는 것이 장기적으로 자신에게 유리하게 작용할 것이라는 것을 인식하고 회사의 가치를 높이기 위해 최선을 다하게 될 것이다. 즉 경영자시장에서 붙여지는 프리미엄이 경영자로 하여금 한 눈을 못 팔게 하는 데 중요한 역할을 할 것이다. 인수위협도 경영자에게 이윤극대화 인센티브를 제공한다. 만약 경영자가 이윤극대화 방식으로 기업을 경영하지 않는다면 투자가는 기업을 사고 새로운 경영자로 교체하려 할 것이다. 이런 위협은 경영자로 하여금 최선을 다하게 하는 데 상당한 역할을 하게 될 것이다.

142) 존 케네디 갈브레이스 지음, 이해준 옮김, 『경제의 진실』, 한국방송통신대학 출판부, 2007.

'국민 기업'의 탄생을 기대하며

언제부터인가 우리는 국민가수, 국민 요정, 국민타자, 국보급 투수 등 뛰어난 연예인이나 스포츠 스타 중에서도 온 국민의 사랑을 받는 최고의 스타를 이렇게 부르고 있다. 단순히 국내에서 최고 수준을 넘어 세계 수준에도 결코 뒤지지 않는 경지에 이른 사람이다. 이런 맥락에서 기업의 경쟁력이 국가의 경쟁력으로 평가받고 있는 글로벌 시대에 온 국민의 사랑을 받고 또 온 국민이 자랑스러워하는 '국민 기업'의 탄생을 기대해 본다.

304

"도둑놈 뒷전에 갖다 놓아도 그 값은 받을 텐데…"

✎ 헐 값에 구단을 매각한 구단주의 넋두리
✎ 구단 거래를 설명하는 경제학 원리

2001년 8월 1일부터 프로야구계에 새로운 이름의 팀 등장했다. 명문 해태 타이거즈가 역사의 무대에서 사라지고 기아 타이거즈가 등장한 것이다. 팀이 상품처럼 거래되고 있으며 마치 기업의 인수·합병(M&A, Merger and Acquisition)과 유사한 현상이 스포츠 현장에서 일어나고 있다.[143] 이와 같은 프로 스포츠 팀의 거래가 보통 상품의 거래나 기업의 인수·합병과 같은 점은 무엇이고 다른 점은 무엇인가에 대해 알아보기로 하자.

팀 사세요, 팀 사

먼저 '프로 스포츠 구단'이라고 하는 상품의 성격에 대한 설명이 선행되어야 한다. 기아가 해태로부터 사들인 것은 '전남 광주지역에

143) 1985년 프로야구 삼미 슈퍼 스타즈가 청보 핀토스에 팔린 것이 최초의 팀 거래였고 지금까지 6번의 거래가 있었다.

프로 야구 서비스를 공급할 수 있는 권리'를 사 들인 것이고 이를 바탕으로 야구 서비스 공급을 위한 필요한 선수단과 기타 자산을 인수한 것이다. 거래의 대상이 무형의 권리라는 점이 보통 거래와 다른 점이다. 보통 상품의 거래나 기업의 인수 합병에서는 유무형 자산이 동시에 거래되며 유형 자산의 비중이 더 높은 경우가 일반적이지만 프로 스포츠 구단의 거래에는 무형의 권리가 주(主)고 유무형의 자산은 종(從)이라고 말할 수 있다.[144] 예컨대 현대차가 기아차를 인수할 때와 비교해 보면 쉽게 알 수 있는데 현대차는 기아차의 토지, 건물, 공장과 같은 유형자산과브랜드 가치와 같은 무형 자산을 구입한 것이지만, 기아구단이 해태로부터 사들인 것은 독점 공급권리를 산 후 기존의 선수단을 인수한 것이다. 이것이 가장 큰 차이점이다. 이 거래는 광주시내 리무진 개인택시 영업권을 해태가 가지고 있다가 기아가 그것을 사들인 것으로 비유할 수 있다. 기아가 리무진 차를 다른 곳에서 사 오거나 가져 올 수 있으나 현실적으로 그것이 불편하고 어렵기 때문에 리무진도 같이 산 것이다. 일종의 일괄구매인 셈이다.

프로 스포츠 팀 거래에서 나타나는 독특한 현상을 찾아보기로 하자. 첫째 상품의 성격이 다르기 때문에 시장 거래의 내용도 자연히 다르다. 프로 스포츠 팀이란 사실 유형의 자산을 거의 가지고 있지 않고 거의 무형의 자산만 가지고 있다. 구장을 소유하고 있는 경우라면 구장이 대표적인 유형 자산이 되겠지만, 우리나라에서는 그렇지

144) SK 와이번스의 창단과정을 보면 거래대상이 무엇인지를 확실히 알 수 있다. 와이번스는 인천 지역에 독점적으로 프로 야구 공급할 수 있는 권리를 구입한 후 해체된 쌍방울 선수단의 일부만 인수하였다. 먼저 권리를 획득한 후 선수단 일부를 인수하는 과정을 거쳤다. KBO나 SK와이번스 홈페이지 참고.

않다. 특히 우리나라의 프로 팀은 재벌회사의 계열사로서 독자적인 영리추구 주체로 보기에 어렵기 때문에 더욱 더 자산 가치를 평가하기가 어렵다고 할 수 있다.

유형자산은 금전적으로 객관적인 평가가 가능하지만 무형자산의 평가는 훨씬 더 어려운 것이 현실이다. 사는 사람은 구단의 무형자산(가치)을 200억에 평가하였고, 파는 쪽은 과대평가하여 500억 원으로 값을 매기고 있다면 300억 원의 갭이 생긴다. 무형의 자산에 대한 평가가 파는 구단과 살려는 구단 간에 평가가 다를 수밖에 없다. 모든 거래에서 볼 수 있듯이 사는 사람은 더 받으려 하고 파는 사람은 덜 주려고 하는 것이 시장에서 볼 수 있는 일반적인 현상이지만 프로 스포츠 팀의 거래에서는 그 정도의 차가 심하다. 보통 남의 떡은 커 보이고 내 떡은 적어 보이는 것이 일반적인 일인데 이 경우는 반대로 내 떡은 커 보이고 남의 떡은 적어 보이는 셈이다.

둘째 프로 야구 25년 동안 6번밖에 거래가 없을 정도로 거래의 빈도가 적기 때문에 시세(市勢)라는 것이 잘 형성되지 않다. 예를 들어 어느 지역에 40평 짜리 아파트가 매물로 나왔다면 시장에서 그 가격이 대충 결정이 되는 것이 일반적이다. 소위 시가가 사는 사람도 파는 사람도 어느 정도 알고 거래에 임한다. 시가가 2억 5천이라면 사려는 사람은 2억 3천에 팔려는 사람은 2억 7, 8천을 처음에 부를 것이고 동의 위치. 층수, 주변여건, 내부시설의 청결정도 등이 감안되어 2억 5,6천에서 결정된다. 프로 스포츠 팀 거래에서는 그렇지 않아 쉽게 합의점을 찾기가 어려우며 그러기에 비밀로 거래가 이루어지는 경우 많다.

셋째 살려는 쪽 하나 팔려는 쪽 하나인 쌍방 독점(雙方獨占, bilateral

monopoly) 시장이 된다. 이 시장의 전형적인 예로 노동조합과 사업주간의 관계를 들 수 있다. 이 때 가격은 두 주체의 교섭력에 의해 결정된다. 즉 경제 원리보다는 힘의 논리에 의해 가격이 결정된다. 노조지부장이 누구냐, 어떤 투쟁을 했는가에 따라 사업주 대표가 누가 되느냐에 따라, 노사간 합의가 달라지는 것과 같이 구단을 거래할 때 누가 대표로 나서느냐, 상대를 굴복시킬 수 있는 어떤 전략을 갖느냐가 더 중요하다. 힘의 논리가 작용하는 곳이다.

넷째 소수거래에 의한 기회주의(機會主義)적인 행동이 나타난다. 거래 당사자가 많다면 골치 아픈 일이지만 소수일 때도 그렇게 쉽지 않다. 예를 들어 도로를 내는데 중간에 있는 땅주인이 죽어도 땅을 못 팔겠다고 한다던가, 땅값을 터무니없이 높게 불러 도로 건설이 잘 안 되는 경우를 흔히 볼 수 있다. 땅주인이 자신의 땅을 사줄 사람이 도로공사 한곳밖에 없다는 사실을 알고 높은 값을 받기 위해 이런 이유 저런 이유를 들어가면서 버티기 전략을 취하는 경우를 심심치 않게 볼 수 있다.[145] 심지어는 감정싸움으로까지 이어지는 경우도 있다. 제3자가 볼 때는 양쪽 다 조금씩 양보하면 될 텐데 하는 아쉬움이 있는 경우지만 당사자들은 전혀 그런 생각이 없다.

이와 거의 똑 같은 일을 프로 스포츠 팀 거래에서 볼 수 있다. 매물로 나와 있는 구단이 하나밖에 없어 살려는 사람이 대안을 가지지 못하다.(서로 끝까지 버티면 유리하다고 판단)팔려는 구단 입장에서도 작자가 있을 때 팔아야 한다는 절박한 상황에 놓이게 된다. 서로 상대의 눈치를 살피게 되고 상대가 양보할 때까지 버티는 전략이 가장 유리하다고 판단한다.

145) 이런 경우를 흔히 '알 박기'라고 부른다.

마지막으로 사는 쪽에 볼 때 크게 매력을 못 느낄 가능성도 없지 않다. 프로 스포츠에서는 특히 우승이 최고의 가치를 가지고 있기 때문에 우승을 못하는 구단은 존재의 의미가 없다. 그런데 시장에 나오는 구단은 성적이 좋지 않은 팀이 많아 구입 후 밑 빠진 독에 물 붓는 식의 상당한 투자를 하지 않을 수 없다. 그래서 구입자가 주저하는 경우가 많다. 소비성 경비라고 일차적으로 생각하고 있는 것이 현실이다. 우승을 위해서는 상당한 정도의 추가적인 투자 필요하며 우승을 못하는 경우 오히려 기업이미지에 손상이 간다. 미국과 같이 프로 구단이 완전히 독립적인 이윤추구 주체라면 좋은 구단은 프리미엄이 붙기도 하지만 우리나라는 아직 그렇지 못하다. 프로 스포츠에서는 참가하는데 의의가 있다는 말은 설득력이 없는 빈말에 불과하다.

승자의 환희 vs 승자의 저주

그렇다면 누가 더 유리한가? 누가 승자가 되는가? 깊은 돈주머니(deep purse)를 가진 쪽이 될 가능성이 높다. 포카 카드놀이를 할 때 배팅을 하는 경우 밑천이 든든한 사람이 딸 확률이 높은 것과 유사한 현상이다. 구단을 파는 쪽은 자금이 아쉬운 현실이고 반면 살려는 쪽은 당장 생산에 기여하고 가시적인 수익을 얻을 수 없다는 스포츠 상품의 특성상 협상을 길게 가지고 갈 수 있는 능력을 가지고 있다. 그래서 사는 사람에 유리하게 가격이 결정되는 경우가 보통이다[146].

146) 그러나 구입 희망자가 많은 경우 반대의 현상, 경매시장에서 사람들이 낙찰자가 되기 위해 높은 가격을 부르다가 결국 손해를 보게 되는 것 즉 '승자의 저주(winner's curse)'가 나타날 수도 있다.

길게 끌수록 별로 얻는 것이 없다는 것을 파는 쪽에서 먼저 알고 자신들이 정한 최저가를 넘으면 서둘러 계약을 체결하는 것이 유리하고 거래 비용을 줄이는 것이 유리하다고 판단한다. 팔려고 하는 쪽에서는 자금력이 풍부한 대상을 찾는 것이 일견 유리해 보이지만 실제로는 그 반대의 결과가 나올 수 있다. 스포츠 마케팅전문잡지에서 해태의 가치를 350억 원 정도 평가했었는데 기아가 250억 원에 구입했다고 한다. 가격이 베일에 싸여 있다. 당시 천일평 일간 스포츠 편집위원은 해태가 기아에 비교적 헐값에 인수된 점을 들면서 다음과 같이 쓰고 있다.

"1996년까지만 해도 해태의 추정인수 금액은 1,000억 원은 됐다. 이 수치는 현대가 태평양을 인수하면서 준 430억 원을 기초로 해태의 우승전력과 최고인기 팀인 점이 감안되어, 태평양의 두 배는 받을 수 있다는 논리였다"

기업의 거래와 비교해 볼 때 프로 스포츠 팀의 거래는 무형자산이 비중이 높다는 점, 시장 가격이 잘 형성되어 있지 않다는 점, 소수교환에 의한 기회주의적 폐단이 큰 점(버티기), 쌍방 독점적인 성격(힘의 논리)이 더 강하다는 점, 구입 후에 좋은 성적을 내야한다는 점, 소비적인 투자성격이 있다는 점이 더 강하게 작용한다고 할 수 있다. 기업의 거래에서 보다 구입자에게 더 유리한 시장이라고 평가할 수 있다.[147)]

---

147) 매수자 우위의 시장(buyer's market)이라고 부른다.

덩치도 중요하지만 더 중요한 것은 기업 문화입니다.

인수합병은 산업현장에서 흔히 볼 수 있는 일이다. 〈표 20〉에 2000년 이후 우리나라에서 있었던 주목할 만한 인수 합병의 예를 나타내 보았다. 대부분 같은 산업에서 경영난을 겪고 있는 기업을 경영상태가 양호한 기업이 인수합병 하였음을 알 수 있다[148]. 어제의 적이 오늘의 동지가 된 셈이다. 하지만 Hite의 진로인수에서 볼 수 있듯이 다른 업종(맥주)에서 성공을 거둔 기업이 새로운 시장(소주)으로 진출하는 수단으로 이용되기도 한다.

표 20 우리 기업의 주요 인수합병

- 현대자동차의 기아자동차 인수(1999년)·SK 텔레컴의 신세계 통신주식취득(2000년)
- 현대중공업의 삼호 중공업(2002년)·INI의 한보철강 인수(2004년)
- 이랜드의 까르푸 인수(2006년)·신한금융의 조흥은행(2004년)과 LG카드 인수(2007년)
- 신세계의 Wal mart 인수(2006년)·Hite의 진로 인수(2006년)
- 아시아나 항공 등의 대한 통운 인수(2008년)·KT의 KTF 인수(2009년)

자료: 공정거래 위원회(www.ftc.go.kr)

이렇게 인수합병을 하는 이유는 규모의 경제를 향유하기 위해서이다. 반면 시장지배력을 갖는 기업의 등장으로 인해 장기적으로 자원의 비효율적 배분을 낳을 수 있다. 이런 점 때문에 공정거래 위원회

148) 해당 기업이 속해 있는 산업의 종류에 따라 수평적 합병, 수직적 합병, 복합적 합병으로 나누어진다. 같은 산업에 있던 기업끼리 합병하는 경우는 수평적 합병이라고 부르고, 생산 공정상 같은 흐름에 있는 다른 단계 기업간의 합병을 수직적 합병, 해당 기업간에 전혀 연관성이 있던 기업간의 합병을 복합적 합병이라고 부른다.

에서는 시장에 큰 영향을 미칠 가능성이 높은 대규모 인수합병에 대해서는 제한을 할 수 있다.

이렇게 덩치를 키운다고 바로 경영 성과가 좋아지는 것이 아님을 유의할 필요가 있다. 포춘지가 선정한 세계 500대 기업 중 17개 기업이 적자를 기록하고 있다는 사실은 "재무자료, 물리적인 자산 등 정량적인 측면 외에 기업문화나 경영진의 판단력이 경영성패에 미치는 영향이 더 크다"고 지적한 MIT 슬론 스쿨 리차드 슈말렌지(Richard Schmalensee) 교수의 지적을 떠 올리게 하기에 충분하다.

305

"또 광고야, 지겹다, 지겨워…" vs "단순 광고가 아니라 예술이다, 예술"

✎ 광고를 보는 두 가지 상반된 견해
✎ 광고의 경제학

현대인은 광고의 밀림 속에서 산다고 하여도 과언이 아닐 것이다. 어쩌면 아침 잠에서 깨어 제일 먼저 듣는 소리가 광고소리고 잠자리에 들 때 마지막으로 듣는 소리도 광고소리일지 모른다. TV나 신문 혹은 광고전단지가 너무 많아 혼란스럽고 최근에는 스팸 메일로 마구 쏟아지는 광고에 더욱 짜증난다. 하지만 기발한 아이디어에 감탄할 때도 많으며 감동적인 광고에 가슴이 뭉클해짐을 느끼기도 한다. 만약 광고가 없다고 가정해 보면 웬지 세상이 삭막해질 것 같은 느낌이 들기도 한다. 저자 역시 광고의 노예가 된 것 아닌가!

광고, 수요 창조의 샘이냐? 밑 빠진 독에 물 붓기냐

광고(廣告, advertisement)는 판매자(제조업자, 도매업자, 소매업

자)들이 자신의 상품의 내용을 -가격, 품질, 존재, 특성, 위치 등- 소비자에게 알려 자신의 수요를 증대시키려는 적극적인 활동이라고 말할 수 있다. 시장경제가 발전한 나라일수록 광고는 더 번창하고 있다. 광고 산업이 활발한 정도가 국가발전의 지표가 될 정도로 광고의 중요성이 높아가고 있다. 미국의 경우 GDP에 차지하는 광고 비중이 약 1.4%정도에 이르고 있으며 주체적 사회주의 사회라고 자처하는 북한에서도 광고가 등장하기에 이르렀다.[149] 바야흐로 세계는 광고의 시대라고 할 수 있겠다. 우리나라도 2008년 광고비는 7조 7,971억 원을 기록하였고 이는 GDP의 약 0.76%에 해당하는 수치이다.[150] 2008년 1년간 광고지출 상위 10개사와 금액을 〈표 21〉에 나타내 보았다. 상위 100대 기업의 광고지출 합계가 1조 3760억 원에 이르며 인지도가 높은 기업일수록 광고를 많이 하고 있음을 알 수 있다.

▮표 21▮ 2008년 광고지출 상위 10개사와 금액

(단위: 백만 원)

순위	회사명	금액	순위	회사명	금액
1	삼성전자(주)	81,356	2	에스케이텔레콤(주)	78,867
3	엘지전자(주)	50,396	4	(주)케이티프리텔	50,116
5	현대자동차(주)	33,563	6	(주)하이마트	30,745
7	(주)케이티마케팅본부	27,141	8	기아자동차(주)	27,840
9	(주)엘지텔레콤	26,466	10	(주)농심	25,640
100대 기업 광고지출 총계		1,376,058			

자료: 한국방송광고공사 홈페이지

149) 북한에서는 2009년 7월부터 TV를 통한 '대동강 맥주'에 대한 상업광고를 시작하였다. 2009년 7월 11일 KBS 남북의 창 방송내용.

150) 박원기·이상돈, 『방송광고시장 예측에 관한 연구』, 한국방송공사, 2009.

광고 홍수시대에 살고 있는 보통 소비자들은 광고가 안 된 상품에 대해서는 일종의 거부감을 느끼는 반면 광고된 상품에 대해서는 왠지 모르게 친근감이 가고 믿음이 간다. 상표·상품에 대한 충성심(brand loyalty) 뿐만 아니라 제조업자·판매업자에 대한 신뢰도로 이어진다. 광고에서 얻은 정보로 소비를 하여 만족을 느낀 소비자는 계속해서 그 상품, 상표, 제조업자, 판매업자를 믿기 때문에 그들이 생산 판매하는 상품에 대해서는 친근감을 갖고 접근한다. 연쇄적인 파문(波紋)효과를 가지고 있다. 즉 '꼬리에 꼬리를 무는 광고 효과'라고 할 수 있다. 광고 후 상품판매가 급증한 경우, 매출액 증가가 우연이라고 하기에는 광고를 너무 잘 한 경우를 많이 볼 수 있다. 광고가 매출액 증가에 분명히 기여한다는 데는 이론의 여지가 없다.

광고 효과는 일정한 시간이 지나야 나타나기 때문에 투자의 성격을 가지고 있다. 따라서 투자가 갖는 일반적인 특성을 가지고 있어 미래를 어떻게 보느냐가 대단히 중요하게 작용한다. 또 유형 자산(건물, 기계 등)에 대한 투자가 아니고 무형자산(광고는 무형의 이미지를 만든다)에 대한 투자이기 때문에 독특한 성격을 갖는다. 소비성이 강하며 회수할 수 없는 지출이다.

예컨대 10억 원의 돈을 기계나 땅과 같은 실물에 투자한 경우와 광고 지출을 한 경우를 비교해 보자. 특히 투자 후 도중에 그만 두는 경우를 비교해 보자. 실물에 그동안 지출했던 비용은 실물로 남아 있어 어느 정도의 회수가 가능하다. 그러나 광고에 지출한 돈은 거의 회수할 수 없다고 보아야 옳을 것이다.[151] "이제 회사를 문 닫아야

151) 이와 같이 회수할 수 없는 비용을 매몰비용(埋沒費用, sunk cost)이라고 한다.

하니 광고모델료 일부를 광고모델에게서 받아낼 수 있겠으며 신문사와 방송국에 준 광고료의 일부를 회수할 수 있겠는가?”

또 일정시간이 지나 광고 효과가 나타날 때까지는 밑 빠진 독에 물 붓기 식으로 지출을 하여야 한다. 서서히 소비자들에게 알려지기 시작하면서 매출액도 증가하기 시작한다. 그런 후에도 지속적으로 지출하여야 한다. 소비자에게 한 번 기억된 이미지는 그리 오래 가지 않고 곧 소멸될 수도 있기 때문이다. 또 경쟁기업이 계속적으로 광고를 한다면 그쪽으로 쉽게 소비자들이 옮겨가기 때문이다. 이것이 수십년 동안 광고를 하여 이제는 광고를 안 해도 될 것 같은 제품도 매일 막대한 돈을 써가며 광고를 하고 있으며 위 표에서도 보았듯이 인지도가 높은 기업일수록 광고에 더 많은 비용을 지출하는 이유이다.

광고에도 규모의 경제가 작용하기 때문에 대기업이 또는 대규모로 광고하는 것이 경제적이다. 일정수준까지의 지출이 고정비용(固定費用, fixed cost)의 성격을 띠고 있기 때문이다. 국내 최대의 자동차 생산자인 현대자동차는 기아나 GM대우보다 많은 광고비를 지출하고 있으나 광고비 대비 매출액은 677배이며 2위 기아의 578배, 3위 GM대우의 148배로 오히려 광고의 효과는 더 큰 것으로 나타났다.[152)]

특명: 광고 전쟁에서 이겨라

광고에 많이 나오는 상품이 질이 좋겠는가 그 반대인가를 생각해

152) 현대자동차의 2006년 매출액은 27,335,368백만 원, 기아 자동차 17,439,910백만 원, GM대우 2,854,440백만 원이다. 한국 증권 선물거래소 www.krx.co.kr 홈페이지 참고바람

보자. 나쁜 상품을 광고를 통해 수요를 부추겨 판매하려고 하는 가능성과 좋은 상품을 빨리 팔리게 하여 이익을 도모할 것인가? 어느 쪽이 현실에서 더 관찰되겠는가? 후자일 가능성이 높다. 왜냐면 질 낮은 상품에 대한 광고에 소비자가 별로 현혹되지 않는다는 것이다. 광고를 보고 왔다가도 상품의 질에 대한 나름대로의 검토를 하고 품질이 나쁘면 외면하기 때문이다. 과장·허위광고가 비합리적인 소비자를 현혹시키는 예가 없지는 않으나 대체적으로는 광고하는 물건은 품질이 좋다고 믿어도 크게 틀린 이야기는 아닐 것이다. "최고의 광고는 품질이다"라는 말도 "제품에 자신이 있으니까 적극적으로 광고한다"라는 말도 모두 실감 있게 들린다.

광고가 상품의 가격을 올리는 데 기여하는가 아니면 오히려 내리는 데 기여하는가? 광고비용은 결국, 소비자들이 부담하여야 하니까 가격에 광고비용이 포함되어 그 만큼 비쌀 수밖에 없다. 또 광고에 의해 특정 상표 혹은 특정회사의 제품이라면 무조건 사고 보는 사람들이 많아졌기 때문에 광고비 이상으로 가격을 올릴 수 있다. 그러나 광고가 가격을 내리게 하는 힘도 가지고 있다. 광고효과로 수요가 늘고 이로 인해 생산·판매·광고 등에서 규모의 경제가 발생하여 가격을 낮출 수도 있다. 또 광고경쟁이 가격경쟁을 야기 시킬 수도 있기 때문에 가격하락에 기여할 수 있다. 광고가 많은 상품은 광고가 없었을 때 제시되는 가격보다 비싸다고 보면 일단 옳다. 그러나 광고로 인한 수요증가, 비용하락이 큰 산업 혹은 성장률이 큰 산업에서는 오히려 낮게 나타날 수도 있다.

광고가 실패를 하게 되면 일원 한 푼도 건질 수 없는 반면 성공만 하면 폭발적인 효과를 가지고 있기 때문에 기업 간 광고경쟁이 치열할 수밖에 없다. 광고전쟁(廣告戰爭)이라는 표현이 조금도 어색하지 않다. 이 때 되도록 자신의 상품의 우수성을 좀 올리려 하는 반면 남의 상품은 의도적으로 깎아 내리려고 한다. 직접적으로 상대를 겨냥할 때도 있지만 은근슬쩍 최고, 최상, 최첨단 상품임을 과시하기도 한다. 즉 허위·과당 광고나 비방광고의 유혹이 늘 있게 마련이다. 특히 처음으로 시장에 참여하는 기업이나 혹은 신제품을 개발한 기업의 경우 의욕이 앞서 이런 잘못을 저지르는 예가 많이 관찰되고 있다.

광고: 필요 없는 소비조장이냐? 자연스러운 시장현상이냐?

광고를 보는 경제학자들의 시선은 〈표 22〉에서 보는 바와 같이 상반되게 나타나고 있다. 갈브레이스(Galbraith, 1908~2006)는 광고가 경쟁자의 수요를 뺏어 오는 수준을 넘어 필요 없는 소비를 조장함으로써 인위적으로 사적재 증가를 가져오는 반면 교육이나 공원과 같은 공공재의 감소를 가져온다고 우려하였다. 한편 하이예크(Hayek, 1899~1992, 1974년 노벨상 수상자)는 광고를 광범위한 시장 현상의 하나에 불과하다고 보면서 갈브레이스를 비판하였다. 생산자가 소비자를 설득할 수 있다고 생각하고 미리 생산한 후 광고를 통해 소비로 이끌어 낸다는 주장이다.

경제학자들은 사회발전을 위한 기업 간의 진정한 경쟁은 품질경쟁, 연구개발경쟁에 바탕을 둔 가격 혹은 기술경쟁이라고 보고 있기 때문에 남의 손님을 빼어오기 위한 광고에 대해서는 매우 비판적이다. 현실에서 볼 수 있는 광고는 소비자에게 정보를 제공한다는 좋은 측면도 없지 않아 있지만 기업이 노리는 것은 결국 자기 상품과 기업에 대한 맹목적인 충성심을 심는 데 있다고 보기 때문이다. 광고가 새로운 가치를 창조하는 데 기여하지 않고 낭비적 요소도 가지고 있다는 사실은 비판에 대해 상당한 정당성을 주고 있다.

▌표 22▐ 광고를 보는 두 가지 다른 시각[153)]

갈브레이드: 풍요한 사회(The Affluent Society, 1958)
• 광고가 없었다면 사람들이 갖고 싶다던가(want)이나 필요로 하지 않았을(need) 제품에 대한 수요를 만들어내는 역할을 한다. 시장 시스템 자체에 의해 창조된 욕망을 시장 시스템이 만족시키는 것을 찬양해서는 안 된다. • 제품 혁신과 변형은 중요한 경제적 기능이며, 그 제품에 대한 소비자의 수요를 개발하지 않으면서 신제품을 출시하는 제조업자는 어디에도 없다. 또한 기존의 제품 수요에 대한 영향력을 지속적으로 행사하기 위한 노력도 끊임없이 벌어진다. 그것의 일환으로 광고와 판촉과 텔레비전 등 소비자 조정의 세계가 등장한다.
하이예크: 노예의 길(Road to Serfdom, 1944)
• 모든 생산자들은 자신들이 만든 물건을 소비자들이 좋아하도록 설득할 수 있다고 생각하기 때문에 소비자에게 영향을 미친다고 하는 것이다. 이런 시도는 소비자의 취향에 영향을 미치고자 하는 노력의 일부일 뿐, 어느 생산자도 소비자의 취향을 결정할 수는 없다. • 경쟁사회에서는 우리가 어떤 물건에 대해 지불해야 하는 가격은 어떤 사람의 의식적 의지에 의해 결정되는 것이 아니다. 그리고 만약 우리의 목적들을 성취시키는 하나의 방법이 우리에게 너무 값비싼 것이라는 것이 밝혀지면, 우리는 다른 방법을 자유롭게 시도해 볼 수 있다.

153) 맨큐의 경제학 p. 442, 갈브레이스 지음, 이해준 옮김, 『경제의 진실』, p.26
프리드리히 A. 하이에크, 노예의 길, 나남출판사, p.150.

광고는 이제 현대사회에서 공기와 같은 존재가 되었다. 광고는 정보를 제공하고 소비자의 선호를 변경시킴으로써 뿐만 아니라 의사결정이 이루어지는 과정에 영향을 미침으로써 경제주체의 의사결정에 영향을 미치는 수준에 이르렀다. 따라서 소비자들에게 정확한 정보를 주고 건전한 문화를 유도하는 광고가 더욱 요망되고 있다.

우리가 원하는 세상은 광고가 전혀 없는 세상도 그렇다고 광고가 지겨운 세상도 아닐 것이다. 광고가 있되 지겹지 않을 정도로 있는 세상!

306

“바꿔, 바꿔” vs “그게 그리 쉬울까”

✎ 후발 업자의 호소 vs. 기존 기업의 저항

✎ 전환비용이야기

당신이 시장 점유율이 낮은 기업이나 새로 시장에 진입하려는 기업의 경영자라면 아마도 “바꿔, 바꿔”를 카피 내용으로 하는 공격적인 광고를 하려고 할 것이다. 반대로 선발기업이고 시장 지배력이 상당히 있는 기업의 경영자라면 “그게 그리 쉬울까”라는 내용을 전하는 광고를 택할 것이다. 약자의 “바꿔, 바꿔”와 “새 것이 좋은 것이여” 전략과 강자의 “그게 그리 쉬울까”와 “구관이 명관이야” 전략과의 싸움을 우리는 도처에서 볼 수 있다. 전자가 후자를 이기는 것이 무척이나 힘든데, 그 이유를 알아보기로 하자.

헷갈리지 말고 010 하나로 모이자

2008년 말 현재 45,607,000명이 휴대전화를 가지고 있어 보급률이 93.83%에 이르고 있다. 휴대 전화가 없는 사람을 천연 기념물이라고 부르기 까지 하고 있다. 100년의 역사를 가지고 있는 유선전화는 이제 완전히 뒤로 밀려난 것이다. 이동통신서비스가 시작된 지 불과 25년밖에 되지 않았는데, 그 성장세는 가히 폭발적이라고 아니할 수 없다. 2005년 번호통합제가 실시되면서 휴대전화서비스 시장은 새로운 국면을 맞고 있다. 주위에서 보면 과거에는 누가 어느 회사의 고객이었는지를 쉽게 알 수 있었지만, 이 제도 실시로 인해 알 수가 없다. 모든 신규 가입자는 010이 주어지고 기존의 소비자들도 010으로 전환하고 있다. 기존에 1위를 질주하면 SK 텔레콤에 대한 후발주자들의 도전이 용이해져 시장 판도에 상당한 변화가 일어나고 있다. 후발주자인 LG 텔레콤은 이 기회를 적극 활용하여 SK, KTF와의 격차를 많이 줄였다. 010을 사용하고 있는 소비자가 약 50%에 이른다는 발표가 있었다. 바야흐로 SK독주시대는 끝나고 본격적으로 3국시대가 도래한 것이다. 소설 삼국지가 재미있듯이 세 기업의 본격적인 시장쟁탈전 역시 흥미진진할 것으로 예상이 된다.

'번호 통합제'에 대해 전환비용(轉換費用, switching cost)이라는 경제학 개념을 이용하여 설명하고자 한다. 전환비용이란 소비자가 기존의 상품, 모델이나 브랜드를 다른 상품, 모델이나 브랜드로 바꿀(전환) 때 드는 비용을 일컫는다.[154] 예컨대 A회사 제품을 수십 년

154) 전환비용과 구별되는 개념으로 메뉴 비용을 들 수 있다. 메뉴비용(menu cost)이란 가격을 변화시킬 때 드는 비용을 은유적으로 표현한 개념이다. 예를 들어 가격을 변동시키려 할 때 기업은 제품의 가격표를 전부 새로 부쳐야 하며 또 소비자에게 제품가격의 변동을 알리기 위해 카탈로그도 새로 만들어 배부해야 하고 판매담당자에게 새로운 가격목록도 보내야 하는 등 추가적인 비용이 드는 데 이것이 메뉴비용이다. 박영사 경제학 사

쓰던 사람이 B회사 제품을 쓰게 되면 처음에는 왠지 어색하고 거리감을 느끼게 된다. 심지어 어떤 사람은 B회사 제품이 더 우수하다는 사실을 알면서도 계속 A제품을 고집하는 경우를 볼 수 있다. 이런 소비자의 전환비용이 매우 크게 나타나는 것이다.

소비자들이 이렇게 전환비용을 비싸게 느끼고 있는 시장에서는 새롭게 진입하는 기업은 매우 어려운 싸움을 하지 않을 수 없다. 기술이나 제품으로 승부가 나는 것이 아니라 누가 먼저 시장에 참여했었느냐, 즉 누가 소비자들의 눈과 귀에 익숙해 있느냐의 싸움으로 변질된다. 미래에 더 좋은 제품을 만들어내려는 전략보다는 과거 지향적이고 보수적인 전략이 지배하게 된다.

번호 통합제 이전에는 많은 소비자들은 상당한 전환비용을 감당하여야 했다. 예컨대 어느 소비자가 019에서 017로 바꾸었다고 하자. 그의 친구들이 그가 서비스회사를 바꾼 것을 알고 전화를 하려면 보통 성가신 것이 아니다. 019에서 다른 곳으로 바꾸었다는데, 옮겨 간 곳이 017인지, 018인지, 011인지 헷갈리기 시작하면 괜히 신경질이 난다. 그뿐만 아니라 국번호와 밑의 4개 번호까지 기억하려면 서비스 회사를 바꾼 사람을 친구가 아닌 원수(?)로 생각하게 된다. 이것을 아는 소비자는 친구에게 원망을 듣지 않기 위해서는 가급적 서비스 회사를 안 바꾸는 것이 현명한 일이다. 이런 행동이 바로 높은 전환비용으로 나타나게 된다. 기존 회사에게 유리한 영업환경이 소비자들에 의해 저절로 만들어지고 있는 셈이다.

그런데 이제 번호통합제가 실시되면 소비자들의 전환비용은 크게 줄게 된다. 기존회사가 어디였던지 관계없이 모두 010이라는 초점

전 참고바람.

(焦點, focal point)이 형성된다. 누가 회사를 바꿨다는 이야기를 들으면 과거에는 소속 회사를 확인하여야 했지만, 이제는 무조건 010이다. 또 이렇게 전환비용이 줄어들었기 때문에 전체적으로 번호전환 분위기가 시장에 퍼지게 된다. 심리적인 부담감이 줄어들어 번호이동을 가속화시키고 있다. 시장이 과거 SK텔레콤 독주체제에서 보다 경쟁적인 구조로 변해가고 있다.

〈표 23〉에서 번호이동제가 실시되기 전인 2004년 말 현재 3개사의 시장 점유율과 2010년 2월 말의 각 회사별 시장 점유율을 비교해 보았다. 선도주자인 SKT의 점유율은 번호이동제 실시 이전 보다 1.3%p 하락하였고, KTF는 거의 변동이 없지만 후발 주자였던 LGT는 1.3%p 상승하였다. 번호이동제가 전환비용을 낮춤으로써 상대적 열세였던 기업에 유리하게 작용하였음을 알 수 있다.

❚표 23❚ 이동통신서비스시장의 판도변화

(단위: 천명, %)

	2004년	2005년	2006년	2007년	2008년	2010년 2월
SKT	18,783(51.3)	19,530(50.9)	20,271(50.4)	21,968(50.5)	23,032(50.5)	23,306(50.0)
KTF	11,729(32.1)	12,302(32.1)	12,914(32.1)	13,721(31.5)	14,365(31.5)	14,930(32.1)
LGT	6,074(16.6)	6,510(17.0)	7,012(17.4)	7,809(19.0)	8,210(18.0)	8,331(17.9)
합계	36,586(100.0)	38,342(100.0)	40,197(100.0)	43,498(100.0)	45,607(100.0)	46,567(100.0)

자료: 방송통신위원회 홈페이지(www.kcc.go.kr)
주: ( )안은 시장 점유율임

후발기업의 적극적인 시장침투 전략이 과거에 비해 훨씬 수월하게 성과를 얻게 되며 시장 구조 자체가 경쟁적으로 변해 소비자들에게 좋은 서비스가 나타날 가능성이 증가한 면도 없지 않다. 그 과실은 소비자에게 돌아 갈 가능성이 높다고 하겠으나, 단언하기에는 어려움이 많다. 과거에 비해 얼굴 없는 경쟁을 하여야 하는데, 그 성과가 의심스럽기 때문이다.

뻔히 알면서도 못 바꾸는 이유는…

전환비용의 중요성을 부각시키는 예로 우리 일상생활에서 쉽게 만날 수 있는 것이 상당히 많다. 가장 유명한 예로는 영자 타자기의 예를 들 수 있다.[155] 또 약 소비에서도 나타난다. 약에는 크게 두 가지 종류가 있다. 특허를 처음 획득한 약(monopoly drugs)과 일반화된 약(generic drugs)이다. 후자는 전자의 특허 기간이 끝난 후 특허권을 가지고 있지 않은 다른 제약회사들이 만들어 내는 약이다. 소위 카피약이라고 불리 운다. 사람들은 약 20년 동안 특허권을 가진 회사가 공급하는 약을 구입해 왔다. 늘 입에 '어느 제약 무슨 약'이 입에 붙어 있다고 해도 과언이 아니다. 그런데 별로 들어 본 적이 없는 다른 제약회사에서 특허약과 성분이 똑 같은 약을 만들었다고 광고한 들 막상 약을 구매하려고 하면 약 값이 쌈에도 불구하고 영 속는 기분이고 무언가 석연치 않다. 이때 소비자들이 느끼는 심적 부담이 바로 전환비용이다. 이 비용이 클수록 기존 기업들은 독점력을 더 갖게 된다. 그래서 특허 약은 특허기간이 끝나도 계속해서 비싼 가격에 팔리고 있다.

---

155) 김영세, 『제 2판 전략과 정보-게임 이론적 접근』, 박영사, p.81.

‘사람은 좌측 차는 우측으로’에서 ‘사람은 우측 차도 우측으로’

가까운 일본에 가면 우리나라와 유사한 것이 너무 많아 외국에 기분이 들지 않는다고 하던 사람도 자동차가 좌측통행을 하는 것을 보고 그제 서야 뭐가 달라도 다른 것이 있구나 하는 느낌을 갖게 된다. 일본에서는 사람도 차도 모두 좌측통행을 하고 있지만 우리나라에서는 사람은 좌측, 차는 우측통행원칙을 2010년 상반기 까지 실시하였다.[156) 우리나라에서 차는 미국기준과 사람은 일본기준과 같았다. 우리나라에는 왜 이렇게 독창적인(?) 원칙이 존재했던 것일까?

역사적인 고찰이 필요하다. 우리나라는 최초의 근대적인 규정인 1905년 대한제국 규정에서 우측통행을 명시하였으나 일제가 1921년 일본과 같게 좌측통행으로 변경하였다. 그러던 것이 1946년 미군정이 차량의 통행방법은 우측으로 변경했지만 사람의 보행은 그대로 두었고 1961년 도로교통법을 제정하면서 ‘보행자는 보도와 차도가 구분되지 아니한 도로에서 도로의 좌측을 통행하여야 한다’고 명시하였고 이것이 ‘보도 내 보행방식’이나 ‘지하철 보행 통로’ 등에 까지 확대되어 관습처럼 사용되어 온 것이다. 2010년 하반기부터는 사람도 우측 통행을 규정함으로써 통일된 규칙이 쓰이고 있다.

위 사실에서 우리는 전환비용과 관련하여 몇 가지 의미 있는 내용을 알 수 있다. 먼저 미군정도 전환비용을 고려했겠지만 당시 차가 많지 않아 큰 문제가 되지 않았을 것이라고 본다. 만약 요즈음 같은

---

156) 우리나라는 2010년 7월 1일까지 횡단보도에서는 우측통행을 원칙으로 하였다. 일반 보도에서는 좌측통행이 횡단보도와 차도에서는 우측통행원칙이 2010년 6월 30일까지 실시된 셈이다.

자동차 홍수시대하면 아마 엄두도 못 냈을 것이다. 두 번째 사람의 우측통행으로의 변경은 자동차의 좌측통행으로의 변경보다 훨씬 더 전환비용이 적게 들겠지만 그래도 신중하게 결정내려 졌으며, 상당한 준비기간을 가진 후 실시되었다. 이 점에서 스웨덴의 경험은 우리의 벤치마킹의 대상이 된다고 본다. 스웨덴은 1967년 자동차의 통행을 좌측에서 우측으로 바꾸는 데 성공하였다. 그런데 무려 국민적 합의를 위해 40년간을 기다렸고 4년간 철저하게 준비하여 실시한 결과이다. 전환비용을 최소화하기 위한 인내와 준비가 얼마나 중요한가를 보여주는 예이라고 하겠다.[157)]

우리나라에서 볼 수 있는 또 다른 전환비용 절감정책으로 '자동차 번호판 통일'을 들 수 있다. 과거에는 광역자치단체를 넘어 자동차 등록을 하는 경우 번호판 변경으로 인해 매년 상당한 정도의 비용이 들었으나 2004년부터 자동차 번호판의 전국통일로 인해 연간 약 300억 원 정도의 경비(수수료, 세금 등 부대비용의 절감)가 감소할 것이라고 건설교통부는 추정하였다. 이 때문에 각 지역마다 특색을 살릴 수 있는 번호판은 발 부칠 곳을 잃어버렸다는 아쉬움도 없지 않다. 통일화 표준화를 통해 전환비용은 절감하였지만 다양성을 잃은 측면도 있음을 잊지 말아야 할 것이다.

가끔 주부(남편)들이 "그냥 지금 내 남편(부인)하고 사는 게 좋아. 또 다른 남자(여자)를 길들이는데 꽤 힘도 들지 않겠어…"라는 농담을 하는데 혼인관계를 유지하려는 이유로 전환비용이 비싸기 때문이라고 이야기하고 있는 것이다.

---

157) 동아일보 2007년 9월 3일자.

307

"죽으라고 싸워 봐" vs "싸우다 정 들었어"

✎ 과점 기업 사장의 고민

✎ 과점 시장론

아침에 일어나서 잠자리에 들 때까지 우리가 주로 쓰고 있는 상품과 그 제조회사나 선택 가능한 회사들의 이름을 나열해 보면 많은 것들이 소수 3~5기업에 의해 생산되고 있음을 쉽게 알 수 있다. 경제학에서는 공급자가 3~5개인 시장을 과점시장(寡占市場, Oligopoly)이라고 부른다.[158] 자동차시장에서는 현대·기아, GM대우, 르노삼성과 쌍용에서 만든 자동차가 주를 이루고 있고 컴퓨터에서는 삼성, LG에서 만든 제품을 대부분 국민들이 쓰고 있다. 이런 독과점 현상은 우리나라에서만 나타나는 것이 아니다. 특히 거액의 자본이 드는 대형 시장에서는 세계 공통적으로 나타나는 현상이다.

---

158) 독과점기업은 우리나라 공정거래법상 '시장 지배적 사업자'와 유사하다. 출하액 기준으로 본 시장 점유율이 1위 기업이 50%이상이거나 상위 3위까지 기업의 시장 점유율 합이 75%를 넘는 경우가 이에 해당한다. 단 10%미만 기업은 제외한다.

한국에서도 미국에서도… 과점시장의 득세

〈표 24〉에 우리나라와 미국 주요 시장에서 나타나고 있는 시장구조를 나타내 보았다. 미국과 같이 방대한 땅과 시장을 가진 나라에서도 중요한 산업에서는 독과점이 득세하고 있으며 우리나라도 비슷한 현상을 확인할 수 있다.

▌표 24▐ 한국과 미국의 시장 구조

유형	시장	
	한국	미국
강한 독과점형	휴대용 전화기, 경차 및 중소형 승용차, TFT-LCD, D-RAM, 경유, RV자동차, 기타 반도체 메모리, 대형승용차, 열연강판, 벙커 C유, 컨테이너선, 휘발유, 제트 유, 담배	아침 시리얼, 양조주, 가정용 냉장고·냉동고, 자동차
약한 독과점형	탱커. 냉연강판, 철근,	과자, 증류주, 스낵 식품, 비누·세제, 타이어
경쟁형	자동차 차체부품, 레미콘, 의약품제제, 배합사료	우유, 레미콘, 여성의류, 목재 콘테이너

자료: 공정거래 위원회, 『2007년판 공정거래 백서』, p.139와 Michael R. Baye, 『Managerial Economics and Business Strategy』, McGraw Hill, p.241에서 인용한 것임

〈표 25〉에 우리 일상생활에 중요한 위치를 차지하고 있는 자동차, 이동전화 서비스, 맥주, 소주, 원유정제, 타이어 등 우리나라의 대표적인 과점시장을 정리해 보았다. 이렇게 볼 때 현대 시장경제체제는 과점시장이 주를 이룬다고 말할 수 있다.

| 표 25 | 우리나라의 대표적인 과점시장

(단위: %)

업종	1위 기업	2위 기업	3위 기업
자동차	현대(49.9)	기아(23.2)	GM대우(11.0) 삼성(10.2) 쌍용(4.8)
이동전화 서비스	SKT(56.8)	KTF(27.1)	LGT(16.1)
맥주	하이트(62.0)	오비(38.0)	
소주	진로(52.7)	두산(9.4)	금복주(9.3) 대선(8.1) 무학(7.6) 보해(5.8) 선양(3.3)
원유정제	SK(36.3)	GS(31.2)	현대(18.4) S-oil(12.1)
타이어	한국(43.5)	금호(41.3)	넥센(15.2)

자료: 공정거래위원회 내부자료

눈치가 빠르면 절에서도 젓갈을 얻어먹을 수 있다.

과점시장은 나름대로 경쟁력을 갖춘 소수의 기업이 존재하고 있기 때문에 서로 서로가 상대의 눈치를 보면서 경쟁에 임하고 있다. 이것을 상호의존성(相互依存性, interdependence)이라고 부른다. 우리 속담 "눈치가 빠르면 절에 가도 젓갈을 얻어먹을 수 있다"에서 상호의존성을 감안한 행동의 중요성을 강조하고 있는데, 남의 마음을 그때그때 상황을 미루어 알아내는 능력이 있으면 절에서 젓갈을 먹는 일과 같이 불가능한 일도 할 수 있음을 시사하고 있다. 과점기업은 항상 자신의 의사결정에 앞서 자신의 결정에 상대방들이 어떻게 대응할 것인가를 나름대로 감안하여야 한다. 즉 전략적 행동(戰略的行動, strategic behavior)이 필요하다. 내가 가격을 5%낮추어 시장점유율을 확대하려고 하였는데 다른 기업들이 이에 대응하여 10%를 낮추었다면 나의 처음 의도는 수포로 돌아갈 위험성이 높다. 상대의 역

공으로 처음보다 오히려 못한 결과를 초래할 가능성도 있다. 따라서 다른 기업에 대한 철저한 연구와 자신에 대한 냉정한 통찰이 필요한 시장이다.

과점시장은 손자병법의 명구 "知彼知己 百戰百殆"가 가장 현실감 있게 와 닿는 시장이다. "나를 알고 남을 알고 내가 한 행동에 대한 상대의 반응을 감안하여 행동하는 것이 나를 위태롭게 하지 않는 비결이다."라고 해석할 수 있겠다. 사실 우리 일상생활에서도 이러한 상호의존성을 고려한 행동을 많이 하고 있는데, 내가 이런 말을 하면 저 친구(부모, 형제, 연인, 직장 상사 등)가 어떻게 받아들일까를 늘 감안하여 행동하는 것이 여기에 해당한다. 손자의 명구가 과점시장에서 심각하게 받아들여지고 있는 것은 상대의 생각과 행동을 어떻게 읽거 어떻게 대응하느냐에 따라 기업의 흥망이 달려 있기 때문이다. 그러나 "열길 물속은 알아도 한 길 사람의 마음속을 모른다"고 했거늘 나와 이해관계가 상반되기도 하고 때로는 협력자이기도 한 동종업자가 어떻게 대응할 것인가를 정확히 예측하기란 대단히 어려운 일이 아닐 수 없다. 그래서 과점이론을 어렵기도 하거니와 흥미있기도 하며 따라서 여러 가지 이론 모형이 존재하고 있다.[159]

"아니야, 분명 같은 듯 달라"

과점시장에서의 경쟁은 참여하는 기업의 수가 몇 개인가에 의해 좌우될 뿐 아니라 기업이 생산하고 있는 제품의 유사성 정도에도 영

159) 요즈음은 사람들의 전략적 행동을 연구하는 이론인 게임이론을 적극 응용하고 있다.

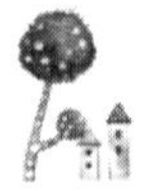

향을 받는다. 참여하는 기업이 많을수록 서로 비슷한 제품을 생산할수록 경쟁은 심해질 것이다. 각 기업은 자신의 제품이 다른 기업의 제품과 다르다는 점을 부각시키려고 노력하는데, 이러한 기본 전략을 제품차별화(製品差別化, product differentiation)라고 부른다. 소비자들이 가격을 포함한 물리적 혹은 비 물리적 특성에서 경쟁자의의 제품과 무언가 다르다는 것을 느낄 때 제품차별화가 있다고 정의한다. 이것은 크게 3가지 요인에 의해 발생한다고 볼 수 있다.

첫째 원천적으로 '제품의 속성(屬性, attributes)'이 다른 경우이다. 같은 중형 자동차라도 현대의 소나타, 르노 삼성의 SM 5, 대우의 토스카는 제품의 속성이 다르다. 자동차의 크기, 안정성 혹은 연비에서 차이가 날 뿐 아니라 판매조건, 애프터서비스, 보증기간 등이 다르다. 이것은 기업이 자사의 제품을 차별화한 결과이다. 또 사이다는 회사에 따라 맛과 향기가 다르며 냉장고도 회사에 따라 절전효과나 디자인이 다르다. 이런 예는 너무 많아 거론하기조차 힘들 정도다. 이런 역시 기업의 의도적인 차별화 결과이다. 이 경우 여러 소비자들은 취향과 형편에 따라 상품을 선택하게 된다.

두 번째로 '여러 기업의 입지적(立地的) 차이'를 들 수 있다. 소비자들은 오감(보고, 듣고, 맛보고, 만져보고, 냄새 맡고)을 통해 제품의 특성을 구별하고 있다. 그러나 지리적 입지도 제품차별화에 기여하고 있다. 사람은 누구나 비싸더라도 가까운 곳에서 손쉽게 사려고 한다. 그러다 보니 다른 곳에서 더 저렴하게 구입할 수 있음에도 불구하고 정보를 정확히 알 수 없기 때문에 더 비싸게 상품을 사는 경우도 흔하다. 무지와 정보획득에 드는 비용으로 인해 같은 제품을 다르게 느끼고 있다.

세 번째로 설득적인 광고, 브랜드 이미지, 다른 비합리적인 자극에 의해 다른 제품처럼 인식하게 하는 경우이다. 소비자의 '주관적 욕망(主觀的 慾望, subjective desires)'에 의해 차별화된 것으로 느끼는 경우다. A회사의 제품과 B회사의 제품이 전적으로 동일한 제품이라고 할지라도 소비자들이 다르게 느낀다면 두 제품 간에 가격차이가 존재할 수 있다. A회사 제품의 가격이 올라도 A회사 제품 소비자 중에 B회사 제품으로 소비를 옮기는 자는 그리 많지 않다. 미국에서의 소비자 행동연구에 의하면 같은 맥주에 다른 라벨 - '프리미엄', '표준', '할인'- 붙인 후 소비자에게 시음을 시킨 후 어느 병의 맥주가 가장 맛있느냐고 물어 보았더니 많은 사람들이 '프리미엄'이라고 답했다고 한다. 분명히 같은 맥주를 다르다고 느끼는 어리석음을 미국 소비자들만 범한다고 생각할 수 없고 본다.

과점 시장에서는 상품의 질이 '같은 듯 다르기' 때문에 일물일가의 법칙(一物一價의 法則, law of one price)이 성립되지 않는 경우를 쉽게 볼 수 있다. 소비자들은 어쩌면 행복한 고민을 하게 되는지도 모른다. 또 광고에서도 소비자에게 정보를 제공하는 광고보다는 소비자의 '주관적 욕망'을 자극하여 남의 손님 뺏어 오기식 광고 즉 이미지 광고를 주로 하고 있다. 특히 우리나라와 같이 인구밀도, 도시인구집중, 공동주택주거비율이 높은 곳에서는 더욱 그런 현상이 나타나고 있다.

경쟁을 배우는 최고의 방법은 경쟁이다

과점 기업들은 치열하게 경쟁하는 면도 있지만 그 반대의 행동도 자주 관찰되고 있다. 우선 과점기업들은 다른 기업에게 뒤지지 않기 위해 가격, 광고, R&D, 디자인 등 여러 면에서 '너 죽고 나 살기 식' 경쟁을 하는 과정에 있으며 그 과정에서 경쟁력을 제고시키고 있다. "경쟁을 배우는 최고의 방법은 경쟁을 하는 것이지, 경쟁으로부터 고립되는 것이 아니다." 한 스티글리츠160)의 말이 실감나게 느껴지게 하는 측면을 과점시장은 가지고 있다. 또 배극인 동아일보 경제부 기자는 자동차에 대한 특별 소비세 인하조치가 폐지되면서 국내 자동차 회사가 파격적인 방식으로 판촉활동에 들어가자.

"경쟁과 시장이 강조되는 것은 이 때문이다. 소비자를 '왕의 자리'에 앉혀주는데 있어 소비자 주권 운동보다 훨씬 강력한 힘을 가지고 있는 것이 바로 경쟁이다."라고 과점시장에서의 경쟁의 위력을 실감나게 표현하고 있다.

하지만 같은 시장에서 수 년 동안 경쟁을 하다 보니 서로 치열하게 싸우는 것이 서로에게 결코 유리하지 않다는 것을 알게 되고 적당히 상대를 인정하고 협력하려는 분위기 역시 생기게 된다. 이런 분위기가 가끔 담합으로 이어져 소비자에게 부담을 주는 경우를 심심치 않게 볼 수 있다. 우리 속담에 "싸우면서 정들었다", "말로 하지 왜 싸워"라는 말이 잘 부합되는 경우이다.

---

160) 스티글리츠(Joseph E. Stiglitz, 1943~)는 2001년 노벨 경제학상 수상자이다.

외부적 충격에 의하지 않고는 현재의 구조를 유지하려는 경향이 나타나기도 한다. 기존 기업 간에는 치열하게 경쟁을 하지만 속내를 보면 매우 제한된 범위 내에서 하는 경우도 없지 않다. 다른 기업의 진입을 노골적으로 방해한다던가, 로비를 통해 독점력을 지속시키려는 노력을 하기도 한다. 이동 전화서비스 시장에서 시장 경쟁에 의한 요금인하를 유도하는 데에는 한계가 있다고 판단한 정통부는 "통신망 투자 없이도 다른 사업자의 망을 빌려 저렴한 요금으로 서비스를 제공할 수 있는 신규 통신사업자의 진입을 유도하겠다."[161]고 하였다. 이 예는 기존기업간의 경쟁이 갖는 한계를 잘 보여주고 있다.

161) 동아일보 2007년 7월 24일.

308

김 관장 대 김 관장 대 김 관장 =〉김 관장 대 김 관장 =〉김 관장

✎ 교복시장의 흐름
✎ 담합의 경제학

충청도 어느 시골에 택견 도장(관장 신현준 분)과 검도장(관장: 최성국)이 있어 관장들끼리 원수처럼 지내고 있는 가운데 쿵푸 도장(관장: 권오중 분)이 새로이 들어섰고 기존에 있던 둘도 많은 데 비슷한 업종의 도장이 하나 더 생겨 과당경쟁이 벌어지고 있는 상황을 코믹하게 극화한 영화가 '김 관장 대 김 관장 대 김 관장'이다. 이 영화는 택견 도장만 있던 독점(獨占, monopoly)시장에 검도장이 생김으로써 복점(複占, duopoly)을 거쳐, 다시 쿵푸 도장의 등장으로 과점(寡占, oligopoly)시장으로 변하는 과정에서 일어나는 사건을 보여주고 있다. 가격인하 경쟁, 원생 유치를 위한 갖가지 마케팅 전략 등 기발한 아이디어 경쟁도 있지만 어제의 적이 오늘의 동지가 될 수 있음을 보여주는 좋은 예 그 반대로 오늘의 동지가 내일의 적이 될 수 있음을 보여주는 좋은 예라고 할 수 있겠다.

'우리는 남이다'에서 '우리가 남이가?'

우리나라 교복 시장을 보고 있노라면 독점 → 복점 → 과점으로 변해가는 이 영화와는 정반대로 과점 → 복점 → 독점으로 가는 것 같아 영 기분이 좋지 않다. 독점이란 공급자가 하나뿐이고 강력한 대체재(代替財)가 존재하지 않는 상태를 말한다. 독점기업은 누구의 눈치를 보지 않고 자신에게 유리한 가격을 설정할 수 있는 능력을 가지고 있다[162]. 따라서 독점기업은 경쟁에 있을 때 보다 더 높은 가격 책정과 자신에게 더 유리한 거래조건을 통해 자신에게 일방적으로 유리하게 제시함으로써 소비자에게 불리한 성과를 가져다준다. 또한 늘 쉽게 이윤을 얻을 수 있기 때문에 적극적으로 시장 개척, 조직 개편, 기술개발, 제품개발, 디자인 개발 등 새로운 변화를 만들려는 노력을 게을리 하게 된다. 좀 과장되게 표현해 독점기업의 입장에서 볼 때 소비자들이 '독안에 든 쥐'이기 때문에 쥐를 잡기 위해(소비자들의 만족을 극대화 하려는 노력) 최선을 다하는 모습을 보이지 않을 가능성이 높다. 반면 소비자의 입장에서는 '독점자의 봉'이 되는 셈이고, '울며 겨자 먹기 식'으로 독점자의 상품을 구입하지 않을 수 없다.

경제학에서 정의하는 엄밀한 의미의 독점은 크게 3가지 이유에서 발생한다고 본다.[163] DeBeers(드비어스)의 다이아몬드 독점에서 볼

---

162) 이렇게 자신에게 유리한 가격을 설정할 수 있는 능력을 시장지배력(market power)이라고 정의하며 독점기업을 가격 설정자(價格設定者, price maker)라고 부른다.

수 있는 바와 같이 생산요소를 독점함으로써 판매독점으로 이어지는 경우(생산요소 독점), 특허권이나 저작권 제도에서와 같이 정부가 공익을 위해 한 사람 또는 한 기업에게 배타적인 공급권을 주는 경우(정부가 만든 독점), 지역 상수도 공급에서 볼 수 있는 바와 같이 시장 전체수요를 여러 기업이 생산하는 것보다 한 기업이 생산하는 것이 더 적은 비용으로 생산하는 경우(자연독점)이다.[164]

독점력을 가지면 많은 이윤을 얻을 수 있기 때문에 독점기업이 되려고 치열하게 경쟁하는 기업들의 노력은 소비자의 후생을 증진시키는 데 기여하고 있으나 서로 간에는 경쟁을 회피하고 싶은 마음이 든다. 상대를 퇴출시켜 그야말로 유일한 공급자가 되면 이상적일 텐데 말처럼 쉽지 않으며 오히려 상대에게 역공을 당해 본인이 퇴출될 위험도 없지 않다. 그래서 고안해 낸 것이 바로 담합(談合, collusion) 행위 또는 공동행위와 같은 비경쟁행위(非競爭行爲, noncompetitive practices) 이다. 공급자끼리 서로 싸우지 말고 공동의 이익을 위해 적당히 협력하자는 것- 혼자의 힘으로 독점을 이룰 수 없으니 뭉쳐서 독점기업처럼 행동하자는 것이니 - 당연히 소비자에게 불리한 결과를 낳게 된다. 따라서 특별한 경우가 아니라면 이러한 행위는 불법이다.[165] 교복시장이 대표적인 예이다.

---

163) 맨큐, pp.363~367.

164) 자연 독점(自然獨占, natural monopoly)은 규모의 경제가 현저하게 나타나는 산업에서 볼 수 있다. 이 경우 정부에 의해 공급자 수가 규제되는 경우가 많다.

165) 공정거래법 제 17조에 의하면 명시적(明示的)인 협약은 물론 묵시적(黙示的)인 합의도 불법으로 규정하고 있다.

어머니의 고민: 얘들은 매년 크는데, 교복을 매년 살 수도 없고…

매년 학년 초가 되면 교복 값 때문에 전국이 시끄럽다. 한 벌에 최고 70만 원짜리 교복도 있다고 하니 하루가 다르게 크는 중고생의 교복 값치고는 너무 비싼 것이다. 학부모들에게 상당한 부담이 되고 있다. 그 이면에는 일부 유명 교복업자들끼리의 교묘한 가격 담합행위가 있었다고 하니 국민의 한 사람으로 분노를 느낀다.

교복시장의 특징에 대해 먼저 생각해 보기로 하자. 교복은 수요가 2월 한 달에 만 집중된다는 특징을 가지고 있다. 또 학교마다 고유한 색상과 디자인을 요구하고 있기 때문에 학교 간의 대체가 전혀 존재하지 않는다. 예컨대 A고등학교 교복은 그 학교 학생 외에는 다른 학교 학생들에게는 공짜로 준다고 해도 오히려 짐만 될 뿐이다. 따라서 매우 시기와 대상 면에서 볼 때 수요가 한정되어 있다. 또 내구재(耐久財, durable goods)라는 특성을 가지고 있다.[166] 소비자가 한 벌을 마련하면 1년~2년 후에야 다시 구매의사를 갖게 된다. 1학년 때 미리 앞으로 몸이 커질 것을 대비하여 3학년 때 몸에 맞을 교복을 사기 때문에 1학년 때 교복을 입고 찍은 사진을 보면 영 어색하기 짝이 없음을 우리 모두가 기억하고 있지 않는가? 소비자들의 미래에 대응한 소비가 불가능하다는 점도 또 하나의 특성이다. 값이 싸다고 미리 진학을 희망하는 학교의 교복을 사놓는 소비자도 없을 뿐 아니라 값이 싸다고 2, 3학년생이 두벌, 세벌 교복을 구입하지 않는다.

166) 내구재란 재화의 수명이 상당기간 지속되는 것을 말한다. 대표적인 예가 전구, TV, 냉장고 등을 들 수 있으며 비 내구재로는 담배, 커피 등 짧은 시간에 소비하는 재화를 말한다.

교복생산자 입장에서 볼 때 이런 독특한 시장에서 생각할 수 있는 전략은 상표 충성심을 높이는 것, 저가 정책, 담합 등이다. 그들은 광고를 이용하여 상표 충성심을 높이는 일을 하였고 이를 바탕으로 얻은 약간의 시장 지배력을 담합에 쓰고 있다고 해석할 수 있다.

모이면 사고(?) 친다

'모이면 사고(?) 친다' 이 말을 듣는 순간 보통 사람들은 동네 악동들이 제일 먼저 떠오르지만, 1776년 국부론에서 아담 스미스는 평소에는 별로 잘 모이지도 않다가도 모였다하면 소비자에게 불리한 결정을 내놓는 동업자들을 보고 한 말이다.

> "동업자들은 환담(歡談)을 나누기 위해서라도 잘 안 모인다. 하지만 모였다하면 언제나 소비자에게 불리한 음모나 계략을 내 놓는다."

지금으로부터 230년 전 그것도 자본주의 초기에 담합행위가 있었다고 하니 요즈음이야 오죽하겠냐하는 생각이 든다. 경제 검찰이라고 불리는 공정거래위원회의 역할이 더욱 중요시 되는 이유가 여기에 있다.

공정거래 위원회가 적발한 담합행위를 듣고 있노라면 그동안 속은 것이 억울하다는 생각이 든다. 심지어 생활필수품 중의 필수품이라고 할 수 있는 세제, 설탕, 밀가루, 음료수 시장에서의 담합의 사례를 보노라면 은근히 화도 치민다. 서민들이 돈 만 원을 벌려면 얼마나 많은 피와 땀을 흘려야 하는데, 유수한 대기업이 그것도 생활필수품에서 담합으로 폭리를 취하다니! 이런 담합행동이 은밀하게 진행되기 때문에 쉽게 적발할 수 없다. 그래서 정부는 조사 과정에서 자진신고자에 대한 감면제도(Leniency program)을 통해 혹은 신고포상금 제도를 통해 카르텔에 대한 정보를 쉽게 입수하려고 노력하고 있다. 국내 시장을 취락 펴락하는 대기업들이 동네 악동에 비유되는 일이 더 이상 없기를 희망해 본다.

309

"참 이상하다. 개가 정승보다 높은 가봐"

✎ 조선시대 어느 도령의 의문

✎ 일회용게임과 반복게임

우리 속담에 정승(政丞) 집개가 죽으면 문상객이 문전성시를 이루지만 정작 정승이 죽으면 문상객이 없다는 말이 있다. '화려한 정승 집 개 장례식 vs. 초라한 정승 장례식'이라는 표현이 어울리는 이 야박한 인심을 이르는 말이다. 동방예의지국의 우리 선조들이 왜 그렇게 야박하게 행동을 했을까?

"한 게임 한 게임이 총력을 다하는 결승전이다" 이 말은 프로 스포츠 감독이나 선수들이 자주하는 말이며 특히 챔피언 전을 앞둔 감독들의 출사표이다. 왜 이렇게 죽기 아니면 살기 식으로 게임에 임할까? 이 두 의문은 게임이론을 이용하면 멋지게 설명할 수 있다.

한 게임 한 게임이 피를 말리는 결승전이다

경제주체들 간의 경제행위를 서로간의 거래 횟수에 따라 크게 일회용(一回用, one-shot)게임과 반복(反復, repeated)게임으로 나눌 수 있으며 반복 게임은 다시 무한(無限)하게 반복되는 경우와 유한(有限)하게 반복되는 경우로 나눌 수 있다. 먼저 딱 한번만 게임을 하는 경우(일회용게임)를 생각해 보자.[167] 예컨대 맛있는 초콜릿을 놓고 서로 모르는 두 사람이 딱 한 번의 결정(가위·바위·보, 주사위 던지기, 동전던지기 등)을 해서 이긴 사람이 차지한다고 해보자. 두 사람은 매우 신중하게 이 게임에 임할 것이다. 이긴 사람은 초콜릿을 차지하고 보란 듯이 사라질 것이다. 이 때 게임에 임하는 사람들은 수단과 방법을 가리지 않고 이기려는 경향이 강하게 나타나며 '이기고 달아나는(hit and run)'전략을 삼을 가능성이 매우 높다. 혹시 진 사람이 억울하게 졌다하더라도 문제 삼을 기회가 없다면 불법적인 방법도 동원될 가능성이 매우 높다고 하겠다.[168]

하지만 거래가 여러 번 반복되면 각자의 행동은 달라지게 된다. 먼저 거래의 횟수가 정해진 경우 즉 유한 반복게임(finitely repeated game)을 생각해 보자. 사람이 바보가 아닌 이상 이전에 자기와 상대가 행동을 기억을 하며 이 정보를 십분 발휘하여 매 거래에 임하게 된다.[169] 승률이 50대 50인 두 사람이 가위-바위-보를 5번하여 3번을

167) 일회용게임을 영어로 One-shot 게임이라고 한다. '원 샷', 술자리에서 많이 들을 수 있는 이야기이다. 또 농구시합을 할 때 매 쿼터 마지막 24초 이내에 공격을 하여야 하며 실패를 하더라도 상대에게 공격권을 주지 않기 위해 충분히 시간을 보낸 후 불과 5, 6초를 남기고 공격하는 One-shot 플레이를 한다.

168) 시골 동네에 엉터리 만능 약장수가 왔다가 장사에 성공하고 사라질 수 있는 것은 이 엉터리 상행위를 소비자들이 보복할 수 있는 기회가 없기 때문이다.

이기는 사람이 초콜릿을 다 차지하는 경우를 생각해 보자. 이제 4번의 게임에서 2대 2가 되었다고 해보자. 마지막 5회 승부에서 누가 승자가 될지 아무도 모르며 한 치의 양보가 있을 수 없다. 그러므로 적어도 4번째 게임에서 승부를 결정짓는 것이 현명한 전략이다. 즉 3번째 게임이 끝났을 때 최소한 2승 1패를 만들어 놓고 4번째 게임에서 승리를 확정 짓는 전략을 선택할 것이다. 이러기 위해서는 3번째 게임 이전에(2번째 게임이 끝났을 때) 최소 1승 1패가 되어야 한다. 따라서 2번째 게임에 임하기 전에는 1승을 얻어 놓아야 한다. 다시 말해 나중에 꼭 이긴다는 보장이 없기 때문에 첫 번째 게임부터 최선을 다하고 1승이라도 먼저 챙기는 것이 현명한 전략이다.[170] 이런 유한 반복게임의 전형은 프로 스포츠 플레이오프나 챔피언 결정전에서 볼 수 있다.[171] 한국 시리즈 1차전을 앞두고 양쪽 선수와 감독은 한 게임 한 게임이 결승전이라고 생각하고 시합에 임한다고 하는 것도 바로 이런 논리로 설명할 수 있다.

뜨내기 손님으로서의 무 대접 vs 단골 손님으로서의 예우

이제 마지막으로 게임이 무한히 반복되는 게임이거나 혹은 거래가

---

169) 게임이론에서는 과거의 선택을 역사(歷史, history)라고 부른다. 가위·바위·보로 결정하는 경우 상대가 이전에 무엇을 냈느냐에 따라 다른 사람의 선택이 달라지는 것을 생각하면 된다.

170) 이와 같이 마지막 상황에 발생할 일을 미리 판단한 후에 역으로 그러한 상황을 알았을 경우 처음에 어떻게 할 것인가를 파악하는 논리 형태를 역진적 추론(逆進的 推論, backward induction)이라고 부른다.

171) 프로 야구 한국시리즈는 7전 4선승제를 택하고 있다.

여러 번 계속 이루어지고 언제 끝날지 모를 경우를 생각해 보자. 즉 무한 반복게임(infinitely repeated game)인 경우를 생각해 보기로 하자. 이렇게 되면 처음 한 두 번이기는 것이 크게 의미가 없어지며 게임 참가자들은 두 가지 전략을 생각하게 된다. 자기 자신의 단기적인 이익만을 추구하여 상대를 궁지에 몰을 것인가 아니면 단기적인 이익을 좀 손해 보더라도 장기적으로 서로의 이익을 극대화하는 쪽을 택할 것인가? 후자가 선택될 가능성이 더 높다. 왜냐하면 자신의 이익만을 추구할 경우 상대가 이 사실을 알고 보복을 가하면 장기적으로는 손해를 볼 수 있기 때문이다. 일회용 게임에서는 불가능했던 담합(談合,collusion), 협력(協力, cooperation), 보복(報復, 되갚음, retaliation), 처벌(處罰, punishment) 과 같은 현상이 반복게임에서는 가능해 진다.[172)]

무한 반복 게임에서는 보복이 있느냐 없느냐, 그 강도가 어느 정도냐에 따라 사람들은 다른 행동을 하게 된다. 정승이 죽었다면 문상을 안 간 것에 대해 보복이 발생하지 않지만 정승 집 개가 죽은 경우라면 정승이 누가 왔다 갔는지를 정확히 알 수 있고 문상을 안 온 사람에게 보복을 가할 수 있다. 그러니까 사람들은 정승 집 개의 죽음에 대한 애도의 뜻으로 문상을 가는 것이 아니라 후한(後恨, 정승의 보복)이 두려워 문상을 가는 것이다. 정승이 죽은 경우는 일회게임이 되지만 정승집 개가 죽으면 반복게임이 되는 것이다.

이 사실을 〈표 26〉에서 정승집 개가 죽은 경우와 정승이 죽은 경우를 나누어 좀 더 쉽게 확인해 보았다.

---

172) 왕규호·조 인구, 『게임이론』, 박영사, 2004, p.276.

▌표 26▐ 정승 집 개의 죽음과 정승 자신의 죽음에 대한 다른 사람들의 반응

<table>
<tr><td rowspan="2">경우1:
정승집 개가
죽은 경우</td><td>문상 안감</td><td>정승의 보복가능
→문상을 안가면
후환이 두려움</td><td rowspan="2">후한의 두려움 또는 칭찬을
받기 위해 문상을 감</td></tr>
<tr><td>문상 감</td><td>정승의 칭찬 받음</td></tr>
<tr><td rowspan="2">경우2:
정승이 죽은
경우</td><td>문상 감</td><td>정승의 칭찬 불가능
→문상을 안가도
후환이 두렵지 않음</td><td rowspan="2">후한의 두려움도 없고 또
칭찬을 받을 수 없기 때문에
문상을 안감</td></tr>
<tr><td>문상 안감</td><td>정승의 보복 불가능</td></tr>
</table>

위와 같이 같은 사람이 게임에 임하더라도 반복되는 게임의 횟수가 몇 번이냐에 따라 사람들의 행동이 바뀌는 예는 너무나도 많은데, '언제 또 볼 거라고'식의 장사가 있는 곳과 단골 손님위주의 장사가 있는 곳에서 쉽게 발견할 수 있다. 소위 '뜨내기 손님'이란 주인과 일회 게임을 하는 손님을 말하며 '단골 손님'이란 반복게임을 하는 손님을 일컫는다. 기차 역, 버스터미널, 연안 부두 터미널, 고속도로 주변에는 자연히 뜨내기 손님이 많으며 이런 곳에서 사업을 하는 사람들은 대충 대충 사업을 해도 크게 문제되지 않는다. 손님 역시 바쁘게 오가면서 들린 곳이라 상품의 질이나 서비스 내용에 대해서 좀 둔감한 편이다. 좀 비싸도, 좀 불편해도, 좀 부실해도 그냥 그냥 넘어간다. 언제 또 볼 거라고 괜히 불편한 점을 불평했다가는 오히려 이상한 사람 취급당할 지도 모르기 때문이다. 아래 기사는 뜨내기 손님을 상대로 하는 전국 고속도로 주유소의 휘발유 가격이 시중보다 비싸다는 사실을 보여주고 있다.

이와는 반대로 관공서 주변의 식당은 역전 식당보다 더 음식 맛도 좋고 친절하다. 손님과 주인이 무한 반복게임에 처한 사람들의 자세로 게임에 임하기 때문이다. 주인은 "장사 하루 이틀 갈 것이 아닌데… 맛이 없다고 소문나봐. 하루 아침에 손님 발길이 끊어 질 거야…"라고 하는 말 속에는 무한 반복게임에서 볼 수 있는 평판(評判, reputation)과 보복의 중요성이 묻어 있다. 식당 주인은 식사 시간에는 어떤 일이 있어도 자리를 뜨지 않으려고 한다. 좋은 평판을 얻기 위해서이다. 반대로 손님 중에는 주인에게 반복게임을 하려고 한다는 사실을 알리려고 하는 노력하는 사람도 있다. 단골 식당을 정하고 꼭 그 식당을 가며 가서는 또 꼭 주인과 눈도장을 찍는 사람을 흔히 볼 수 있다. 이 손님은 자신이 반복 게임을 계속할 의지가 있음을 알림으로써 주인이 자신에게 좋은 평판을 쌓아가게 하는 노력의 일환이라고 해석할 수 있다.

섭섭하지만, 그럴 수밖에 없을 것 같아…

2007년 여름 아프카니스탄에서 선교활동을 하던 우리 국민이 반군의 인질이 되는 사건이 있었을 때 미국과 아프카니스탄은 우리의 입장과 매우 다른 태도를 보였다. 우리는 하루라도 빨리 인질 석방을 위해 두 나라가 인질범의 요구를 적당히 수용하기를 기대했지만, 두 나라는 한국인의 희생이 있더라도 인질범의 무리한 요구는 절대 수용하지 않겠다고 하는 강경한 입장을 고수하였다. 우리로서는 섭섭하기까지 하였다.

그러나 우리가 두 나라 입장이었어도 그렇게 할 수밖에 없지 않나

생각이 든다. 우리는 이번 한번으로 인질범과의 관계(거래)가 끝나지만(일회 게임) 두 나라는 인질범과 비슷한 일(반복 게임)을 계속하여야 하기 때문이다. 인질 문제가 발생하였을 때 그들의 요구를 쉽게 들어주는 나라(주로 피해국)는 국제사회에서 비난을 받는데, 이 문제는 특정 국가에 한 번만 문제되는 것이 아니라 어느 나라도 그 피해자가 될 수 있는 범세계적인 문제이며 또 차후에도 계속 발생할 가능성이 있기 때문이다. 피해국이라고 할지라도 모든 나라가 일회게임의 자세가 아닌 반복 게임에 임하는 자세 즉 인질범에게는 절대 양보하지 않는다는 평판을 모든 나라가 공유할 때만이 인질문제로 인한 악순환이 끝날 것이다 라고 보고 있는 것이다.

"막판 주는 거야"

유한 반복게임의 마지막 횟수에서는 보복이 불가능하기 때문에 이를 악용하는 경우를 명절에 오랜만에 친척들이 모여 화투놀이를 하는 경우에도 볼 수 있다. '오가는 현금 속에 싹트는 가족애'라고 하면서 정겹게 게임을 한다. 너무 늦게까지 진행이 되면 내일을 생각해서 몇 시까지 정해 놓는다든가 아니면 몇 판을 더 하는 것으로 정하든가 하여 추가할 게임의 수가 확실히 정해지게 된다. 이렇게 끝내는 시각이 정해지면 사람들은 게임에 임하는 자세가 진지하게 돌변하게 된다. "무릇 고 스돕이란, 끝날 때가봐야 아는 거야" "첫 끝 발은× 끝 발…" 운운 하면 느긋하게 임하던 사람들이 태도를 달리한다. 지금까지는 무한 반복게임인 것처럼 게임에 임했지만 유한 반복게임으로 변하면서 태도가 달라지는 것이다. 마치 프로 스포츠 챔피언 결정전에 임하는 감독과 같은 모두들 비장한 각오로 임한다. 그런데 약속했던 최종회가 되면 그 판에서 돈을 딸 확률이 높은 사람은 "막판 주는 거야"라고 강조를 하면서 플레이를 한다.

왜 이 말을 꼭 강조할까? 역으로 생각하면 마지막 판에 돈을 잃은 사람들은 돈을 잘 안내는 경향이 보편화되어 있다는 이야기인데 이유가 뭘까? 바로 최종회에서 잃은 사람들 입장에서는 마지막 판에서 잃은 돈을 딴 사람에게 주지 않는다고 해도 딴 사람에게 보복을 당하지 않기 때문이다. 정승이 죽었을 때와 유사한 현상이 발생한 것이고 후한이 두렵지 않기 때문에 비겁한 짓을 하게 된다. 최종판에서 잃은 사람이 딴 사람의 보복이 불가능하다는 사실을 악용하여 잃은 돈을 내려고 하지 않는다는 사실을 잘 알고 있는 딸 가능성이 높은 사람은 미리 그 악용의 가능성을 차단하기 위하여 "막판 주는 거야"를 강조하고 있다.

310

"김정일 위원장, 우리 의형제 맺읍시다."

✎ 원조 꽃미남 배우 제임스 딘의 제안
✎ 치킨(겁쟁이) 게임

빨간 색 스포츠카를 탄 두 젊은이가 반대 방향에서 전 속력으로 굉음을 내며 달려오고 있다. 주위 사람들은 숨을 죽이고 손에 땀을 쥐고 이 광경을 바라보고 있다. 두 사람이 계속 직진하면 정면충돌로 둘 다 목숨을 잃게 되지만 한 쪽이 핸들을 틀면 둘 다 살아남는데, 핸들을 튼 사람은 생명의 은인이 아니라 비겁자로 낙인찍히게 되며 끝까지 직진했던 사람은 영웅이 된다. 누가 더 담력이 세냐를 겨루는 목숨을 건 게임이다.

'깡 생 깡 사'의 게임

이와 비슷한 게임은 바다가 보이는 절벽에서 바다를 향해 자동차를 전속으로 달리는 게임이나 철도 위에서 두 사람이 나란히 서서 끝까지 버티기 게임에서도 볼 수 있다. 먼저 양보하는 사람이 비겁자가 되고 끝까지 버틴 사람은 죽든가 영웅이 되든가 한다. 이런 상황은꽃미남 배우의 원조 제임스 딘(James Dean, 1931~1955)이 주연한 '이유 없는 반항(Rebel Without a Cause)'이나 조정래 소설 '태백산맥'에서와 같이 영화나 소설에서 볼 수 있다. 북핵문제를 둘러싸고 벌이는 김정일과 부시와의 대치 상황은 이와 아주 유사하다. 게임이론에서는 이러한 경우를 겁쟁이(치킨, chicken) 게임이라고 부르고 있다.

▌표 27▐ 치킨 게임

제임스 딘의 친구(부시) / 제임스딘(김정일)	고집	양보
고집	(−2, −2)	(1, −1)
양보	(−1, 1)	(0, 0)

주: 앞의 수치는 제임스 딘의 이득을 뒤의 수치는 친구의 이득을 나타내고 있음

제임스 딘과 그의 친구가 곧장 바다로 떨어지는 절벽에서 자동차 경주를 한다. 먼저 브레이크를 잡아 멈추는 사람이 지는 게임이다. 둘 다 끝까지 고집을 피운다면 두 명 다 죽음에 이르게 된다. 위의 〈표 27〉에서 (고집, 고집)에 해당하는 것으로 −2와 −2를 얻게 된다. 두 사람 중 한 사람만 멈추어 서게 되면((고집, 양보)혹은 (양보, 고집)) 고집을 부린 사람은 1을 얻고 상대는 −1을 얻는다. 고집을 부린 사람은 영웅이 되는 반면 양보한 사람은 비겁자가 되고 다른 사람들의 비난을 받게 된다. 두 사람 다 같은 곳에서 멈춘다면((양보, 양보)) 각각 0을 얻는다.

이런 경우 (고집, 양보), (양보, 고집) 두 경우가 내쉬 균형(Nash 均衡)이다.[173] 어느 한 쪽이 양보할 것으로 기대한다. 즉 서로 다른 행동을 취하는 것이 각자에게 유리한 결과를 낳는다. 하지만 현재 우리가 가지고 있는 정보로는 어느 쪽이 양보 하려는지 알 수 없다. 영화에서나 소설에서는 이런 장면이 나오면 보통 주인공이 승자가 될 것이라고 예측할 수 있지만, 북한과 미국과의 핵협상에서 보듯 서로 상대가 양보하기를 바라고 계속 버티기를 하는 경우에는 어느 쪽이 양보하리라고 미리 알 수 없는 상황이 계속된다.

이런 게임에서 중요한 역할을 하는 것이 공약(公約, commitment)이며 신빙성(信憑性)이 있느냐 없느냐가 의사결정에 핵심적인 열쇠를 가지고 있다.[174] 사전에 자신이 선택할 수 있는 대안의 수를 줄이거나 없앰으로써 어떤 일이 있어도 양보를 하지 않을 것이라는 강한 메시지를 주고 상대가 이를 믿게 하는 것이다. 공약한 사람 자신도 다시 처음으로 되돌릴 수 는 상태를 만드는 것이 이런 게임에서 승자가 되는 방법이다.[175] "기왕 이렇게 된바 에는 죽든 살든…"이라는 이판사판식 행동이외에는 다른 대안이 없는 상황을 스스로 만들어 놓고 그대로 실행하는 것이다. 예를 들어 자동차의 핸들을 고정시키고 시합에 임하면 상대에게 게임 도중에 핸들을 돌리지 않는다는 강

173) 게임에 참여하고 있는 누구도 현재의 상황(전략)에서 다른 상황(전략)으로 바꾸면 오히려 자신이 손해를 보기 때문에 현재의 상황(전략)에 만족하게 되는 데 바로 이렇게 안정적 상태를 내쉬균형이라고 한다.

174) 신빙성 있는 여러 가지 공약의 예는 김영세(2003), p.163 참고바람.

175) 비가역성(非可逆性, irreversibility)이라고 부른다.

력한 메시지가 전달하는 셈이 된다. 이렇게 되면 상대는 겁을 먹고 양보할 가능성이 높아진다. 두 사람 다 핸들을 고정시켰다면 둘 다 죽음에 이르겠지만… 자기가 이르고자 하는 상태를 미리 확실한 방법으로 상대에게 알리고 그대로 실행하는 일이 바로 상대를 굴복시키는 최적의 전략인 것이다.

체면 구긴 아버지의 공갈포

이제 신빙성 없는 공약은 왜 무의미한가에 대해 생각해 보기로 하자. 10대 소녀에게 아버지가 "10시 넘어 들어오면 다리를 분질러 놓겠다"라고 말씀하셨다고 하자. 10시 이전에 들어 온 딸에게 아버지 명령에 복종한 이유를 물어 보았을 때 아마도 거의 다가

"아버지가 10시 넘으면 다리를 분질러 놓겠다고 하셨지만, 설마 그렇게 하시겠어. 그래도 걱정하시니까. 10시전에 들어왔지요"라고 답할 것이다. 딸이 12시 쯤 들어 왔다고 해보자. 그렇다고 이 세상에 어느 아버지가 딸의 다리를 분질러 놓겠는가! 왜 평소의 공약대로 다리를 분질러 놓지 않느냐고 어머니가 묻자. 아버지는

"내, 말은 그렇게 했지만… 일찍 들어오라는 걸 강조하기 위해 좀 오바한 거지 뭐… 곧이 곧 대로 들으면 곤란하지" 아버지가 겸연쩍다는 듯 뒷머리를 긁으시면서 하는 고백 내용이다. 이것이 바로 신뢰성 없는 위협의 대표적인 예이다.[176)]

176) 부모의 이런 신뢰성 없는 위협은 '공갈 포'라고 부를 수 있겠다. 아이를 키우는 부모는 하루에도 몇 번씩 이 공갈 포를 쏘게 되는데 사랑의 다른 표현이니까 비록 공갈이라고 그것이 공갈로 끝나지 않고 가정의 행복을 낳는 수단으로 쓰이고 있다. 단 너무 자주 쓰면 오히려 역효과가 날 수 있

이렇게 볼 때 북한의 핵실험은 자신들이 양보할 수 없음을 보여주는 일종의 신빙성 있는 공약으로 해석할 수 있다. 핵을 둘러싼 미국과 북한과의 대립관계를 보고 있노라면 저자는 영화광인 김정일 위원장이 그 아이디어를 영화 '이유 없는 반항'에서 얻은 것이 아닌가 생각도 해보았다. '미국산 아이디어로 미국에 대항하고 있는 것이 아닌가' 하는 생각에 혼자 웃어보기도 한다.

우… 울화통 터져, 내가 앓느니 죽지…

이번에는 돼지의 행동을 대상으로 한 게임이론에 대해 생각해 보기로 하자.[177] 한 우리에 큰 돼지 한 마리와 작은 돼지 한 마리가 살고 있으며 먹이통은 우리 한 쪽 끝에 있으며 반대편에 있는 줄을 잡아 당겨야 먹이통이 내려와 돼지들이 먹을 수 있게 되어 있다. 그래서 줄을 당긴 후에는 반대편에 있는 먹이 통으로 가야 하는데, 그 사이에 다른 돼지가 미리 먹이를 차지 할 수 있기 때문에 줄을 당기는 것을 매우 신중하게 하여야 한다. 또 큰 돼지가 먼저 먹기 시작한 경우에는 작은 돼지는 아무 것도 먹을 수 없으며, 작은 돼지가 먼저 먹기 시작한 경우에도 큰 돼지가 오면 큰 돼지에게 밀려 더 이상 먹이를 먹을 수 없는 상황이 된다고 하자.

만약 작은 돼지가 줄을 잡아당긴다면 이미 먹이통 앞에 있던 큰 돼지가 먹이를 다 먹어 치워버리기 때문에 큰 돼지는 10을 먹는 반면 작은 돼지는 아무 것도 먹지 못한다. 큰 돼지 좋은 일만 시키는

다는 점을 명심할 필요가 있다.

177) 박주현 지음, 『게임이론의 이해 제 2판』, 해남, p.21.

꼴이 될 수 있다. 하지만 작은 돼지가 줄을 당기지 않고 버티고 있다가 만약 큰 돼지가 줄을 당긴다면 미리 가 있다가 7을 먹을 수 있으며 큰 돼지는 3을 먹을 수 있다. 두 마리다 당기지 않고 있다면 아무도 먹지 못하게 된다. 돼지들의 전략과 그에 따른 이득을 〈표 28〉에 나타내 보았다.

| 표 28 | 돼지의 딜레마 게임

		작은 돼지	
		줄 당 김	당기지 않음
큰 돼지	줄 당 김	(10,0)	(3,7)
	당기지 않음	(10,0)	(0,0)

주: 앞의 수치는 큰 돼지의 이득을 뒤의 수치는 작은 돼지의 이득을 나타내고 있음

작은 돼지는 자신이 줄을 당기면 예외 없이 큰 돼지가 먹이를 다 차지하기 때문에 당기지 않고 기다린다. 큰 돼지는 작은 돼지가 줄을 당겨 주면 10을 다 차지 할 수 있지만 작은 돼지가 그런 행동을 하지 않기 때문에 아무 것도 먹지 못하는 것보다 3이라도 먹는 것이 자신에게 유리하다고 판단하고 눈물을 머금고(?) 줄을 당기고 반대편으으로 가서 먼저 먹이를 먹고 있던 작은 돼지를 밀쳐 내고 나머지 3을 먹는 수밖에 없다. "우… 울화통 터져, 앓느니 죽지…."라고 불만을 터트리지만 다른 대안이 없어 속만 태울 뿐이다. 물론 이 실험은 돼지들이 논리적으로 사전에 생각 했다기 보다는 반복되는 과정에서 얻은 경험법칙이다.

이 게임은 "약한 것이 강한 것이다"라는 말을 실감나게 느끼게 한다. 이런 예는 영리한 동생이 탐욕스러운 형의 약점을 교묘하게 이용하는 경우에서 볼 수 있다. 현실경제에서는 OPEC에서 그 예를 볼 수 있다. 일부 국가가 OPEC이 합의한 생산량을 무시하고 생산량을 늘렸을 때, 사우디 아라비아가 손해를 무릅쓰고 오히려 생산량을 감소함으로써 약정한 석유 값을 유지하여 왔다고 평가받고 있다. 최대 산유국인 사우디 아라비아가 큰 돼지 역할을 한 셈이다.

311

"아들아, 제발 마이크를 잡아다오"

✎ 돌잔치에서 볼 수 있는 일

✎ 연예인 시장의 활성화

예나 지금이나 아이의 첫 돌상에는 그 아기의 미래를 점치기 위해 장수를 상징하는 실, 학문을 상징하는 연필, 그리고 경제적 부를 상징하는 돈 등이 놓여지고 있다. 하지만 과거에는 없었던 물건이 새로 하나 추가되었는데 마이크가 그 주인공이다. 아이가 마이크를 잡으면 연예인이 될 거라고 온 식구가 좋아한다. 본인은 돈도 명예도 얻을 수 있으니 좋고 부모도 유명해지니… 좋아 할 수밖에…

연예시장, 그 곳이 알고 싶다

연예업의 특성에 대한 이해에서 시작하기로 하자. 먼저 연예 시장은 눈에 보이는 물적 가치를 생산하는 곳이 아니다. 둘째 전문성이 높으면서도 대체재가 많은 시장이다. 셋째 수명이 짧다. 또 예술과 문화가 깃들어 있어 경제원리만으로 설명할 수 없다는 점 그리고 여러 산업과 연계성이 높다는 점을 특징으로 들 수 있다.

하루 종일 생업에 매달려 정신없이 지내고 귀가하여 연예인들의 연기, 노래, 춤을 보노라면 나도 모르게 즐거움을 느끼고 하루의 피로를 해소할 수 있다. TV가 '바보상자'라고 혹평을 받고 있지만 시청자에게 감동과 정보를 주는 긍정적인 면도 결코 무시할 수 없다. 미디어 매체의 눈부신 발달과 다양화로 인해 우리는 하루 24시간 연예산업의 영향을 받고 있다고 해도 과언이 아니다. 하지만 연예산업은 직접적으로 가치 있는 재화를 생산하는 역할을 하지는 못하고 있다. 어디까지나 간접적으로 생산에 기여할 뿐이다. 그 자체가 자원 낭비적인 성격을 가지고 있음을 부인할 수 없다. 경제학의 시조인 아담 스미스는 가시적인 가치를 생산하는 일에만 '생산'이라고 정의하였기 때문에 그의 눈으로 보면 연예산업은 생산은 없고 낭비만 있는 곳이라고 하였을 것이다.

둘째로는 개개인의 입장에서 볼 때 상당한 전문성을 요하는 곳이지만 극소수를 제외하고는 특별히 엄청난 지식이나 재능을 요구하지 않기 때문에 늘 초과공급의 가능성이 높은 산업이다.[178] 어느 정도 재능이 있으면 쉽게 들어 올 수 있으며 그 재능을 계속적으로 유지하지 못하면 바로 퇴출될 가능성이 높은 시장이다. 어느 한 사람의 역을 다른 사람이 쉽게 할 수 있다. '꿩' 대신 '닭'이 다른 시장에서 보다 쉽게 성공할 수 있으나, 대신 '꿩'이 된 '닭'이 다른 '닭'에 의해 곧 밀려 날 가능성 또한 높은 것이 사실이다. 즉 직업 자체의 대체성은

178) 연예인들은 우리나라 직업분류상 문화, 예술 및 방송관련 전문가로 분류되고 있다. 대중가요 가수는 창작 및 공연예술가로 영화배우 및 탤런트, 연극배우, 코미디언 및 개그맨은 영화, 연극 및 방송관련 전문가로 분류되고 있다.

물론 직업 내에서의 대체성 역시 다른 업종에 비해 높은 편이다. 또 수요 측면에서 볼 때도 연예산업이 필수재가 아니기 때문에 불만족을 느끼는 소비자들이 다른 대안을 쉽게 찾을 수 있어 대체성이 높은 산업이다. 물론 스타 연예인인 경우 이러한 대체성은 거의 제로로 가깝고 그래서 그들은 평범한 연예인보다 몇 수 십 백배의 소득을 올리고 있지만 이런 경우란 연예시장 전체에서 소수의 예에 불과하다.[179] 바로 이 점이 양극화의 중요한 요인이 된다.

셋째 특성으로는 수명이 짧다는 점을 들 수 있다. 실제로 2006년 통계청이 발표한 인력실태조사에 의하면 우리나라 예술, 연예 및 경기 준전문가의 평균근로시간은 주당 44.4시간, 평균 근속기간 4.6년, 평균 연령 32.1세로 조사되었다. '메뚜기도 한철'이라는 속담이 가장 잘 통하는 곳이다. 앞에서 언급한 바와 같이 대체성이 강하기 때문에 새로운 연예인의 공급이 빠르게 일어나고 있다. 또 "요즈음 치고 올라오는 후배가 많아…"라는 탄식이 나오는 순간 그의 소득은 곤두박질하게 된다. 수요자 측면에서 보면 기존 연예인에 대해 '한계효용체감의 법칙(限界效用 遞減의 法則, the diminishing law of marginal utility)'과 유사한 원리가 작용하고 있다. 자주 볼수록 좋은 연예인도 있지만 그것도 너무 자주 나오면 수요자들은 식상하게 된다.[180] "저 친구 또 나왔네"라는 불만의 소리가 수요자의 입에서 나오는 순간 그의 인기는 물거품이 되고 소득은 급감하게 된다.

179) 톱 스타의 고소득 결정에 대해서는 다음 장을 참고하기 바람.

180) 이런 이유로 신비주의를 추구하는 톱 스타들은 특별한 경우가 아니면 대중들 앞에 얼굴을 내미는 일이 적다.

넷째로는 예술과 문화가 깃들어 있어 경제원리만으로 설명할 수 없다는 점 그리고 여러 산업과 연계성이 높은 분야라는 점도 무시 못 할 특징 중의 하나다. 이런 이유로 인해 문화산업을 정의하기가 현실적으로 매우 어렵다. 산업분류의 기본인 '표준산업 분류'는 일관된 기준과 원칙으로 작성되기 때문이다. 따라서 현실에서 중요하게 위상을 차지하고 있는 복합적인 산업을 특수하게 독립된 산업으로 분류하고 있는데 문화산업은 표준 산업분류에는 포함되지 않지만 정보통신기술(ICT)산업, 관광산업, 환경산업, 물류산업, 스포츠산업, 자동차관련전용부품제조업, 인터넷산업, 생명공학기술, 에너지산업, 로봇산업(제조품목) 과 같이 특수 분류되고 있다. 문화산업은 크게 문화 생산 제조업, 문화 서비스업, 문화 유통 및 임대업, 문화제공업 등 4가지 하부 산업으로 나누어져 있다. 이 중 문화 서비스업이 연예산업과 가장 관련성이 높은 분야이다.

한 번 10대 가수는 영원한 10대 가수

오랜 무명가수 시절의 어려움을 겪었던 해병대 출신의 가수 김흥국 씨가 1989년 '호랑나비'라는 노래를 불러 그 해 10대 가수에 뽑힌 후 해병대 슬로건인 '한번 해병은 영원한 해병'을 응용하여 한 말이다. 과거에 비해 연예인의 직업수명이 길러졌으며(장기화) 다양 곳에서(다양화) 활동할 수 있게 되었다. 과거에는 가수는 노래만, 코메디언은 코메디만, 탤런트는 드라마에만 전념하는 경향을 보였지만 요즈음은 연예프로 곳곳에 얼굴을 내밀면서 만능 엔터테이너로서 활약을 하고 있다. 유선 방송을 비롯한 다양한 방송 매체의 등장이 이러한 움직임을 가속화시켰다.

왜 과거의 부모님이나 많은 부모님들이 자식이 연예인이 되는 것을 반대하셨는지, 또 요즈음 일부 부모님들은 왜 아이들을 연예인으로 시키려고 하는 지를 생애 주기 가설(生涯 週期 假說, life - cycle income hypothesis)을 이용하여 설명해 보고자 한다. 이 가설에 의하면 대체로 사람들은 일생동안의 소득과 소비를 감안하여 경제활동을 한다고 본다. 소득은 일생동안 일정한 패턴을 보인다. 대체로 노동시장에 진입한 인생의 초기와 정년 이후(말기)에는 소득의 흐름이 낮은 반면 중년기에는 높게 나타난다. 소비는 초기에서 말기까지는 일정하게 상승하는 형태를 보이고 있다.[181)]

〈그림 4〉는 보통 사람의 일생 소득과 소비 패턴을 나타낸 것이고 〈그림 5〉는 보통 연예인의 일생 소득과 소비 패턴을 나타낸 것이고 〈그림 6〉은 스타 연예인의 일생 소득과 소비 패턴을 나타내 보았다. 분석의 편의를 위해 세 부류의 사람 모두 수명이 같다고 해보자.

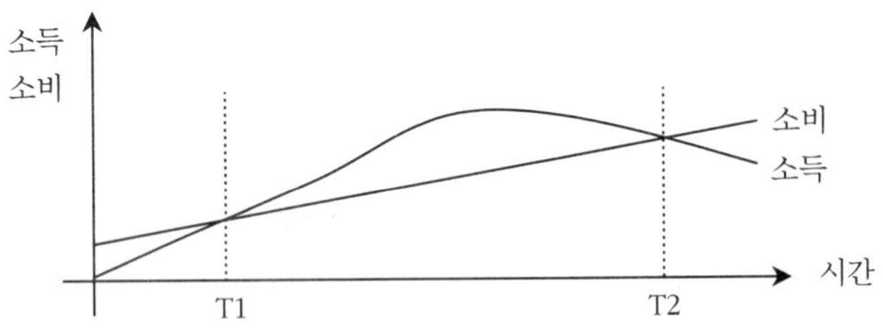

❙그림 4❙ 보통 사람들의 일생 소득-소비

---

181) 사실은 소비는 초기에서 중년기까지는 일정하게 상승하다가 말기에 가면 약간 하락하는 형태를 보이고 있으나 논의를 쉽게 하기 위해 계속 상승한다고 하자.

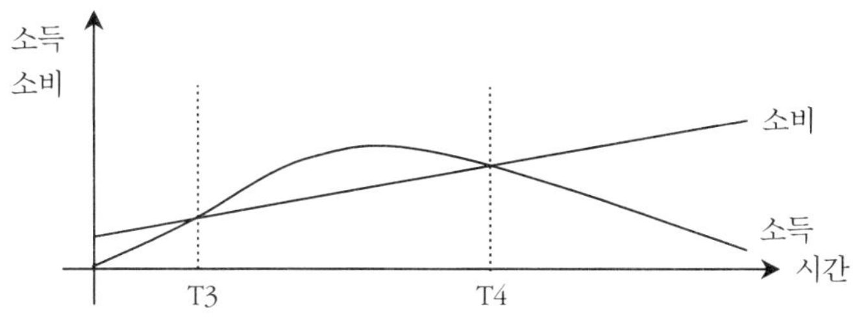

▌그림 5▐ 보통 연예인의 일생 소득-소비

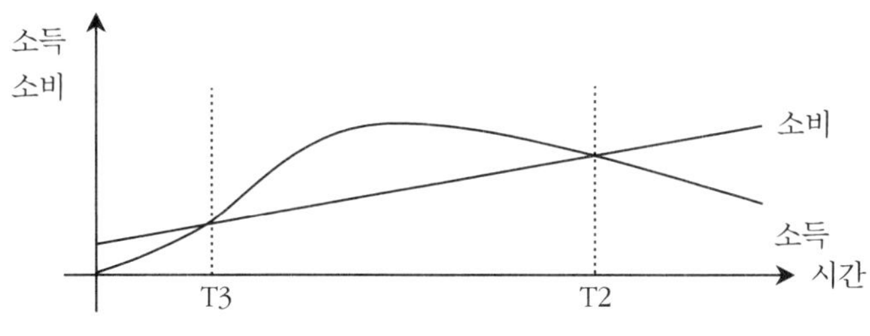

▌그림 6▐ 스타 연예인들의 일생 소득-소비

보통 사람의 경우 연예인보다 늦게 소득을 얻기 시작하지만(〈그림 4〉에서 T1) 늦게 까지(〈그림 4〉에서 T2) 소득을 얻을 수 있다. 평범한 연예인의 경우 보통 사람들보다 일찍 데뷔하여(〈그림 5〉에서 T3) 소득을 빨리 얻기 시작하지만 빨리 시장에서 퇴출(〈그림 5〉에서 T4) 된다. 그 이후에는 자신의 능력을 펼 곳이 대폭 없어지게 된다. 수입의 극감현상이 나타나는 반면 과거 화려했던 시절에 대한 향수는 그를 더 비참하게 만들 수 있다. 스타 연예인은 보통 사람들보다 일찍 데뷔하여(〈그림 6〉에서 T3) 소득을 빨리 얻을 뿐 아니라 보통사람과 비슷하지만 보통 연예인보다 늦게까지(〈그림 6〉에서 T2) 시장에서 생존하게 된다. 과거에 얻은 명성을 바탕으로 다른 사업을 하여 성공한다면 연예인으로서의 장점과 보통 사람의 장점 모두를 향유할 수 있다. 한 번 스타는 영원한 스타로 자리 잡을 수 있다.

'모'가 없던 시장에서 '모'가 자주 나오는 시장으로

자식의 연예계 진출을 반대하는 부모들은 자식이 〈그림 5〉와 같은 일생(젊었을 때 단기간의 큰 수입, 노년기 장기간 저 소득)을 보낼까 두려워 반대하는 것이고 적극 지원하는 부모님들은 〈그림 6〉과 같은 일생(일생동안 안정적인 고소득)을 기대하고 있는 것이다. 이렇게 볼 때 성공만 한다면 돈도 벌고 명예도 얻는 스타 연예인의 일생이 가장 이상적이라고 볼 수 있다. 그래서 많은 사람들의 동경의 대상이 되는 것이다. 반면 생각대로 되지 않는다면 평범한 사람보다 더 불안정한 생활을 하여야 한다. 돈도 못 벌고 말년은 비참한 불행한 삶을 살 가능성이 매우 높다. 연예시장은 '모 아니면 도' 성격을 가지고 있는 시장이다. 부모들의 입장에서 볼 때 연예인이 되고 싶다는 말을 하는 자식에게 '모' 보다는 '도'가 나올 가능성이 높다고 생각하는 부모는 적극 반대를 할 것이고 반대로 '도' 보다는 '모'가 나올 가능성이 높다고 생각하는 부모는 적극 지원을 할 것이다.

과거 연예시장은 '모'는 가뭄에 콩 나듯 나고 대부분 '도'가 나오던 시장이었으나 이제는 '도, 개, 걸, 윷, 모' 모두가 가능한 시장으로 변화하고 있으며 '모'도 심심치 않게 나오는 시장으로 변하고 있다.

312

“엄마, 나 운동선수 될래요.” “그래 내 아들 똑똑하지.”

✎ 장래희망이 운동선수나 연예인인 아들을 둔 엄마의 즐거움
✎ 슈퍼 스타의 경제학

세계에서 가장 빠른 경제성장을 한 우리 나라이기 때문에 지금의 기성세대들은 과거 어른들 보다 훨씬 더 큰 변화 속에 살았다. 그래서 격세지감(隔世之感)을 느낀다는 말이 하루에도 몇 번씩 하곤 한다. 그 중에서도 가장 뚜렷하게 나타나는 곳이 스포츠 선수와 연예인 시장에 대한 인식의 변화가 아닌가 싶다. 자식이 연예인이 된다고 하면 지금 기성세대의 부모는 “내 눈에 흙이 들어가지 전에는 절대 안 된다.”라는 말씀을 일갈하시고 몸 져 누우신 분이 한 둘이 아니었고, 온갖 수단을 다 동원하여 연예인이 되는 것을 몸으로 막으셨다. 연예인을 ‘딴따라’라고 비하하면서 가문의 수치로 여기시고 막았던 것이다. 그러나 요즘은 정 반대의 일이 현실로 나타나고 있다. 부모들이 나서 연예인, 스포츠 스타로 키우기 위하여 기를 쓰고 있다. 불과 30년 동안에 연예계(시장, 산업)를 보는 부모들의 시각이 180도 변한 것에 놀라움을 금치 못하겠다.

'집안의 수치'에서 '가문의 자랑'으로

■ 초등학생들의 장래희망 직업[182)]

서울 남산초등학교 심혜윤(27) 교사는 "요즘엔 권력 지향형 직업을 써 내는 아이는 거의 없다"고 말한다. 3학년 담임인 그가 얼마 전 장래 희망을 조사했더니 여자 아이는 14명 중 가수(4명), 선생님(4명) 순으로 응답했고, 남자 아이 17명의 답변은 과학자(4명), 축구선수(3명), 골프선수(1명), 프로게이머(1명) 등으로 나타났다. 부모의 강권에 따르는 대신 다양한 매체에서 습득한 정보로 미래 직업을 정한다는 증거다.

■ 청소년의 장래 희망직업[183)]

최근 온라인 리서치 전문업체인 엠브레인이 전국 중·고생 520명을 대상으로 장래 희망직업 선호도를 조사한 결과, 교사(12.3%), 공무원(8.3%), 회사원(5.8%)에 이어 연예인(5.2%)이 4위를 차지하는 등 각종 설문조사에서 연예인은 늘 상위권에 오르고 있다.

왜 아이들도 스포츠 선수나 연예인을 장래 희망직업으로 꼽고 있는가? 화려한 의상과 조명을 바탕으로 돈도 벌고 명예도 얻을 수 있는 곳이라고 생각하기 때문일 것이다. 이 두 직업은 과거에 비해 엄청나게 각광을 받고 있으며 앞으로 더 하면 더 했지 덜 할 것 같지는 않다. 한마디로 보통사람의 상식을 뛰어 넘는 엄청난 수입과 명성에 입이 벌어질 뿐이다. 〈표 29〉에 유명 스포츠 스타의 수입을 나타내 보았다. 보통 사람이 평생을 벌어도 못 벌 돈을 불과 며칠 만에 벌어

182) 세계일보 2006년 5월 4일.

183) 뉴스메이커 2007년 3월 27일.

들이는 엄청난 괴력을 보여주고 있다. 우리나라와 일본 두 나라에서 인기 높은 배용준씨는 한 해 세금만 100억 원이 넘는다고 한다. 그 뒤에 숨어 있는 슈퍼 스타 경제 원리는 어떤 것인가? 골프 스타 박세리를 예를 들어 설명해 보기로 하자.

표 29 스포츠 스타 연간 수입 톱 5(2008년 7월~2009년 6월)

(단위: 달러)

미국	순위	미국 이외
타이거 우즈(골프) 9,973만	1위	데이비드 베컴(영국-축구) 4,520만
필 미켈슨(골프) 5,295만	2위	키미 레이쾨넨(핀란드-자동차경주) 4,010만
르브론 제임스(농구) 4,241만	3위	매니 패퀴아오(필리핀-복싱) 4,000만
알렉스 로드리게스(야구) 3,900만	4위	리오넬 메시(아르헨티나-축구) 3,990만
샤킬 오닐(농구) 3,500만	5위	페르난도 알폰소(스페인-자동차경주) 3,500만

자료: 동아일보

누구도 흉내 낼 수 없는 박세리의 맨발 투혼

그녀를 비롯한 스포츠 스타나 유명 연예인의 높은 수입을 경제학의 가장 기본 원리인 수요·공급의 원리에 의해 쉽고 정확하게 설명할 수 있다. 먼저 공급 쪽 요인을 보면, 이 세상에는 자연인 홍길동도 한 명, 이몽룡도 한 명, 박세리도 한 명이지만, 골프 플레이의 공급자 측면에서 보면 엄청난 차이가 있다. 골프를 박세리만큼 하는 사람은 이 세상에 오초아, 캐리 웹이나 애니카 소렌스탐 정도로서 30억 여자 중 최대 10명에 불과하다. 이 말은 박세리 선수는 다른 사람들이 감히 접근 조차할 수 없는 서비스를 독점적으로 공급할 수 있는 능력을 가지고 있는 독점생산자임을 의미하지만, 보통사람은 독점력을 가지고 못한 완전 경쟁시장에 있는 생산자와 비슷한 처지라고 할 수 있다. 예컨대 마이클 조단을 농구의 황제, 타이거 우즈를 골프의 황제라고 부르는데, 황제는 이 세상에 한 사람밖에 존재하지 않는 지위이기 때문에 조단은 농구에서 우즈는 골프에서 전 세계에 독점 공급자라고 해석할 수 있다. 특히 1998년 우리경제가 IMF 경제위기를 맞아 실직자가 쏟아져 나오고 노숙자가 거리를 채울 때, 박세리는 연못에 맨발로 들어가 연못가에 있던 공을 그린에 올렸고 이 위기를 넘긴 후 챔피언에 오르는 영광을 차지하여 실의에 빠져있던 온 국민에게 희망과 의욕을 선물하였다. 박세리 외는 이렇게 극적인 맨발의 투혼 장면을 연출한 선수가 없다. 그녀는 절대 절명의 위기에서 탈출하는 장면을 우리 국민에게 독점적으로 공급한 유일한 한국인이다.

이제 보통사람의 골프 서비스에 대한 수요와 박세리 선수에 대한 수요의 차이를 알아보도록 하자. 수요 면에서는 보통사람이 하는 골프 서비스를 보려고 하는 사람은 거의 없다고 보아야 할 것이다. 특히 자기 돈을 내고 시간을 뺏겨가면서 볼 사람은 아무도 없다. 동네 야구나 동네 축구를 돈 내고 보려는 사람이 없는 것과 같은 이치다. 자녀들도 아버지나 엄마가 하는 골프시합을 공짜로 보라고 하여도 안 볼 것이다. 그러나 박 선수의 플레이를 보고 대리만족을 느끼기고 하고 모델로 삼아 연습스윙을 하기도 한다. 그래서 박세리 선수의 고급 서비스에 대한 수요는 있지만, 보통사람의 골프 서비스에 대한 수요는 전무하다. 박세리 선수를 비롯한 프로선수의 플레이를 보고 우

리는 "역시 프로야, 프로는 뭐가 달라도 달라" 라고 감탄하면서 그녀가 시합하는 장면을 직접 보기 위해 갤러리로 필드에 가기도 하고 TV를 시청한다. 반대로 보통사람이 하는 플레이를 보고는 "그 정도는 나도 하겠다. 차라리 내가 치는 게 낫겠다"라고 하면서 TV를 다른 곳으로 돌린다.

이와 같이 보통사람의 골프 서비스에 대한 수요는 존재하지 않으나 박세리 선수에 대한 수요는 엄청나게 있다는 사실이 일단 기본적인 차이다. 이러한 차이는 매스컴과 기업에 의해 확대되고 있다. 사람들이 소득향상에 따라 하는(행위) 스포츠는 물론 보는(관전) 스포츠를 즐기려고 하는 수요가 빠르게 증가하여 왔다. 그런데 방송을 비롯한 매스컴의 발전과 기업의 스포츠를 통한 마케팅전략이 서로 상승 작용을 하면서 수요 면에서 폭발적인 증가를 가져 왔다. 특히 인공위성을 이용한 위성 중계는 스포츠 시장을 하나로 묶었으며 스포츠 스타를 전 세계적인 인물로 부각시키는 일등공신 역할을 하였다.

예를 들면 60년대 세계 최고의 축구 스타 펠레의 플레이를 우리나라 사람이 직접 보는 것은 불가능했고 녹화된 화면이나 신문을 통해 보았을 뿐이다. 당시 30억 세계인구 중에서 펠레의 플레이를 즐길 수 있는 사람은 아마도 최대한 5억 명 정도라고 보아야 할 것이다. 그런데 요즈음의 축구 스타 호나우드의 경우는 세계 60억 인구 거의가 그의 플레이를 즐길 수 있게 되었다. 직접적인 실황중계, 특히 TV와 라디오의 보급으로 인해 선수들의 숨소리까지 안방에 전달되고 있다.[184] 당대 최고의 스타 플레이어라는 점에서 펠레와 호나우드는

184) 2006년 독일 월드컵 경기를 연인원 약 400억 명이 관전하였고, 한 경기에 최고성능 TV카메라가 23대씩이나 동원되니 재미를 더 해주고 있다.

같은 반열에서 평가할 수 있는데 호나우드의 팬의 수가 펠레의 팬의 수보다 수 십배가 더 많다고 볼 때 당연히 몸값에서 상당한 차이나는 것은 무리가 아니라는 생각이 든다.185) 또 스포츠 산업 전체가 활성화되면서 시장 자체가 커진 것까지 감안하면 이러한 결과를 부추겼다고 본다. 펠레가 5억 명의 황제였다면, 호나우드는 60억 명의 황제인 셈이다.

다음으로 기업의 스포츠를 통한 마케팅이 연예인이나 선수의 몸값을 올리는데 크게 작용하고 있음을 지적할 수 있다. 광고가 필요한 기업의 입장에서는 많은 사람이 한꺼번에 모일 수 있는 기회에 광고를 하면 효과적인 광고를 할 수 있음을 잘 알고 있으며 스포츠 경기는 최고의 기회인 셈이다. 그래서 경기장에 광고판을 세우고, 스포츠 경기 중계에 스폰서가 되고, 프로 스포츠 팀을 직접 운영하기도 한다. 이렇게 기업이 스포츠를 통한 마케팅에 적극 나서면서 선수 개개인에 대한 인기가 올라가게 되고 - 인기가 높다는 말은 수요가 많다는 말과 일치한다. 따라서 선수들의 몸값은 자연히 상승하게 되는 셈입니다.

광고 모델, 잘나가는 스타에게 부채질하기

그런데 스타선수들이 인기가 올라가면서 그들을 모델로 쓰는 광고의 효과가 크다는 사실을 발견하게 되었고 그들이 등장하는 광고는 처음에는 스포츠 관련업(운동화, 셔츠, 공, 스포츠 음료, 운동기구

---

185) 호나우드가 맨유에서 레알 마드리드로 팀을 옮길 때 이적료가 무려 1,632억 원에 달했다.

등)에서 출발하였으나 지금은 그 영역이 엄청나게 확대되었다. 그들이 가지고 있는 최고라는 이미지와 자사의 제품이 최고라는 이미지를 연계시키는 광고가 스포츠와 무관한 증권, 국제전화, 과자, 화장품, 컴퓨터 등 모든 업종에 걸쳐 나타나고 있다. 세계에서 가장 브랜드 가치가 높다고 평가받고 있는 코카콜라(약 90조원)가 스포츠 마케팅의 효시였다는 사실은 결코 우연한 일치가 아니다.

소비자들은 스포츠 스타가 나오는 광고를 보면서 그들과 같이 최고가 되고 싶다는 욕망을 스타가 광고하는 제품을 구입하면서 실현하려고 하는 마음을 갖게 된다. 이런 의존(依存)효과가 한 사람에게서만 나타나는 것이 아니라 다른 사람에게도 같이 나타나게 되어 마치 전염병처럼 유행하면서 수요는 상상을 초월할 정도로 늘어나고 있습니다. 수요의 외부성 혹은 수요의 상호작용이라고 경제학에서는 표현하고 있는 현상이다.

슈퍼스타의 몸값은 공급은 지극히 제한되어 있는데 매스컴의 발전과 기업의 마케팅전략 과 수요의 외부효과로 인해 급격히 상승하기 때문에 그들의 몸값은 보통사람의 임금이 결정되는 원리와 달리 지대(地代, rent)가 결정되는 원리와 같다. 인기가 올라가 오라는 데가 전 세계 곳곳인데, 몸은 하나이니 가장 몸값을 많이 주는 곳부터 가는 것은 가장 기본적인 경제 원리에 따라 움직인 자연스러운 행동이다. 나의 몸값을 올리기 위해서는 나만이 공급할 수 있는 그 무언가를 만들어야 한다.

313

"꼭 받아야하는 검사인지 혹시…"

✎ 검사를 더 받으라는 의사의 말을 들은 환자의 혼자 말
✎ 의료시장의 경제학

변호사와 의사는 전문직의 대명사로 모두의 선망의 대상이 되는 직업이다. 근대 서양 대학이 신학, 법학, 의학으로 시작했다는 사실을 상기하면 그 중요성을 알 수 있으며 최근에는 의학전문대학원과 법학 전문대학원을 통해 의사와 법률가를 양성하고 있다는 사실도 그 중요성을 알려주기에 충분하다고 할 것이다. 특히 의사는 인술(仁術)을 베푼다는 이유와 함께 안정적이고 지속적인 고수입이 보장되기 때문에 변호사보다 더 각광을 받고 있는 것이 현실이다. 보통사람들 변호사 앞에서 보다 의사 앞에서 자신도 모르게 작아지는 모습을 발견하곤 한다.

의사 선생님, 그대 앞에만 서면 왜 나는 작아지는가요

보건의료시장에서 환자는 수요자이며 의사는 공급자이다. 의사와

환자사이에 엄청난 정보의 차이(정보의 비대칭성)로 인해 가장 시장실패가 높게 나타날 가능성이 높은 시장이다. 요즈음 TV나 라디오프로에서도 건강에 관한 정보를 제공하고 있는 등 여러 방면에서 의학과 건강에 관한 지식을 배울 수 있다고 하지만 보통사람의 의학에 대한 지식은 의사에 비해 하늘과 땅 차이이다. 또 전문직의 대명사인 변호사가 의뢰인의 관계에서 갖는 정보의 비대칭성 정도보다 의사와 환자사이에서 나타나는 있는 정보의 비대칭성이 더 크다. 또 변호사 시장이나 의사시장 모두 노동·지식집약적인 성격을 가지고 있지만 의사시장은 변호사에 비해 자본이 더 소요되는 특성을 가지고 있다. 따라서 의료보건시장에서의 성과는 많은 부분 의사에 의해 결정되기 때문에 의사의 역할은 아무리 강조해도 지나침이 없다고 하겠다.

의료보건 시장은 국민의 생명과 직결되는 분야이기 때문에 정부의 개입이 필수적이다. 소위 돌팔이 의사가 판치는 세상을 생각하면 정부가 엄격하게 기준을 만들어 일정한 가격을 가진 사람들만 의술을 행하게 하는 것이 왜 정당한가를 쉽게 알 수 있다. 의료법을 만들어 국가 공인 가격시험을 통과한 사람에게만 의사 면허증을 발급하고 있으며 의료법 위반에 대해 상대적으로 엄한 처벌을 내리고 있다. 따라서 의사 한 사람 한 사람으로 볼 때는 경쟁적 관계에 있는 경제주체지만 전체적으로 볼 때는 독점 공급자에 속하는 일원이 된다. 의사들은 알게 모르게 의사협회의 결정을 염두에 두고 행동하지 않을 수 없다.

의사들은 크게 보아 환자전체에 대해 독점력을 가지고 있으며 자신의 병의원을 찾은 환자에게는 더 큰 독점력을 갖게 된다. 이 때

가격 차별화(價格差別化, price differentiation)를 통해 이윤을 극대화 할 수 있다. 환자를 고소득층과 저소득층으로 나누고 고소득층에게는 좀 비싸게 받는 대신 저소득층에는 싸게 받는다. 고소득층 환자는 의료비가 좀 비싸다고 해도 병원을 기피하는 경향이 적은 반면 저소득층 환자는 좀 비싸지면 병원에 오기를 꺼려하기 때문이다. 다르게 말하면 고소득층 사람이 의료비가 싸진다고 해서 한 번 병원에 올 것 두 번 오는 경향을 크게 보이지 않는 반면 저소득층 사람들은 의료비기 싸지면 민감하게 병원을 더 찾는 경향을 보이기 때문이다.[186] 이렇게 고소득층에게는 고가전략을 저 소득층에게는 박리다매의 가격 차별화를 하면 의사의 입장에서는 이윤이 증가할 가능성이 증가한다. 고소득층 사람들은 자신의 경제력을 알아주는 것 같아 기분이 좋고 저 소득자들은 값싸게 병원을 이용하여 좋고, 의사들은 명분과 실리를 동시에 얻어 좋고 하는 현상이 벌어진다. 이런 현상은 도시에서 보다는 시골에서 훨씬 더 두드러지게 나타난다. 왜냐면 의사가 동네 사람들의 사정을 손바닥 드려다 보듯이 알고 있기 때문이다. 이렇게 보면 시골에서 슈바이처와 같이 존경받는 의사들도 알게 모르게 이런 경제 원리를 선용(善用)하고 있는 셈이다.

하라니까 하는데, 좀 거시기 하내요

의료시장의 다른 특징으로 '유발 수요(誘發需要, induced demand)'

186) 경제학에서는 의료가에 대해 고속층은 수요의 가격 탄력도가 낮고 저속층은 수요의 가격 탄력도가 높다고 표현하고 있다. 그리고 이윤극대화를 위해 독점기업은 탄력도가 낮은 시장에는 높은 가격을 탄력도가 높은 시장에는 낮은 가격을 책정하는 것이 현명한 가격 설정이라고 가르치고 있다.

를 들 수 있다. 의사가 가지고 있는 독점력을 근거로 새로이 끌어낸 수요이다. 이것은 다른 시장에서는 거의 볼 수 없는 현상이다. 환자들에게 불필요한 부담이 되는 것이다. 병원에 처음 간 환자들의 불만 중의 하나가 자기 의지와는 관계없이 의사들이 권하는 여러 가지 검사나 치료 방법에 대한 것이다. 이 중에는 꼭 필요한 것도 있지만 그렇지 않은 것도 있는데 바로 이것이 유발수요이다.

"병원에 가니까 이 검사도 해봐라, 저 검사도 해봐라. 이리 왔다 저리 갔다했어. 필요하니까 하라고 그러겠지만… 과연 꼭 받아야하는 검사인지 혹시…" 하는 의구심을 누구나 한번은 가져 보았을 것이다.

만약 변호사와 의뢰인과의 관계에서 이와 비슷한 상황 즉 변호사가 추가로 비용이 드는 여러 가지 대안을 제시한다면 의뢰인들은 환자일 때처럼 고분고분 변호사의 지시에 따를까? 아니라고 본다. 변호사의 제안에 좀 의구심이 든다면 다른 변호사나 법률지식이 있는 친인척이나 친구에게도 자문을 구할 수 있다. 변호사와 의뢰인과의 관계에서는 의뢰인은 법률에 대해서는 잘 모르지만 사건이나 사실에 대해서는 가장 잘 알고 있으며 또 당장 생명을 다루는 일이 아니기 때문에 시간적 여유를 갖고 대처할 수 있다. 하지만 의사와의 관계에서는 그렇지 않다. 증상에 대해서는 환자가 잘 알고 있지만 그 원인에 대해서는 제대로 모르며 의사의 검사와 진찰을 통해서만이 알 수 있다. 또 생명을 다루는 일이기 때문에 환자가 시간적 여유를 갖고 대처하기가 매우 어렵다는 점과 환자가 일단 병의원에 들어가 의사를 만난 이상 다른 의사나 사람에게 정보를 얻을 길이 봉쇄되어 있어 더욱 이런 현상이 나타난다. 따라서 의료시장에서는 과잉검사· 진료의 가능성이 늘 있게 된다. 정부나 시민단체가 제 3자의 입장에서 이 폐단을 줄이려고 간섭하지만 자칫 의사들의 진료권을 침해할 소지가 많아 말처럼 그리 쉬운 일이 아니다. 보다 양심적인 의사를 길러내기 위해 의과대학에서 의학 윤리 과목을 개설하고 강조하고 있다.[187)]

누가 우물을 더 쉽게 팔 수 있는가? 의사냐 환자냐

이제 의료사고에 대해 생각해 보기로 하자. 의사도 사람이다 보니 최선을 다해 환자를 치료하여도 실수가 있을 수 있으며 이로 인해 환자는 다양한 손해를 입을 수 있다. 환자가 사망하는 경우도 심심치 않게 발생하고 있다. 이른바 의료사고 발생의 가능성은 세계 어디에서나 있을 수밖에 없다. 요는 제도를 잘 만들어 억울한 환자도 만들어야 하지 말아야 하며 동시에 의사들도 소신껏 의술을 펼 수 있게 하여야 한다. 이 때 핵심적인 문제로 떠오르는 것이 의료사고의 입증책임(立證責任, burden of proof)이다.

보통 사고(事故)가 발생하면 피해자가 가해자를 상대로 손해배상 청구를 하는 것이 일반적이다. 같은 이치로 의료사고에서도 피해자인 환자가 의사의 실수를 밝혀내야 할 것이다. 그러나 의료사고 피해자가 의사의 실수를 밝히는 것이 결코 쉽지 않다. 만약 불행하게 환자가 사망한 경우라면 더욱 어렵게 된다. 피해자와 피해는 분명 있는데 누구의 실수인지 모르는 일이 발생하는 것이다. 이 문제를 해결하

187) 고 이종욱 WHO 사무총장(1945~2006)은 "의사가 돈 맛을 알게 되면 좋은 의사가 될 수 없다"라고 후배들에게 말씀하셨다.

기 위해 경제학에서는 의사와 환자간에 존재하는 정보의 비대칭성과 교섭력의 차이에 주목하고 있다.

의사와 환자사이에 존재하는 지식의 차이가 너무 커서 단시일 내에 메워지는 성질의 것이 아니다. 또 의사는 보통 소속 병원의 보호를 받고 있기 때문에 교섭력에 있어서도 환자보다 월등히 우위에 있다. 환자가 유능한 변호사의 도움을 받는다고 하여도 변호사 역시 의사와의 의료지식 면에서 상대가 되지 않는다. 의료사고가 아닌 경우에는 당사자간에 정보와 교섭능력에 있어 비대칭성이 있다고 할지라도 변호사가 개입되면서 대등한 정도에 까지 갈 수 있어 큰 문제가 발생하지 않지만, 의료사고에서는 그렇지 않다. 따라서 의사가 자기의 실수를 인정하는 데는 자연히 소극적일 수밖에 없으며 그 피해는 환자의 몫이 되고 만다.

이 때 해결방법으로 생각할 수 있는 것이 입증책임의 전환(轉換)이다. 즉 의료전문지식이 없는 환자가 아닌 의사에게 자신의 잘못이 아님을 밝히도록 하는 것이다. 의사가 자신의 실수가 아니었음을 증명하지 못하면 의사가 실수를 저지른 것으로 판단하는 것이다. 이 때 의사가 부담하는 비용은 환자가 의사의 실수임을 증명하는데 드는 비용보다 적기 때문에 사회 전체적 입장에서는 더 효율적인 결과를 낳는다고 평가할 수 있다. 이 제도에 대해 의사들은 불편한 심기를 들어내고 있다. 그도 그럴 것이 일단 '의사에게 잘못이 있다'라는 전제가 있기 때문에 의사로서는 처음부터 범법자 취급을 당하는 기분이 들기 때문일 것이다.

입증책임을 누가 지느냐 문제는 기본적으로 우물을 누가 파는 것이 옳으냐 하는 문제와 유사하다. 보통 목마른 사람이 우물을 파는

게 순리이지만 목마른 사람이 우물에 대한 정보가 부족하다면 법으로 우물에 대한 풍부한 정보를 가지고 있는 자에게 강제함으로써 보다 적은 비용으로 우물을 파자는 것이 의료사건에서의 입증책임 전환의 논리라고 생각한다.

314

결사반대 무차별적인 대형 유통점 확대

✎ 재래시장 주인의 반대 성명

✎ 규모의 경제 vs 생존의 경제

'서민 경제의 상징'인 재래시장 활성화를 위한 여러 가지 몸부림에도 불구하고 날이 갈수록 손님이 줄고 매출이 감소하고 있어 상인들은 울상을 짓고 있다. 더 걱정되는 것은 현재 이용고객들은 노령화되는 반면 젊은 소비자들은 재래시장을 외면하고 있어 앞으로 더 어려워 질 것이기 때문이다.

백화점이나 대형 할인점과 재래시장, 골리앗과 다윗의 싸움으로 비유할 수 있다. 자본력, 마케팅능력, 인력 등에서 재래시장은 백화점이나 대형 할인점의 적수가 될 수 없다. 최근에는 홈쇼핑·인터넷쇼핑까지 가세하면서 재래시장은 그야말로 사면초가에 처해 있다. 서민 경제의 한 축을 이루는 재래시장의 고전을 보고 있노라면 왠지 가슴이 답답해져오고 특별한 해결책이 없음을 생각하면 괜히 우울해지기도 한다.

다윗이 '신앙의 힘'으로 골리앗을 이겼는데, 재래시장상인들은 무엇으로 백화점이나 대형 할인점을 이길 수 있을까? 재래시장을 찾지 않고 왜 소비자들은 대형 마트나 백화점을 찾을까를 정확히 알아야 이에 대한 실효성 있는 대처가 가능하다고 본다.

파리 날리는 재래시장 vs 인산인해 대형 마트

2005년 이후 우리나라 주요 소매업태별 판매액과 재래시장 수 추이를 〈표 30〉에 보여주고 있다. 서민 경제의 상징인 재래시장이 빠르게 몰락하고 있음을 보여주고 있는 반면, 홈쇼핑으로 대표되는 무점포 판매가 두드러지게 성장하고 있음을 알 수 있다. 통계청의 조사에 의하면 2009년 홈쇼핑매출액은 5조 8698억 원으로 전체 소매액 251조 원의 2.3%에 이르고 있다. 이 기간 동안 전문상품소매점과 슈퍼마켓의 비중은 감소하고 있으나, 편의점과 대형 마트는 성장추세를 보이고 있으며, 백화점은 정체단계에 이른 것으로 나타났다.

재래시장 보호·육성을 주장하는 사람들은 재래시장의 물건 값이 대형할인점보다 싼 경우가 많다는 사실을 근거로 값싼 곳을 무시하고 비싼 백화점이나 대형 할인점을 찾는 소비자를 은근히 원망하는 눈치이다. 괜히 겉모양이 화려한 그러나 실속 없는 거래를 하고 있다고 비난까지 하고 있다. 과연 그런가? 대형 유통점이나 백화점을 이용하고 있는 소비자들이 이런 사실을 누구보다도 더 잘 알고 있다는 사실이며 한 두 사람도 아니고 그 많은 사람이 그런 줄 알면서도 값싼 재래시장을 외면하고 비싼 대형 유통점이나 백화점을 이용하는 이유는 무엇일까?

▌표 30▐ 소매업태별 판매액과 재래시장 수 추이

(단위 : 10억 원, %, 개)

업태 \ 년도	2005	2007	2009
합계	203,413(100.0)[주1]	226,630(100.0)	251,550(100.0)
백화점	17,477(8.6)	19,005(8.4)	21,586(8.6)
대형마트	23,744(11.7)	23,386(12.5)	31,273(12.4)
슈퍼마켓	18,639(9.2)	19568(8.6)	22,423(8.9)
편의점	3,965(1.9)	4,750(2.1)	6,245(2.5)
전문상품소매점	121,795(59.9)	133,626(59.0)	142,900(56.8)
무점포판매	17,793(8.7)	21,294(9.4)	27,123(10.8)
재래시장수	1,660	1,610 [주2]	1,550 [주3]

주1) : ( )안은 구성비율임

주2) : 2006년 수치임

주3) : 2008년 수치임

소비자들은 개별 상품의 가격에만 관심을 갖는 것이 아니라 사려고 하는 상품을 하나의 묶음으로 생각하고 있으며 가격이외에도 주차·교통과 같은 접근성과 편리성 등을 복합적으로 고려하여 구매장소를 정하기 때문이다. 이런 측면에서 볼 때 대형 유통점이나 백화점을 이용하고 있는 소비자를 비난하는 주장은 소비자의 소비행태를 정확히 인식하고 있지 못하다고 할 수 있다. 다시 말해 소비자들은 일반적으로 한 상품만 사려고 시장에 가지 않고 시장 간 길에 남편 것, 본인 것, 아이들 것, 부모님 것도 사려고 한다. 또 반찬거리를 사러 간 것이 주목적이라도 의류, 식료품, 학용품 등 그동안 생각했던 상품을 사려고 한다. 특히 도시의 바쁜 소비자들은 이러한 경향을 더 뚜렷이 보이고 있다. 한 걸음 더 나아가 시장에 대한 여러 정보를 얻으려는 욕구도 크게 증가하고 있다.

즐거운 일석이조의 대형마트 쇼핑 vs 고달픈 재래시장 장보기

이제 어느 주부가 저녁식사 준비를 위해 재래시장을 이용하는 경우와 백화점이나 대형 할인점을 이용하는 경우를 비교해 보자. 재래시장을 이용하는 경우라면 아마도 상당한 발품을 팔아야 할 것이다. 여기저기에 흩어져 있는 반찬가게를 다니노라면 시간도 많이 들고 무척이나 피곤하게 된다. 중간에 앉아 잠시 휴식을 취할 공간도 없다. 도중에 날씨가 나빠져 눈이나 비가 오는 경우라면 상당한 고통을 감내하여야 한다. 저녁 식사준비라는 소기의 목적이 달성되면 미련 없이 빨리 벗어나는 것이 상책이다. 짐이 많거나 무거운 경우에는 택시 잡기도 어렵고 시내버스 타기도 쉽지 않다. 주차장이 없는 재래시장은 자가용을 가지고 가는 것이 오히려 더 부담스럽다. 집에 오면 녹초가 된다. 시장 보러 가는 것이 고통스러운 일이 아닐 수 없다.

그러나 백화점이나 대형 할인점에서는 이런 고생을 훨씬 덜하게 된다. 같은 층에 식품관련 매장이 모여 있으니 한번만 둘러보면 장보는 것을 마칠 수 있다. 온 김에 여성 의류점으로 가서 즐비하게 진열된 옷을 비교적 쉽게 보고 비교할 수 있다. 아늑한 실내에서 장을 보기 때문에 날씨변화가 크게 문제되지 않는다. 또 미래의 소비에 대한 정보도 정확히 빠르게 손에 넣을 수 있다. 요즈음 백화점에서 열고 문화강좌에 대한 정보도 심지어는 영화에 대한 다양한 정보도 쉽게 얻을 수 있다. 나오면 택시잡기도 버스타기도 쉽다. 약간 수고스럽긴 해도 주차장에서 짐을 싣고 비교적 편안히 집에 올 수 있다. 쇼핑이 즐거움을 주는 하나의 청량제와 같은 존재로 느껴진다.

한마디로 백화점이나 대형 할인점은 처음부터 소비자의 편의가 고려되어 의도적으로 건설된 건물인 반면, 재래시장은 자연 발생적으로 가게가 위치하고 있어 소비자들이 거래를 위해 많은 발품을 팔 수 밖에 없도록 되어 있다. 경제학 용어를 빌리면 백화점이나 대형할인점 은 규모의 경제성[188], 범위의 경제성, 및 집적(集積)의 경제성(經濟性)(agglomeration economies)을 통해 소비자들의 거래비용을 줄여주고 있다. 이것이 비록 물건 하나하나 값은 재래시장이 더 싸지만 넓게 생각하는 '쇼핑'의 개념(혹은 플러스 알파)에서 보면 재래시장이 결코 우위를 점할 수 없는 이유이다.

공급 측 요인으로는 규모의 경제, 집적의 경제, 제품의 다양성, 등이 있으며 수요 측 요인으로는 일괄 구매, 다양한 정보 획득의 재미, 운송수단의 편리성 등 때문에 백화점이나 대형 유통점이 재래시장이나 동네 구멍가게 보다 훨씬 큰 경쟁력을 가지고 있다.[189]

아련한 추억 속으로 사라진… 지방 향토자본 백화점

이제 왜 지방 향토자본 백화점의 몰락을 가져왔는가에 대해 좀 더 생각해 보기로 하자.[190] 위에서 지적한 여러 요인에 더해 교통의 발달과 전국 지점을 연결하는 네트워크(network effect) 효과의 차이를

188) 대형 유통점(할인점)의 경우 대량구입으로 인해 단가를 싸게 하는 교섭력을 가지고 있다는 점이 유리한 점이다.

189) 소상인들에 의하면 우리가 쓰고 있는 '대형 할인점'이라는 용어는 잘못된 것이고 '대형 유통점'이라고 부른 것이 옳다고 한다.

190) 대전의 경우 10년 전에는 대전 출신 사업자가 운영하던 백화점이 2~3개 있었으나 지금은 모두 재벌회사에게 인수되거나 그 영향력이 크게 감소하였다.

들 수 있다. 전국이 1일 생활권으로 접어들면서 지방의 도매 기능이 크게 위축되었다. 또 네트워크 효과는 상품권 유통에서 결정적으로 나타나고 있는데 L 백화점 상품권은 전국 어디에서든 통용될 수 있는 반면 지방 향토자본백화점의 상품권은 그 지역에서만 통용되기 때문에 경쟁력이 약하다.[191] 대전에 사는 아들이 L백화점 대전 지점에서 상품권을 구입해 서울 부모님께 보내면 부모님은 가까이 있는 L백화점에 가셔서 상품권을 제시하고 원하는 상품을 손에 넣을 수 있지만 대전 지방 백화점의 상품권은 이런 편의를 가져가 주지 못한다. 전국적 네트워크를 가지지 못한 지방 향토자본 백화점은 서울의 대형 백화점과의 경쟁에서 뒤질 수밖에 없다.

크게 볼 때 재래시장 육성방향은 소비자들이 백화점이나 대형 할인점에서 느끼는 만족을 재래시장에서도 느끼게 하는 것이다. 양자가 상생할 수 있도록 재래시장을 합리적으로 돕는 일이다(골프 식 사고). 백화점이나 대형 할인점의 발목을 잡는 일(레슬링 식 사고)은 한계가 있을 수밖에 없다. 또한 대형 마트도 적절한 자제력과 공생의 의지를 가져야 할 것이다.

'재래시장도 살고, 대형 마트도 잘되고, 소비자도 좋고'의 길은 없을까?

---

191) L백화점 상품권과 같이 한 사람의 만족이 이 상품권을 가지고 있는 사람의 수에 의해 영향을 받는 현상을 네트워크 외부성이라고 부른다.

315

"뭐, 우리가 제무씨(GMC)를 이긴단 말이야"

✎ 70세 할아버지의 놀람

✎ 자동차 산업 이야기

미국을 보는 눈이나 평가는 전후 세대와 전전 세대가 다르게 나타나는 것이 일반적인 현실이다. 이런 현상은 여러 요인으로 설명할 수 있겠지만 미국을 만나게 되는 계기 또는 매체에 따라 다르기 때문에 생긴 면도 있다고 본다. 6·25전쟁을 경험했던 세대들은 B 29, 미제 탱크, GMC 트럭, Jeep차를 통해 미국을 군사강국과 경제부국이라는 이미지를 동시에 가지고 있을 것이다[192].

전후 세대 중에서도 나이에 따라 좀 다르게 나타나고 있는데, 미국 원조의 혜택을 경험이 있는 40~50대는 미국을 주로 옥수수 빵, 초콜릿, 버터 등 주로 구호물자나 음식물을 통해 미국을 접하게 되었기 때문에 먹을 것이 풍부한 나라라는 인상이 강하게 각인되어 있을 것이다. 이에 반해 경제성장의 혜택을 받고 자란 30대 이하의 젊은이

192) 찝차(Jeep)는 미국 클라이슬러가 만든 군사용 자동차의 브랜드 이름에 불과하지만 우리나라에서는 차종(車種)으로 오해하고 있다.

들은 미국을 주로 NBA 농구, 메이저 리그, 팝송, 헐리우드 영화 등을 통해 만나기 때문에 미국의 문화적인 측면에 대한 이해가 높을 것이다.

전후 세대인 저자는 어린 시절 어른들로부터 B 29, 미제 탱크, GMC 트럭, Jeep차의 위력을 많이 듣고 자랐다. 이것들의 가공할 만한 위력에 감탄을 금치 못하시면서 무척이나 부러워하시던 모습이 생생하다. 그 당시 소달구지 정도가 교통과 운송 수단이었던 우리 형편으로서는 눈에 보이지 않을 정도로 높이 떠서 폭탄을 퍼붓는 B29, 진흙탕 산길과 언덕을 거침없이 달리는 GMC 트럭을 보고 놀라지 않을 수가 없었을 것이다[193]. 그래서 B29와 GM은 코카콜라, 맥도날드와 더불어 미국의 상징이라고 불리고 있다.

 GM 의 이익 = 미국의 이익

그러나, 한 때 미국의 상징이었으며 세계 최대 자동차 생산회사인 GM이 몰락하고 New GM으로 다시 태어나게 되었다. GM만이 아니라 미국 자동차 산업의 대표주자인 포드(Ford), 클라이슬러(Chyrsler) 등 소위 '빅 3'도 몰락의 길을 가고 있다. 선망의 대상이었던 GM의 몰락을 보면서 세상에는 영원한 강자가 없다는 말이 새삼 떠오른다.

GM의 위기 뒤에는 시대와 시장이 요구하는 자동차를 제때 내놓지 못한 경영진과 잘 나갈 때 미래를 위해 준비하기 보다는 파이를 나누어 먹는 데 더 주력한 노조의 잘못에 SUV차에 대한 관세를 승용차보다 높게 유지한 미국 정부의 책임도 지적되고 있다.[194] 뭐니 뭐니 해

193) 일본인들이 GMC 트럭을 제무씨 도락구라고 불렀기 때문에 이 당시 사람들은 제무씨라고 불렀다.

194) 복득규, "미국 빅3몰락이 주는 의미", 한경비즈니스, 2009년 6월 15일.

도 시대는 친환경차와 연료 절약형 차를 원하고 있는데 그 흐름에 적절히 대처하지 못한 것이 비극의 씨앗이었다. 한 때 "GM에 이익이 되는 것은 미국의 이익이 되는 것이다"라는 말이 이는 무색해진 셈이다.

하루가 다르게 크고 있는 한국 자동차 산업

우리나라 경제에서 자동차 산업이 차지하고 있는 중요성을 살펴보기로 하자. 4천여 개 부품업체의 2만 여개 부품으로 생산되는 전후방 연관효과가 가장 큰 산업으로 제조업 생산의 11.6%, 고용의 8.9% 및 부가가치의 10.3%를 차지하고 있다.[195] 또 2007년 자동차 산업의 무역수지는 341.4억 달러의 흑자를 기록하고 있는데, 선박해양구조물 및 부품(246.3억 달러 흑자), 석유제품(172.0억 달러 흑자), 및 반도체(82.3억 달러 흑자)를 능가 수치이다. 이렇게 국민경제에 차지하는 비중이 크다보니 자연히 세수에 차지하고 있는 비중도 2008년 기준으로 29조 6천억 원으로서 국가 총 세수에 차지하는 비중이 14.3%에 이른다.[196]

미국의 빅 3와는 달리 우리나라 자동차 산업은 눈부신 발전을 보이고 있다. 2007년 기준 한국 자동차 산업은 국내 생산량 409만 대와 해외 생산 100만 대로 연간 500만 대 생산 체제를 구축하여 일본, 미국, 중국, 독일에 이어 세계 제 5위의 자동차 생산국으로 도약하였

195) 통계청, 『광업제조업통계 조사보고서』, 2005.

196) 한국 자동차 공업협회 www.kama.or.kr 참고바람.

다. 우리나라 자동차 산업의 생산, 내수, 수출, 수입 등에 관한 자료를 〈표 31〉 에 나타내 보았다. 지난 10년 사이에 내수는 대체로 줄고 있지만 수출은 빠른 상승세를 보이고 있다. 2000년 대 들어 내수보다는 수출비중이 큰 산업으로 변모하였다. 최초의 글로벌 금융위기로 인해 약간 하락하긴 했지만 수출단가가 꾸준히 상승하고 있다는 사실이다. 그간의 물가상승을 고려하더라도 점점 부가가치가 높은 차를 수출하고 있음을 보여주고 있다.

표 31 우리나라 자동차 산업의 내역

	1997	2000	2005	2006	2007	2008	2009
생산(천대)	2,818	3,115	3,699	3,840	4,086	3,827	3,513
내수(천대)	1,511	1,430	1,143	1,164	1,219	1,154	1,394
수출(천대)	1,307	1,685	2,556	2,676	2,867	2,673	2,149
수출(억 달러)	-	-	270	300	338	320	230
수입(천대)	-	-	46	56	66	79	63

자료: 한국자동차공업협회(www.kama.or.kr)

자동차 산업에서 중요한 것은 규모의 경제성이다. 막대한 자금이 소요되기 때문에 경쟁력을 갖추려면 조립단계에서는 연산 최소한 200만대 이상 생산 능력을 갖추어야 한다.[197] 이와 더불어 범위(範圍)의 경제성(經濟性) (economy of scope)도 중요하게 작용한다.[198] 소형차, 중형차, 고급차, SUV 등 다양한 차종을 생산함으로써 소비

197) 연구시기나 연구자에 의해 다르게 추정되고 있지만 비약적인 기술발전으로 인해 적정 생산규모가 증가하고 있다. 한국자동차공업협회 『자동차산업 50년사』 2005, p.319.

198) 유관한 제품을 같이 생산함으로써 단위 당 비용을 주이는 경제성을 말한다.

자들에게 가까이 다가갈 수 있기 때문이다. 또 '누적(累積) 생산량에 의한 경험(經驗) 효과(learning effect)'가 매우 높은 부문이다. 자동차 회사가 생긴 이래 지금까지 생산한 총 생산량이 많을수록 그 회사의 생산성과 품질이 높다는 개념이다. 항공기, 자동차와 같이 많은 부품이 들어가는 기계 산업에서 주로 나타나는 효과이다. 연배가 위인 사람이 후배에게 경험의 우위를 내세우면서 후배보다 더 먹은 밥그릇 수를 자랑하는 것 뒤에 있는 논리와 유사한 개념이다. 이렇게 보면 미국 차회사가 다른 나라 차회사보다 더 유리하지만, 이런 이점을 충분히 살리지 못했다고 평가할 수 있겠다. 오히려 미국 차는 편의성과 경제성이 중시되는 시장으로 변해가는 추세를 제대로 대처하지 못함으로써 산업 전체적으로 갖는 경험 효과의 이득은 없어진 반면 새로운 시장에서는 외국 차에 큰 우위를 점하지 못한 것으로 해석할 수 있을 것 같다.

늦게 된 자가 먼저 된다

또 미국 차의 부진과 외국 차의 선전을 '후발(後發)의 이익(advantage of being late)'으로 설명할 수 있다. "늦게 된 자가 먼저 된다"라는 성경의 말씀과 유사한데, 늦게 나중에 참여한 자는 앞선 자의 실패나 실수를 거울삼아 미리 어려움을 피해 가기 때문에 길게 보면 선발자를 앞설 수 있다는 이론이다. 선발자가 자신들의 우위를 즐기고 있을 때 후발자는 새로운 시장을 찾고 비용 절감을 위해 새로운 시스템을 구축하며 또 구성원들이 후발의 어려움을 이기려는 의지가 큰 열정으로 나타나 불가능하게 보이던 일을 - 선발자를 추월하는 일- 해낼 수 있다.

자동차 산업과 같이 규모의 경제, 범위의 경제 및 경험효과가 중시되는 시장에서 후발자가 시장에 진입하여 선발자와 경쟁하는 것은 섶을 들고 불길에 뛰어 드는 일에 비유할 수 있다. 선발자는 후발자가 경쟁력을 갖기 전에 그간의 우위를 바탕으로 낮은 가격에 총 공세를 펼 수 있으며 여유 있는 자금으로 새로운 기술과 시장을 개척할 수 있다. 이런 원리로서 볼 때 후발의 이득이 있다고는 하나 경험효과로 인한 불리한 점을 후발자가 극복한다는 것은 거의 불가능에 가까운 일이라고 아니할 수 없다. 그런데 자동차 시장에서 난공불락으로 보이던 미국 자동차가 고전하고 우리 자동차가 그 자리를 메우고 있다니, 자랑스러운 일이 아닐 수 없다.

모든 부품은 완성차 공장으로…

자동차와 같이 많은 부품이 들어가는 조립산업의 경쟁력의 핵심이라고 할 수 있는 생산규모가 결정되는 원리를 생각해 보기로 하자. 작은 나사하나까지 다 만들 것인가? 아니면 엔진과 같이 주요한 부품만을 생산하고 중요하지 않은 부품은 구매해서 쓸 것인가? 회사의 규모가 결정되며 경쟁력의 기초가 된다. 모든 것을 다 만든다고 하면 종업원 수가 많아질 것이고 그러면 노사관계의 어려움이 생길 수 있는 반면 많은 것을 외주(外注)에 의존하다면 종업원 수는 적어지지만 회사의 운명을 남에게 맡기게 되는 꼴이 된다. 그러므로 양자의 조화가 회사의 경쟁력을 결정 짓는다고 해도 과언이 아닐 것이다. 특히 자동차, 항공기, 조선 등 조립형 산업에서 더욱 그렇다.

크게 3가지 대안이 있을 수 있다.[199] 첫 번째 방법은 시장에서 구입하는 것이다. 필요할 때마다 전문 기업으로부터 구입하기 때문에 생산성향상에 도움이 된다. 하지만 회사에 꼭 필요한 부품을 적시에 원하는 양 만큼 구입하기가 어려울 때가 발생할 가능성이 높다. 그래서 표준화되어 있거나 생산저변이 넓은 부품인 경우는 시장 거래하는 것이 유리하다.

둘째는 부품 생산자와 계약(契約)을 맺어 안정적으로 부품을 공급받는 방법이다. 중요한 부품을 외부 생산자와 안정적으로 계약을 맺고 구입하는 방법이다. 만약 그 회사에서 노사분규가 발생하거나 기회주의적으로 행동한다면 다른 대안을 찾을 수 없다는 결정적인 약점을 가지고 있다. 세 번째는 직접 부품을 생산하는 것이다. 즉 수직적(垂直的)으로 결합(結合)하는 것이다. 이 경우 비용을 절감할 수 있는 장점도 있지만 노동자수가 많아 인건비 비중이 높으며 순발력이 떨어진다고 볼 수 있다.[200] 대부분의 자동차회사는 부품의 성격, 자신들의 능력, 부품산업의 발전 정도를 고려하여 3가지 대안을 적절히 혼합해 쓰고 있다.

갖가지 어려움을 극복하고 한국의 위상을 세계 곳곳에 떨치고 있는 우리나라 자동차가 자랑스럽다. 하지만 우리가 후발의 이득을 얻었듯이 우리의 후발 주자인 중국, 인도, 브라질, 러시아가 바로 그 후발의 이득을 빼앗아갈지 모른다는 사실도 꼭 지적하고 싶다.

---

199) 이 책 제 4부 3장 참고바람.

200) GM은 부품의 50%를 자체 생산하나 도요타는 부품의 20%만 자체 생산하고 나머지는 자회사로 하여금 생산하게 하고 있다.

고유모델만이 살길이다

마지막으로 1972년 당시 현대자동차 사장이던 고 정세영 사장과 고 정주영 회장과의 대화를 소개하고자 한다.[201]

정세영: "고유모델 차를 만들어 독자노선을 갑시다. 회사가 크기 위해서는 반드시 우리 손으로 만든 차를 팔아야 합니다."
정주영: "나도 같은 생각이야"

이때부터 현대 고유 모델을 만들기 시작하여 1976년 드디어 '포니'가 탄생하였다. 이 후 포니는 남미 에쿠아도르에 처음으로 수출되기 시작하였으며 오늘의 현대자동차, 한국 자동차 산업의 초석이 되었다.

---

201) 동아일보 2007년 7월 26일.

316

없는 집에 제사 돌아온 꼴인가? 빈 집에 황소 들어온 꼴 인가?

✎ 농업 시장 개방을 보는 시각
✎ 시장 개방화와 농업 보상

'없는 집에 제사 돌아오는 꼴' 이란 말은 가난한 집에 경제적 부담이 증가하는 경우를 말하며 형편이 더 어려워지는 것을 일컫는 우리 속담이다. 더욱 강화되고 있는 외국의 농축산물 개방 압력이 농민들에게는 '없는 집 제사'로 비유 되는 것 같아 답답한 심정 금할 길 없다.

안타까운 농업의 현실

우리 농업은 비교우위론에 입각한 개방 압력 때문에 조금 조금씩 위축되어 지금은 거의 피폐화 일보 직전에 와 있다. 식량 자급률은 20%내외로 하락하였을 뿐만 아니라 오염된 외국 저가 농산물에 우리의 건강과 생명을 맡기고 있다. 노령화로 인해 아이가 태어나지 않는 농촌이 증가하고 있으며 부채는 하루가 다르게 늘어나고 있다.

이런 사정을 모를 리 없는 정책 당국이라고 뾰족한 수가 있는 것이 아니다. 농산품도 공산품과 같이 하나의 상품으로서 거래되는 자유무역체제가 도입되었기 때문이다. 앞으로 우리 농촌에 닥칠 어려움을 생각하면 답답한 마음을 금할 길 없다. 농민들에 대한 보상을 어떤 원리로 하여야 할 것인가?

먼저 우리나라의 식량 자급률 추이를 〈표 32〉에 나타내 보았다. 전체 식량 자급률과 1인당 쌀 소비량은 계속하락세를 보이고 있다. 그나마 100%정도의 자급률을 가졌던 쌀 소비에서도 점점 하락하고 있다. 앞으로는 한미 FTA체결로 인해 쌀 자급도도 하락할 것으로 예상된다.

▌표 32▐ 우리나라의 1인당 쌀 소비량과 식량 자급률 추이

		1993	1997	2000	2005	2007	2008
1인당 쌀 소비량(kg)		110.2	102.4	93.6	80.7	76.9	76.8
자급률 (%)	전체[주)]	33.8	30.4	29.7	29.3	27.2	26.2
	쌀	96.8	105.0	102.9	101.7	95.8	93.9

자료: 농림수산식품부 내부자료
주: 전체 식량자급률은 사료용을 포함한 수치임.

앞으로 개방 압력이 거세지면서 우리 농업은 더 어려움에 봉착할 것은 불 보듯 뻔하다. 이런 현실적 제약조건하에서도 농민들에게 어떤 원리에 의해 지원을 하여야 하는 지를 생각해 보기로 하자. 이 문제를 해결하기 위한 경제 원리로는 힉스-칼도(Hicks-Kaldor)의 보

상원리(compensation principle, 報償原理)를 들 수 있다. 자유무역으로 인해 이익을 보는 자(제조업자)가 손해 보는 자(농민)의 손해를 보상해주고 남음이 있다면 농산물 개방이 잠재적으로 보아 모두에게 더 바람직한 결과를 낳을 수 있다고 한다.[202)]

이렇게 농민들에게 보상을 하기로 하였다고 해도 보상정도를 얼마로 하여야 하는 가하는 문제가 대두된다. 불특정 다수를 대상으로 하기 때문에 다른 어느 보상보다도 어렵다. 행정복합도시 건설로 인한 연기군 주민들에게 보상을 해주는 것과 비교해 보기로 하자. 일정한 지역에 살고 있는 주민들이 대상이기 때문에 협상의 대상이 확실하며 그들의 재산에 대해 시가(時價)라고 하는 객관적인 근거가 존재한다. 이 시가를 기준으로 하여 보상액(補償額)을 책정하면 된다. 물론 이 역시 무척이나 어려운 일이지만 그래도 불특정 다수인 농민 전체를 대상으로 하는 보상보다는 쉬운 편이다.

그러나, 전체 농민들을 대상으로 하는 보상은 먼저 대상이 구체적으로 정해져 있지 않다는 점, 생업에 관련되는 것으로 그들의 노동력은 농업에만 특화되어 있기 때문에 다른 직업으로의 전환이 매우 낮다는 점, 또 정치적 결속력이 약하기 때문에 보상액을 정하기가 매우 어렵다. 뭐니 뭐니 해도 보상을 위한 객관적 기준이 없다는 점이 가장 어려운 점이다. 더욱 어려운 것은 이렇게 어렵게 보상에 대한 기준을 설정하였다 할지라도 보상액에 대해 농민들의 만족도는 매우 낮다는 데 있다. 이런 불만족을 카너먼(Kahneman, 1934~)과 트버

202) 사실 정부는 이 원리에 의거 지난 10여 년간 4조 5천억 원이라는 엄청난 자금을 농촌에 투입하였다. 그런데도 결과는 성공적이지 못하다. 보상적 성격을 갖는 투입금의 규모는 물론 배분에도 더 한층 효율성이 실현되도록 제도를 정비하고 실천하여야 할 것이다.

스키(Tversky, 1937~1996)[203]가 제안한 비대칭적 가치평가 함수(asymmetric value function)를 사용해 보다 설명해 보기로 하자.

하늘도 무심하시지, 우리 보고 어떻게 살라고…

이 두 사람은 사람들의 가치 평가가 '이득'(gains)일 때와 '손실'(losses)일 때 같은 반응을 보이는 것이 아니라 다른 반응을 보인다고 주장하였다. 즉 〈그림 7〉에서 보듯 비대칭적인 함수모양을 하고 있다는 것이다[204].

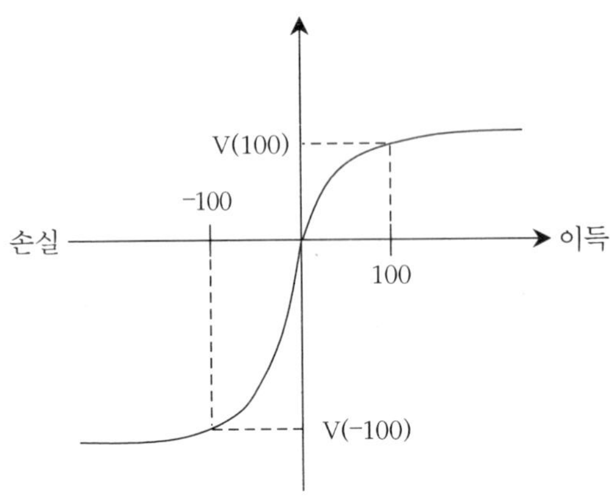

▌그림 7▐ 비대칭적 가치평가 함수

---

203) 트버스키(Tversky)는 1996년 사망하였고 카너먼(Kahneman)은 2002년 노벨 경제학상을 수상하였음.

204) Robert H. Frank, Microeconomis and Behavior, 6th ed. McGraw Hill p.263와 배리 슈워츠 지음· 형선호 옮김, 『선택의 파라독스』 p.71, 안서원 지음, 『노벨경제학상을 수상한 심리학자들 사이먼 & 카너먼』, 김영사, 2006 참고바람.

원점을 중심으로 수평축 오른 쪽에는 이득을 왼쪽에는 손실의 정도를 나타내고 있으며 수직축 위쪽에는 이득과 손실에 따라 변하는 주관적 내지 심리적 반응을 나타내고 있다. 수평축 오른 쪽을 따라 이득이 증가하게 되면 주관적 만족은 증가하게 되지만 그 증가하는 정도는 줄어들게 된다. 이번에는 수평축 왼 쪽을 따라 손실이 증가하게 되면 주관적 불만은 증가하게 되지만 그 증가하는 정도는 줄어들게 된다. 기본적으로는 그 유명한 한계효용(限界效用) 체감(遞減)의 법칙(法則)과 비슷한 법칙이 작용한다. 하지만 정도의 차이가 있다. 예컨대 원점에 있는 사람에게 100만 원을 준다면 그는 V(100)=200만 원에 해당하는 만족을 느끼지만 그에게서 100만 원을 빼어 가면 200만 원 이상의 손실감(여기에서는 V(-100)=300만 원)을 느끼게 된다. 이를 손실혐오(loss aversion)이라고 부른다. 같은 금액이라도 손실에서 느끼는 불행이 이득에서 얻는 만족보다 더 크다는 것이 핵심적 내용이다.

시장 개방 전에 개방으로 인해 이익을 볼 분야(수출 경쟁력을 갖춘 제조업)와 손해를 볼 분야(농업)가 모두 원점에 있었다고 하자. 개방이 되어 이득을 얻는 쪽에서 100만큼의 이득이 발생한 대신 손해를 보는 쪽에서 100만큼의 손실이 발생하였다고 해 보자. 사회 전체적으로 보아 순 이득이 제로가 된다고 생각하기 쉽지만 비대칭 가치곡선에 의하면 100만큼의 손실이 발생하다고 본다. 왜냐면 경제주체들이 느끼는 가치평가를 비교하여야 하며 이득일 때의 가치보다 손실일 때 가치가 더 크기 때문이다. 다시 말해 단순하게 100 - 100= 0으로 생각할 것이 아니라 V(100) - V(-100)= 200만 원 - 300만 원 = - 100만 원이기 때문이다. 만약 농민들이 100만큼 손실을 본다고 예상되면 이로 인한 주관적 손실을 보상해 주기위해서는 최소한 100에 해당하는 손실을 추가로 더 배상(보상)을 하여야 할 것이다. 따라서 시장 개방에 따라 농민들은 더 뼈저린 아픔을 느끼고 정부의 보상에 대해 불만을 나타내고 있는 것이다.

여러분이 황소라면

"빈집에 황소 들어 간다" 와 "없는 집 제사 돌아 오 듯 한다"라는 말도 있다. 가난한 집에 들어간 경우 황소는 재산목록 1호가 되어 극진한 대우를 받지만 부자 집에 들어 간 황소는 많은 소 중에 한 마리가 늘어난 것에 불과하기 때문에 가난한 집에 들어간 경우에 비해 상대적으로 대우를 덜 받는다.[205] 이번에는 "없는 집 제사 돌아 오 듯 한다"라는 말을 생각해 보자. 여기서 제사는 돈을 쓸 일이라고 해석할 수 있으며 가난한 집의 제사는 부자 집의 제사에 비해 상대적으로 더 많은 부담이 된다는 점을 나타내고 있다. 황소는 재화(財貨)(이익)의 상징으로 쓰이고 있고 제사(祭祀)는 경제적 지출(손실)의 대명사로 쓰이고 있다. 같은 종류· 같은 양의 재화라고 누구에게 분배되느냐에 따라 같은 성격의 경제적 지출이라도 누가 담당하느냐에 따라 개인은 물론 사회의 만족도도 변한다는 사실을 보여주고 있다.

시장 개방화는 농업인에게는 가난 집 제사와 같이 불행으로 다가온다. 보통 사람들이 느끼는 불행의 정도보다 더 크게 느껴진다. 따라서 정부는 개방화로 인해 이득을 보는 사람에게서 황소를 거두어

205) 이런 맥락에서 볼 때 딸부자 집의 맏사위는 아래 동서들보다 처갓집 식구로부터 더 많은 사랑을 받는다는 사실도 설명할 수 있다.

들여 농민들에게 보내줘야 한다. 농민을 위한 보조 정책이 필요한 것이다. 하지만 "보조금에 의존하는 농민치고 성공한 예를 보지 못했다"는 어느 전직 군수의 말 역시 모두가 꼭 명심하여야 할 것이다.

317

허영심의 전시장 vs '장인(匠人)의 숨결'이 우리 곁으로

✎ 명품의 대중화, 그 밝음과 어둠
✎ 명품 소비의 경제학

가짜 명품사건이 터질 때마다 저자는 묘한 감정을 갖게 된다. "영국 엘리자베스 여왕, 다이애나 비, 모나코 그레이스 켈리 왕비 등 100년 동안 유럽 왕가에만 한정판매된 제품", "대중화를 위해 한국 등 각국에서 판매 개시", "세계 인구의 단 1% 만이 이 시계를 착용" 등의 현란한 문구로 소비자들을 속인 사람의 재주에 대해 감탄사가 절로 나온다. 그들은 가격은 기본적으로 희소성에 의해 결정된다는 경제학 원리와 상표 충성심과 사람의 허영심을 절묘하게 악용한 것이다. 반면 속은 사람에 대해서는 어리석음과 허영심에 대해 통쾌함을 느끼기도 한다.

나도 세계 1%에 들고 싶다

명품사기사건에서 볼 수 있는 바와 같이 정상적인 소비가 나타나

지 않는 현상을 베블렌 효과(Veblen effect)[206]혹은 포장마차 소비(bandwagon consumption)라고 부른다.[207] 남들에게 과시하기 위해 자신의 분수를 넘는 사치성·과시적 소비(誇示的消費, conspicuous consumption)를 일컫는 용어이다. 소위 명품은 이 효과가 나타나는 재화인데, 가격이 비쌀수록 더 잘 팔리는 경향을 보이고 있다.

이런 식의 과시적 소비 형태는 자본주의 사회 이전에는 소수의 왕족이나 귀족에게서 보여 졌는데, 자본주의가 발전함에 따라 돈만 있으면 누구나 가능해졌다[208]. 그래서 자본주의는 좋은 제도라고 평가받는 근거 중의 하나이다. 하지만 과거 귀족사회에서 이런 현상이 나타났어도 나름대로의 금기조항이 있었으며 매우 제한된 곳에서 나타났기 때문에 사회적 반향은 그리 크지 않아 사회문제시 되지는 않았다.

하지만 한 사람의 소비형태가 여러 사람에게 영향을 미치는 시대로 변하였다. 특히 메스컴과 인터넷의 발전으로 인해 한 사람의 소비행위가 순식간에 세계로 알려지게 되었고 다른 사람들이 영향을 받게 되었다. 남을 의식하지 않고 소비를 하려 해도 자신도 모르게 남의 눈을 의식하게 되며 남을 따라 소비를 하게 되는 소비자 간의 상호의존성(相互依存性)이 크게 증가하게 되었다. 이러한 현상은 연예

206) 이러한 과시적 소비를 미국의 경제학자 베를렌(Veblen, 1857~1929)이 그의 저서 『유한 계급론(Leisure Class)』에서 지적하였기 때문에 그의 이름을 따 베블렌 효과라고 하였으며 이런 성격을 갖는 재화를 베브렌 재라고 부른다.

207) 별 의식 없이 남을 따라 소비하는 행동이 서부의 금광을 향해 별 의식 없이 너도 나도 따라가는 행동과 비슷하다고 생각하여 라이벤스타인(Leibenstein)이 붙인 이름이다.

208) '럭셔리 신드롬'의 저자 제임스 트위첼 교수는 이 같은 현상을 '호사스러움의 대중화'라고 규정하였다. 동아일보, 2007년 5월 31일.

인시장의 세계화로 인해 가속화되고 있다. 연예인이 이런 분위기를 선도하고 있는 가운데 소비자들이 그들을 따라함으로써 마치 친구 따라 강남 가듯이 무작정 사고 보는 경향을 보이기 때문에 사치재(奢侈材)는 원래의 가치를 훨씬 초과하는 가격에 거래되고 있는 것이 현실이다.

이렇게 소비자 서로간의 의존성이 증가하였기 때문에 한 사람 한 사람의 소비행위는 그 파급효과를 고려하여 신중하여야 한다. 특히 연예인을 비롯한 공인이라면 더욱 조심을 하여야 한다. 다른 사람에게 상대적 빈곤감 또는 박탈감을 줄 수 있으며 사회적 낭비를 가져올 수 있기 때문이다. 하지만 현실은 그 반대이다. 남의 눈을 의식하지 않고 개성을 중시하는 사회분위기가 압도적이기 때문에 명품을 둘러싼 기형적 소비는 더 증가할 가능성이 높다고 하겠다.

허시(Hirsch)는 이러한 소비현상에 대해 사회가 더 풍요로워지고 그에 따라 기본적인 물질적 욕구가 더 잘 충족될수록 본질적으로 희소한 상품에 대한 사람들의 관심은 커지게 되며 그래서 사람들이 희소한 상품들을 놓고 경쟁할 때 '충분히 좋은'것은 절대로 좋은 것이 아니고 오직 최고만을 - 오직 극대화만을 - 선택하려고 한다[209]고 지적하고 있다.

일단 한번, 루이비통을 선물하시라니까요

우리나라 사람들이 좋아하는 고급 브랜드는 루이비통 - 샤넬 - 페라가모 - 아르마니콜레지오니 - 구찌 - 에트로 - 펜디 순인 것으로 조

209) 형선호 옮김 배리 슈워츠 지음, 『선택의 패러닥스』, 웅진닷컴, p.98.

사되었다. 공항 면세점업계에 의하면, 한국과 일본의 면세점 이용 고객들의 명품 브랜드 선호도가 다르다고 한다. 명품 브랜드 중 한국인들이 탑 클래스에 두는 품목들이 일본에서는 순위권 밖에 밀려나는 경우가 있고, 또 그 반대의 경우도 있는 것으로 조사되었다.

이렇게 우리와 일본인 사이에 명품 브랜드 선호도 순위에 차이가 나는 것은, 우리는 면세점에서 가방 같은 잡화류와 화장품을 많이 구입하는 반면 일본인들은 화장품 구입은 상대적으로 적고 주로 가방 같은 잡화류 구매를 선호하기 때문인 것으로 풀이되고 있다. 즉 품목간 브랜드 파워가 다르기 때문에 물품 구매의 차이가 선호 브랜드의 차이로 나타나게 된 것이다. 가령, 한국인이 2위로 꼽은 샤넬의 경우 화장품을 주로 취급하는 브랜드인데 비해, 일본인들은 자국산 화장품을 선호하기 때문에 샤넬품목을 그렇게 많이 구매할 필요가 없었던 것으로 조사되었다. 사랑하는 사람을 위해 "일단 한번, 루이비통을 선물해 보시는 것이 어떨지"

그것이 알고 싶다. 짝퉁과 명품 사이의 거리

명품하면 소위 '짝퉁'이야기를 빼놓을 수 없다.210) 손재주가 좋은 우리나라가 과거 짝퉁 수출국의 대명사였지만, 이제는 중국이 그 불명예를 차지하고 있다.211) 짝퉁이 주로 미국, 유럽, 일본 고급브랜드

210) 같은 뜻을 가진 말로는 가짜, 모조품, 유사품, 이미테이션, 가리지날, 짜가리, 짭 등이 있으며 반대되는 말로는 진짜, 진품, 진퉁, 진퉁이, 오리지날 등이 있다.

211) 중국에서 생산·판매되고 있는 짝퉁은 세계 시장의 약 3분의 2를 차지하는 정도에 이른다고 한다. 가전제품, 골프채, 오토바이, 담배, 컴퓨터에서 비

의 위조품(僞造品)이나 모조품(模造品)이기 때문에 짝퉁하면 우리는 주로 가해자 쪽에 있었지만 요즈음은 우리 상표에 대한 짝퉁도 나타나고 있다고 한다.[212] 우리 기업이나 상표가 세계적인 반열에 올랐다는 반가운 소식(?)이라고 평가하기에는 좀 어색한 점도 있지만 그만큼 세계인들이 우리 기업의 능력을 인정해 주는 증거 같아 아주 기분 나쁘지는 않다. 지식 재산권에 대한 침해이기 때문에 짝퉁을 생산하거나 소비하는 행위는 범죄행위이다. 해외 유명 상표에 대한 짝퉁도 문제가 되지만 국내 유명 상표에 대한 짝퉁도 문제가 되고 있다.[213]

짝퉁은 국내에서도 생산되고 있지만 해외에서 생산되어 수입되는 경우가 많다. 관세청에서 가끔 특별조사팀을 만들어 대대적인 단속을 펼치고 있는데 그 규모가 상당히 클 뿐 아니라 점점 증가하고 있는 추세를 보이고 있다. 2006년 2월 1일부터 4월 30일까지 3개월여간 국세청이 가짜상품특별단속을 실시한 결과 363건, 4,895억 원 상당을 적발하였으며, 이는 전년 동기실적(95건, 586억 원)에 비하여 건수 3.8배, 금액 8.4배에 해당하는 수치였다. 품목별로는 휴대폰(1,777억 원), 가방류(1,194억 원), 의류(1,096억 원), 시계류(349억 원), 의약품류(227억 원) 순이다.[214]

짝퉁과 명품 사이의 거리는 얼마나 될까? 보통 사람은 그 거리를

아그라 등 의약품에 이르기까지 못 만드는 제품이 없으며 신제품이 시장에 나온 지 1주일 내에 짝퉁이 유통될 정도다. 중국이 짝퉁의 천국이라는 오명을 듣고 있는 셈이다.

212) 중국에는 삼성의 짝퉁 삼맹(Sammeng)가 있다.

213) 한국의류산업협회 www.kaia.or.kr 참고바람.

214) 동아일보 2006년 5월 16일.

전혀 느끼지 못할 것이고 명품을 좋아하는 소수의 사람이나 전문가들은 알 수 있을 것이다. 사람에 따라 다르게 느껴지는 것이 짝퉁과 명품 사이의 거리이다.

선진국일수록 짝퉁으로 입는 피해가 클 수밖에 없다. 미국이 최근 들어 부쩍 지식 재산권 강화를 위해 노력하고 있는데, '지적재산법 강화 조정관(Intellectual Property Law Enforcement Coordinator)'직을 법무부에 신설하고 태국주재 미국대사관의 법무담당관인 크리스토퍼 선더비를 선임하는 등 '아시아 짝퉁'시장과의 전쟁에 본격적으로 나서고 있다.

선더비는 지난 2004년 법무부내의 지적재산 태스크포스팀을 이끌면서 탁월한 업무능력을 인정받은 지적재산권 전문가이다. 법무장관은 "미국 및 국제사회에서 지적재산권을 보호하는 것이 법무부의 최고 당면 우선과제"라고 강조하고 "선더비 조정관이 지적재산권 침해 핵심지역에서 수사를 지휘하고 기소하는 업무를 총괄하게 될 것"이라고 설명했다. 여기서 '핵심지역'이란 중국·한국 등을 가리키는 것으로 해석된다. 미국 정부가 이렇게 강력하게 지적재산권 수호에 나선 것은 아시아 짝퉁상품으로 인한 피해가 더 이상 두고 볼 수 없는 지경에 이르렀다고 판단하기 때문이다. 경제협력개발기구(OECD)의 조사에 따르면, 국제교역량에서 짝퉁상품이 차지하는 규모가 약 5~7%에 달하며 금액으로는 무려 4500억 달러에 이르는 것으로 추정된다. 미국은 영화, 컴퓨터프로그램, 서적 등 자국 상품의 지적재산권 피해를 최소 수십억 달러로 추산되고 있다.

"명품 찾아 바다도 건넜는데… 반갑다! 여주 아웃렛"[215)]

이와는 반대로 명품(名品)에 대한 다른 흐름 즉 '과거 장인정신이 깃든 소수를 위한 상품'에서 '유명 브랜드, 부자가 아니어도 누릴 수 있는 사치품'으로 그 범위가 넓어지고 있는 현상을 볼 수 있다.[216)] 2007년 3월 1일 여주 프리미엄 아웃렛 개장은 이런 대중화를 더욱 가속화 시키는 계기가 되었다는 평가를 받고 있다. 빠르게 명품의 대중화가 빠르게 진행되는 반면 짝퉁에 대한 처벌도 엄격해 질 것이기 때문에 명품을 둘러싸고 벌어졌던 사기 사건들이 앞으로는 크게 줄어 들 것으로 예상된다.

---

215) 동아일보 2007년 3월 1일.

216) 사전에서는 명품을 '뛰어나거나 이름난 물건'이라고 정의하고 있다.

제 4 부

시장에서 성공하기

401

시장의 흐름을 읽을 수 있는 눈을 길러라

✎ 이병철, 이승엽, 정주영. 그리고 장종훈의 성공에서 얻는 교훈

고 이병철 삼성명예회장과 고 정주영 현대명예회장, 같은 시대 사람으로서 자타가 공인하는 우리나라의 대표적인 기업자들이다. 한편 이승엽 선수와 장종훈 코치 역시 같은 시대를 살고 있는 자타가 공인하는 우리나라 프로 야구의 아이콘이다.

많은 사람들이 고 이병철 삼성명예회장과 과 고 정주영 현대명예회장간의 라이벌 관계를 이야기 하고 있고, 이승엽 선수와 장종훈 코치간의 성공과정에서의 차이도 회자되고 있다. 저자는 고 이병철 삼성명예회장과 이승엽선수의 공통점, 고 정주영 현대명예회장과 장종훈 코치간의 공통점, 나아가 네 사람의 공통점을 찾아보고 거기에서 성공을 위한 교훈을 얻어 보았다.

이 네 사람 무엇이 같고, 무엇이 다른가

먼저 〈표 33〉에서 볼 수 있듯이 정주영은 일제 강점기에 강원도

화천 두메산골에서 태어나 소학교(오늘날 초등학교)학력이 고작이며 장종훈은 청주 세광고등학교를 졸업한 후 진학할 대학을 찾지 못하여 한화(당시 빙그레)에 불과 연봉 600만 원을 받고 연습생으로 입단하였다. 반면 이병철은 비교적 유복한 가정에서 태어나 일본 와세다 대학을 중퇴하였다. 이승엽 역시 비교적 유복한 가정에서 태어나 야구의 명문 경북고등학교를 거쳤으며 삼성에 왼손 투수 최고의 계약금을 받고 입단하였다.

네 사람이 같은 시대 사람이 아니기 때문에 직접적으로 비교하기가 어렵지만, 유년기의 여건에 있어서는 정주영이 가장 열악하였으며 장종훈, 이승엽, 이병철 순이라고 생각된다. 성인이 되어 노동시장에 진입할 때를 비교해 보면 정주영은 맨손이었고 장종훈은 계약금 600만 원이 고작이었으나 이병철은 대구에 삼성 상회를 낼 정도의 재력을 이승엽은 상당한 계약금을 갖고 시작하였다.[217)]

이병철이나 정주영이 처음 사업을 시작한 때는 1940년 전후이고 본격적으로 사업을 시작한 시기는 대체로 1945년 해방 후인 것으로 알려져 있는데 이때는 일제강점기가 끝나, 우리 민족에 의해 경제가 막 건설되기 시작한 시기였다. 과거 일제강점기에 우리 경제를 주름잡던 일본인은 해방과 동시에 일본으로 귀국하였고 기존 한국인 자본가들이 정치적 혼란기에 우왕좌왕하는 동안 이병철과 정주영은 그간의 사업경험과 30대의 젊은 패기로 새로운 사업에 도전할 수 있었던 것이다. 또 전후 복구사업은 그들에게 새로운 시장을 만들어 주었다.

그 당시 우리 국민에게 가장 필요한 것은 의식주(衣食住) 해결인

217) 이 책 3부 1장 참고바람.

데, 이병철은 모직산업에 들어가 '입는' 문제를 또 설탕과 밀가루 시장에 진입하여 '먹는' 문제를 해결하는 데 주력하여 성공을 거두었다. 반면 정주영은 토목·건설업에 뛰어 들어 '집' 문제와 '도로'문제 해결을 도모하여 성공하였다. 이런 면에서 두 사람은 사업상에서는 보완적인 관계였다고 평가할 수 있다. 한편 장종훈은 1987년에 이승엽은 1995년 입단하였는데 이 시기는 1982년 시작된 프로 야구가 막 태동기를 지나 본격적으로 자리 잡기 시작한 때이며 1988년 서울 올림픽과 1992년 바르셀로나 올림픽이 끝난 후 스포츠에 대한 수요가 과거에 비해 폭발적으로 증가한 때이다.

▌표 33▐ 이병철, 이승엽, 정주영, 및 장종훈의 비교

이름	출생년도	출생지	부모의 생활능력	학력	시장 진입 시기	비고
이병철	1910년	경남 진주	중상	와세다 대학 중퇴	1938년	제일주의를 지향
이승엽	1976년	대구	중	경북고졸, 대구대 졸	1995년	프로선수로 성공한 후 대학진학
정주영	1915년	강원 화천	하	송전 초등학교 졸	1943년	여러 번의 가출 경험
장종훈	1968년	충북 청주	중하	청주세광고 졸	1987년	연습생으로 입단

이병철과 이승엽의 학력에서 비슷한 점을 발견할 수 있다. 이병철은 와세다 대학을 중퇴하였으며 이승엽은 대학진학을 포기하고 곧바로 프로 야구에 입단하였다.[218] 그의 아버지는 대학을 마친 후에 프

218) 이승엽의 최종학력은 대구대학교 졸업으로 되어있으나 이는 프로 구단선

로입단을 종용한 반면 그는 대학을 거치지 않고 바로 프로에 입단하기를 고집하였다. 어차피 프로 선수에게 중요한 것은 실력이고 대졸 학력은 과거에 비해 그 가치가 떨어질 것이라는 예측을 한 것이다. 이런 결정 뒤에는 1986년 삼성 라이온즈가 개장한 경산 볼 파크의 현대적인 시설이 크게 작용하였다고 한다. 이렇게 학력에 연연하지 않고 과감하게 시장에 대쉬하는 면은 빌 게이츠(William Henry Gates III, 1955~)나 스티븐 스필버그(Steven Spielberg, 1946~)감독에게서도 발견되는 점이다.[219)]

만약 해방이 1945년이 아닌 10년 늦은 1955년에 이루어졌다면 과연 이병철 과 정주영 이 두 사람이 성공한 최고 경영자로 뽑혔을까? 만약 프로 야구가 1982년 시작되지 않고 10년 늦은 1992년에 이루어졌다면 과연 이승엽과 장종훈 이 두 사람이 성공한 최고 야구 선수로 뽑혔을까?

저자는 아니라고 본다. 해방이 1945년이 아닌 1955년에 되었더라면 이병철과 정주영은 이미 46세와 41세로의 나이로 새로운 사업을 펼쳐 모험을 하기에는 너무 나이가 들었다고 할 수 있다. 또 프로 야구가 1982년이 아닌 1992년에 시작되었더라면 장종훈은 프로 야구 시장 자체가 존재하지 않았기 때문에 고교졸업 후 아마 그저 평범한 시민으로 누구에게도 그 이름이 알려지지 않았을 것이며, '연습생

수가 된 후에 얻은 학력이다. 그는 고등학교를 졸업하던 해에 H대학교에 입학이 예정되어 있었으나 고의인지 실수인지 체육특기자 가격을 얻지 못하였다.

219) 빌 게이츠는 하바드 대학을 스필버그는 캘리포니아 주립대학교를 중퇴하였다.

신화의 주인공'이라는 그에게 붙여진 찬사는 애초 존재하지 않았을 것이다.[220] 이승엽 역시 아버지의 권유에 따라 예정된 대학입학을 하였을 것이고 졸업 후 뒤 늦게 프로에 입단하여 성공을 거두었을 것이나 적어도 지금과 같은 국민타자로는 성장하지 못했을 것이라고 본다.

이병철, 정주영, 이승엽은 준비된 젊은이였고 시장에 진입한 후 피나는 노력과 지혜로 성공을 거둔 반면, 장종훈은 준비가 부족하여 제대로 평가를 받지 못했지만 시장에 들어간 후에는 피와 땀으로 성공을 일구어 내었다. 네 사람의 공통점은 시대가 만들어 주는 시장을 최대한으로 활용하였다는 사실이다. 그러기에 그들은 시장의 최대의 수혜자인 동시에 기여자이다. 자신에게 최고의 수혜를 줄 시장이 어디에 있는지, 동시에 어떤 시장에서 최대의 기여자가 될 수 있는지에 대해 고민하고, 시장의 흐름을 읽을 수 있는 통찰력이 반드시 필요하다고 본다.

'시장이 영웅을 만들고, 영웅이 시장을 넓힌다'

역사가들은 '시대가 영웅을 만드느냐, 영웅이 시대를 만드느냐'에 대해 이야기 할 때 시대가 영웅을 만들지만, 영웅이 시대를 이끈다라고 답하고 있다. 과거 영토 확장의 시대의 영웅은 군인이나 왕이었지만 현대 세계화 시대에서의 영웅은 기업가이다. 저자는 이제 '시장이 영웅을 만들고, 영웅이 시장을 넓힌다'라고 말하고 싶다. 즉 시장의 최대 수혜자인 동시에 최고 기여자가 바로 오늘날의 영웅인 것이다.

220) www//blog.naver.com/hjccap

402

숲과 나무를 같이 볼 수 있는 눈을 기르자

✎ 식당에서 우연히 마주친 친구들의 만남에서 배우는 교훈

둘도 없는 친구사인 용세와 용기는 서로 바쁘게 살다보니 만난 지가 꽤 오래되었다. 어느 날 용세는 A씨와 함께 식당에서 저녁 식사를 하러 갔다. 손님이 많아 안 쪽 방구석에 앉아 식사를 하게 되었다. 용기는 용세보다 약간 늦게 B씨와 함께 그 식당에 도착하여 출입구 옆자리를 차지하고 식사를 하게 되었다. 같은 시각 같은 식당에서 식사를 하고 있었지만 용기와 용세는 이 사실을 모르고 식사를 하였던 것이다. 식사를 마친 용세가 계산을 위해 계산대 앞에 오는 순간 용기를 발견하였다. 그리고는 정답게 인사를 나누며 좀 더 일찍 만나지 못한 것이 아쉬워

"야, 이 친구야, 한 번 둘러보지 그랬어"

라고 용세가 말하자 용기도 후회를 하면서

"그러게 말이야, 자네가 있는지 꿈에도 생각 못했지, 좀 둘러볼 걸…"

한 바퀴 휙 둘러보기와 자세히 들여다보기와의 조화

이런 우연한 만남은 흔히 식당이나 영화관 등 다중이용시설에서 볼 수 있는 일이다. 용기나 용세가 식사하는 데만 급급하지 않고 식당 전체를 한번 둘러보았다면 서로가 보다 더 빨리 편안하게 만날 수 있었을 텐데 하는 아쉬움을 남긴다. 여기에서 우리는 관찰 대상을 '부분적으로 정확하게 보는 것'도 중요하지만 '식당 전체를 한번 둘러보듯이' 전체적으로 보는 시각을 갖는 것도 매우 중요하다는 사실을 알 수 있다.

사람들이 시장에 가 바로 상품을 구입하려 하지 않고 한 바퀴 돌아보고 나서 구입처를 정하고 흥정에 들어가는 태도를 보이는 것이 바로 '숲과 나무'를 동시에 감안하여 의사결정을 하는 좋은 예이다. 또 결혼을 할 때도 전체를 보고 부분도 보는 지혜가 필요한데, 어른들은 자녀가 결혼을 할 때 상대방 집안을 전체적으로 살펴보고 사윗감· 며느리 감을 보는 경향이 있지만 당사자들은 상대를 먼저 본 후 집안을 보려는 경향 아니 전체에 관심 없는 경향도 보이기도 한다. "그래 내가 뭐라고 그랬니, 사랑이 밥 먹여주냐, 집안 내력이랑 병력(病歷)을 두루 보라고 할 때, 아니라고 하더니…" 라고 친정 어머니가 딸을 나무라는 모습에서 바로 부모는 숲을 보고 나무를 보려는 자세를 취하는 반면 딸은 숲에 대해서는 관심도 없고 오직 나무만 보았기 때문에 올바른 판단을 하지 못하였고 그로 인해 불행한 결혼생활을 하고 있음을 쉽게 알 수 있다.

경제행위를 함에 있어서도 전체를 상징하는 숲을 보아야 하며 부분을 상징하는 나무도 동시에 고려해야 보다 합리적인 결정에 도달할 수 있다. 부분적으로는 옳다고 여겨지는 것이 전체의 시각에서 볼 때 꼭 옳다고 할 수 없는 경우가 많기 때문이다.[221] 이런 맥락에서 경제학도 국가 경제 전체를 주로 분석하는 거시경제학(巨視 經濟學, macro economics)과 개별 경제주체의 경제행위를 주 분석대상으로 삼고 있는 미시경제학(微視 經濟學, micro economics)로 나누어져 있으며 서로 보완적인 역할을 하고 있다. 개별 상품의 가격과 수량에 대해서는 미시경제학에서 물가, 실업률, 및 국민 소득에 대해서는 거시 경제학에서 집중적으로 연구되고 있다.

혈압부터 재듯 경기부터 알아 봅시다

우리가 병원에 가면 의사들은 대체로 6하 원칙에 따라 질병의 역사, 원인, 부위, 양태 등을 구두로 물어 본 후 혈압(血壓, blood pressure)을 측정하고 난 후, 필요에 따라 피 검사 와 소변검사, CT, MRI 촬영, 조직 검사의 순서를 밟는다. 혈압의 고저를 파악함으로써 각 부분에서 일어나고 있는 활동에 대해 정확히는 알 수 없지만 전체를 개략적으로 파악하는데 유용한 1차 정보를 얻을 수 있기 때문이다. 그런 후 점점 질병이 의심되는 부위로 좁혀가는 방법을 쓰고 있다. 같은 이치로 경제의 상황을 알 수 있는 가장 1차적인 정보는 무엇이며 어떻게 그것을 얻는가? 바로 경기의 움직임을 파악하는 것이다.

---

221) 이런 경우를 논리학에서는 구성의 모순이라고 부른다. 이 책 제 2부 14장을 참고하기 바람.

국민경제는 투자, 소득, 소비, 무역, 금융, 노동, 및 기업가의 생산활동 등 다양한 경제활동으로 이루어져 있기 때문에 국민 경제 상황을 알아보기 위해서는 이와 같이 다양한 경제활동을 나타내는 거시경제변수의 움직임을 종합적으로 살펴보아야 한다. 국민경제의 종합적인 활동수준을 경기(景氣)라고 정의하고 있다. 경기는 보통 국민경제의 성장추세를 중심으로 상승과 하강을 반복하여 움직인다. 경기는 시장경제의 속성상 정점(頂点, peak)과 저점(低点, trough)을 오르내리는 현상을 반복하는데 이런 현상을 경기순환(景氣循環, business cycle)이라고 부른다.[222]

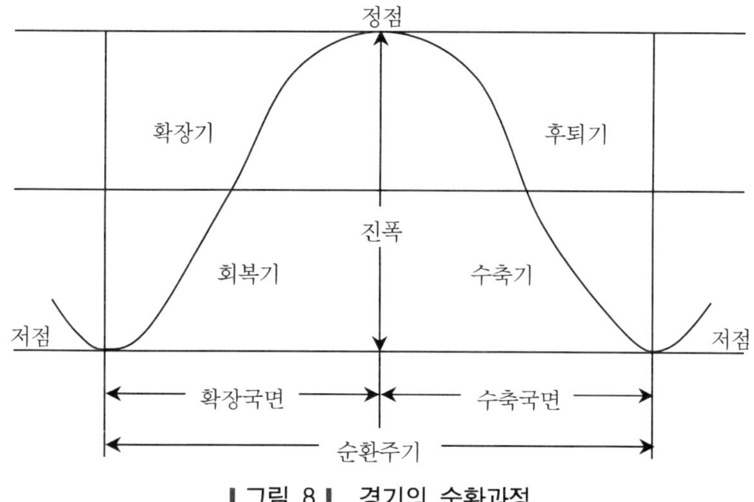

▌그림 8▐ 경기의 순환과정

222) 국가통계포털(http://kosis.kr/bcc)에는 경기순환시계(Business Cycle Clock)이 있어 주요경제지표들의 경기순환국면상 위치를 시계처럼 시각적으로 볼 수 있다.

〈그림 8〉에 경기순환과정을 그려 보았다. 경기의 주기(週期, cycle)는 경기순환의 저점에서 다음 정점까지의 기간을 말하며 경기의 진폭(振幅, amplitude)은 저점에서 정점까지의 높이를 일컫는 개념이다. 경기순환은 보통 2단계로 구분되는데, 저점에서 정점까지를 확장국면, 정점에서 저점까지를 수축국면이라고 부른다. 다시 세분하여 확장국면은 회복기와 확장기로, 수축국면은 후퇴기와 수축기로 나눌 수 있다. 또 경기순환을 파악하기 위해서는 저점과 정점의 시기를 정확히 잡아야 한다. 경기의 정점 또는 저점이 발생하는 구체적인 시점을 기준순환일(reference date)이라고 부른다. 이런 개념은 심장의 이완시 와 수축시를 기준점으로 삼아 최고혈압과 최저혈압을 재는 혈압측정방법과 매우 유사한 데 흥미로운 일이 아닐 수 없다. 우리나라 경기순환주기는 약 53개월이며 확장기는 34개월 정도이고 수축기는 19개월로서 확장기가 수축기보다 더 긴 것으로 나타나고 있다.[223)]

보통 현재의 경기상황을 파악하거나 앞으로의 흐름은 경기와 관련성이 높은 개별 경제지표, 여러 경제지표를 통계분석 기법으로 가공한 종합경기지표 및 경제주체의 경기판단을 설문조사하여 요약한 지표를 이용해 측정된다. 각 지표마다 장단점이 있기 때문에 어느 특정지표에 의존하기 보다는 다양한 지표를 이용하여 종합적으로 판단하는 것이 현명하다.

먼저 경기와 관련성이 높은 개별 경제지표는 생산, 투자, 고용, 수출입 등 경기의 움직임과 관련성이 큰 개별 경제통계들의 움직임을 관련 이론이나 패턴을 바탕으로 하여 종합적으로 판단하는 방법이

---

223) 김민경 외, 『국가통계의 이해』, 방송통신대학교 출판부, p.226.

다. 과거에 비해 금융 산업이 발전하고 또 세계화됨으로써 우리나라의 주가, 환율, 금리 등 금융지표의 중요성이 높아지고 있을 뿐 아니라 미국, 일본, 중국 등 주변 국가들의 경제지표변화에도 큰 관심을 갖게 되었다.

다음으로는 종합경기지표를 이용하는 방법을 들 수 있는데, 이것은 경제 각 부문에서 경기를 민감하게 반영해 주는 개별지표를 선정한 후 이것들을 가공, 종합하여 만든 지수이다.

▌표 34▐ 경기종합지수의 내역

경제부문	선행지수(10개)	동행지수(8개)	후행지수(5개)
고용	구인구직비율	비농가취업자수	상용·임시근로자수
생산	재고순환지표 (제조업)	광공업생산지수	생산자제품재고지수
		제조업가동률지수	
		건설 기성액(실질)	
		서비스업생산지수 (도소매업제외)	
투자	기계수주액(불변)	×	×
	자본재수입액(실질)		
	건설수주액(실질)		
금융	종합주가지수	×	회사채유통수익율
	금융기관유동성 (LF, 실질, 말잔)		
	장단기금리차		
무역	순상품교역조건	수입액(실질)	×
소비	소비자기대지수	도소매업판매액지수 (불변)	도시가계소비지출 (전 가구)
		내수출하지수	소비재수입액(실질)

자료: 통계청(http://kostat.go.kr) 통계설명자료

이 경기종합지수(Composite Index)에는 선행, 동행, 및 후행 지수가 있으며 선행지수는 경기를 단기적으로 예측하는 데, 동행지수는 현재의 경기상황을 판단하는 데, 후행 지수는 사후적으로 확인하는 데 유용하게 활용되는 지표이다. 각 지수에 포함되는 지표명은 〈표 34〉에 정리해 놓았다.

마지막으로 경제주체의 경기판단, 전망을 설문조사하여 요약한 경제심리지표도 사용되고 있다. 기업경기실사지수(Business Survey Index, BSI)와 소비자태도지수(Consumer Sentiment Index, CSI)가 주로 많이 이용되고 있다. 이 방법은 비교적 손쉽고 빠르게 경기의 움직임을 판단할 수 있으나 결과치의 해석이 개인의 주관에 좌우될 가능성이 크다는 단점이 있다.[224]

① 기업실사지수

이 지수는 조사결과의 전체 응답 업체 중에서 증가 또는 호전 응답 업체 비중과 감소 또는 악화 응답 업체 비중의 차를 기초로 하여 아래와 같이 계산한다.

$$\text{기업실사지수} = \frac{\text{증가응답업체수} - \text{감소응답업체수}}{\text{전체 응답업체수}} \times 100 + 100$$

이 지수가 100 이상이면 경기가 호전될 것으로 전망하며, 100 미만이면 경기가 악화될 것으로 전망한다. 기업실사지수는 경기변동의 방향을 측정할 수 있으나, 속도나 경기전환점을 측정할 수 없으며, 지수수준 자체를 이용해서는 안 된다. 또한 기업실사지수는 조사시

224) 김민경 외, 앞의 책을 많이 인용하였음.

점의 여건이 조사결과에 지나치게 민감한 반응을 보여 경기의 상승국면에서는 사실 이상으로 높게, 하향국면에서는 사실보다 낮게 나타나는 경향이 있다. 이 지수가 경기측정에 유효한 지표가 되기 위해서는 기업의 경영층이 조사에 직접 응답하는 것이 중요하다.

② 소비자태도지수

이 지수(또는 소비자기대지수, 소비자실사지수)는 소비자의 경기에 대한 인식이 장래의 저축 및 소비에 영향을 미친다는 전제하에 소비자의 현재 및 장래의 재정상태, 소비자가 보는 경제 전반의 상황과 물가, 구매조건 등에 대해 설문조사하고 이를 지수화한 것이다. 이 지수는 소비자의 경기에 대한 인식을 바탕으로 작성되므로 생산주체인 기업가의 경기판단을 중심으로 작성된 기업실사지수와는 차이가 날 수 있음을 유의하여야 할 것이다. 이 두지수는 전통적인경제지표로는 포착하기 어렵지만 단기적 경기변동에는 중요한 영향을 미치는 경제주체의 심리적 변화를 측정할 수 있다는 장점이 있다.

우연이라고 하기에는… 의사와 경제학자의 유사성

현직 외과의사인 박경철 원장이 쓴 『시골 의사의 부자경제학』가 화제가 된 적이 있다. 외과 의사와 경제학! 전혀 어울릴 것 같지 않으나 인류 최초로 경제를 순환현상으로 파악하여 오늘날 경제순환과 산업연관 분석의 아이디어를 제공한 중농주의(重農主義) 창시자 케네(Quesnay, 1694~1774)라는 프랑스 사람도 의사였다는 사실을 상기해 보면 문제인식방법과 해결방법에서 의학과 경제학이 유사한 것은 매우 흥미로운 사실이 아닐 수 없다. 그는 혈액이 심장에서 생산되어 온 몸을 돌고 소멸하는 흐름과 농산물이 파종, 육성, 수확되는 경제순환이 비슷한 성격을 가지고 있다는 점을 착안한 것으로 보인다.[225] 앞에서 언급하였듯이 병원에 갔을 때 의사가 혈압부터 재고 점점 환부로 접근해 가는 것은 경제를 이해하기 위해 거시변수를 살펴보고 미시 변수로 옮겨가는 것과 매우 유사하다는 것을 알 수 있다. 박 원장은 '부자란 이자율을 기준으로 경제현상을 바라보는 사람이다'라고 정의하고 있고 있는데, 이런 주장은 그가 의사이기 때문에 다른 직업인보다 더 정확히 경제현상을 정확히 보는 것이 아닌가하는 생각이 든다.[226] 20년째 투자에 관해 관심을 가져온 그는 그간의 연구와 경험을 토대로 재테크 전략보다는 경제현상을 보는 눈을 기르는 것이 더 중요하다고 강조하고 있다. 이자율이라는 거시 변수를 기초로 경제현상을 바라보아야 그의 주장에 수긍이 가는 바이다.

이 장에서 합리적인 경제생활을 위해서는 전체와 부분을 조화롭게 볼 수 있는 능력이 필요하다는 점을 강조하였고 특별히 개괄적으로 보는 지표에 대해 자세히 설명하였다. 전체와 부분을 조화롭게 볼 수 있는 능력은 비단 경제생활에만 적용되는 원리가 아니며 결혼, 의사의 진료, 주차 등 우리 일상에서도 그 예를 다 들기 어려울 정도로 많다.

마지막으로 신문 경제면에 나온 재테크 비법을 인용해 보았다.[227]

"장기적 - 적립식 펀드로 전환 **숲을 보되**, 기업실적- 최근 수익률 꼼꼼히 **나무도 봐라**"

---

225) 홍훈, 『경제학의 역사』, 박영사, 2007, p.63.

226) 박경철 지음, 『시골 의사의 부자경제학』, 리더스북, p.40.

227) 동아일보 2007년 8월 27일.

403

거래 범위를 적절하게 설정하라

✎ 점심식사 장소를 선택에서 배우는 기업규모 및 직업유형의 선택

식사시간은 샐러리맨에게 즐거운 시간이 될 수도 있고 반대로 괴로운 시간이 될 수 있다. 삼삼오오 무리를 지어 맛있는 집이라고 소문이 난 집에 가 맛있게 같이 식사하고 잡담도 나누고 업무이야기도 하고... 그야 말로 일거양득을 넘어 일거 삼사득의 기회가 될 수 있다. 그러나 주위에 식당가가 형성되어 있지 않아 갈 곳이 마땅치 않다면 그들에게 식사시간은 고통으로 다가 온다. 식사 때만 되면 "뭘 먹지", "어디로 가지" "또 그 집에 가자고요…"라는 고민과 불만의 소리가 나오는 직장에서는 능률이 오를 리 만무하다.

매식을 할 것인가? 대 놓고 먹을까? 이것도 저것도 마음에 안 든다면…

식당가가 제대로 형성되어 있지 않은 지역의 근로자에게는 식사시간이 고통의 시간으로 다가오게 된다. 다른 곳으로 가자니 돈도 돈이지만 시간이 허락하지 않는다. 이런 어려움도 주위에 식당이 하나 둘 들어서기 시작하고 경쟁이 시작되면 점차 해소되지만, 그 때 까지는 샐러리맨들이 여러 가지 지혜를 짜내는 데, 우선 먼저 생각할 수 있는 것이 근처에서 음식을 잘하고 메뉴를 다양하게 가지고 있는 식당을 지정한 후 월단위로 정산을 해주는 방식이다. 소위 '대놓고 먹는 식당'을 정하는 것이다. 이렇게 하면 가격도 할인 받을 수 있고 매끼마다 해야 하는 선택의 고통이 줄어들게 된다. 식당 주인과 인간적인 교류를 통해 유무형의 이득도 얻을 수 있다. 식당주인의 입장에서도 안정된 수요처가 확보되기 때문에 이런 계약(契約, contract)을 마다할 이유가 없다.

그러나 이 방법도 문제가 없는 것은 아니다. 식당 주인이 처음에는 다양한 메뉴와 좋은 음식을 제공하였지만 시간이 지난 후 여러 가지 핑계를 대면서 기회주의(機會主義, opportunism)적 행동[228]을 한다면 계약은 안 한 것만도 못하게 되는 꼴이 된다. 예컨대 6개월 계약을 맺었는데 3개월쯤 지나 재료비 상승을 이유로 음식의 질을 낮춘다든가 가격을 올려 달라고 하는 경우이다. 후불제를 택하는 것은 이 문제를 해결하는 방법이지만 이 방법은 샐러리맨의 기회주의적 행동이 두렵기 때문에 식당주인이 반대한다.

또 하나의 방법으로 생각할 수 있는 것이 도시락을 싸가지고 오는 방법이다. 샐러리맨의 선택의 고민은 줄게 되지만 그 고민은 고스란

228) 상황이 전재됨에 따라 변하는 새로운 상항을 자신에게 유리하게 이용하는 이기주의적인 행동을 일컫는다. '화장실 갈 때와 다녀와서가 다르다'라는 말은 기회주의적 행동을 잘 표현하고 있다. 또 '말 나온 김에 지금 바로 하자'라는 말은 기회주의 행동을 사전에 없애기 위한 지혜라고 할 수 있다.

히 부인에게로 옮겨간 꼴이 된다. 만약 부부가 맞벌이 부부라면 도시락 지참은 불가능한 일이라고 봐도 과언이 아닐 것이다. 또 다른 사람들은 외식을 나갔는데 혼자 도시락을 먹는 것도 그렇게 좋아 보이지는 않는다. 마지막으로 이런 문제를 집단적으로 해결하기 위한 방법이 구내식당 개설하는 것이다. 샐러리맨의 입장에서는 시간도 돈도 절약되는 장점이 있는 반면 메뉴의 다양성 부족이 나타난다. 또 회사 전체의 입장에서 볼 때 식당건설비용도 상당히 들 뿐 아니라 관리의 어려움이 뒤따른다.

이상에서 샐러리맨이 점심식사를 해결을 위해 선택하는 방식으로 매식, 지정 식당과의 계약, 도시락지참, 및 구내식당 개설이라는 네 가지 방식을 제시하였고 그 내용을 〈표 35〉에 정리해 놓았다. 각각 장단점이 있어 사람에 따라, 직장 규모에 따라, 주위의 식당가 형성 유무에 따라, 사무소의 위치에 따라, 본인에게 가장 적합한 방식을 취하고 있다고 할 수 있겠다.

▍표 35▍ 점심식사 해결 방법의 장단점

	장점	단점
매식	· 전문화된 식당이용가능 · 다양한 메뉴 이용가능	· 매번 결정을 내려야 함 · 고비용 가능성 높음
지정식당과의 계약	· 안정적인 식사 가능 · 가격하락 가능성 높음	· 기회주의적 행동에 속수무책 · 메뉴의 다양성 하락
도시락 지참	· 결정의 고민 없어짐 · 시간 절약	· 부인에게 고민전가 · 동료와의 인간교류 감소
구내식당 개설	· 안정적인 식사 가능 · 가격하락 가능성 높음	· 건설·관리비용 많이 듬 · 메뉴의 다양성 하락

이 원리는 거의 그대로 기업규모를 결정하는데도 적용할 수 있다. 예를 들어 자동차 조립 공장에서 부품 하나 혹은 노동자 한 명을 고용할 때를 생각해 보자. 크게 세 가지 방식을 생각할 수 있다. 첫째 그때그때 시장에서 원하는 품질의 부품이나 노동자를 필요한 양만큼 구입하는 방법이 있을 수 있다. 이 방식은 샐러리맨이 매식을 이용할 때와 유사한 장단점을 갖는다. 둘째 부품 공급업자나 노동자와 장기 계약을 맺는 방법이다. 이 방식은 샐러리맨이 지정식당과의 계약을 맺을 때와 매우 유사하다. 계약을 맺은 부품회사에서 파업과 같은 일이 발생한다면 조립공장까지도 생산에 차질을 빚을 수 있으며 부품회사에 하청을 주는 회사의 비밀이 흘러들어갈 가능성이 높아 위기에 처할 수도 있다. 셋째 자동차 조립공장에서 직접 부품을 생산하거나 노동자를 고용하는 방식을 택한다. 이 방식은 샐러리맨이 도시락 지참이나 구내식당 이용할 때와 비슷하다. 안정적인 원료획득과 인력 확보로 인해 생산성 향상을 꾀할 수 있는 반면 조직의 비대화를 낳아 생산성을 떨어트리기도 하며 노사관계의 어려움을 가중 시켜 경쟁력을 저하시킬 우려가 있다. 노동력 수급에 있어 유연성을 저하시킬 가능성도 높다.

〈표 36〉에는 부품 조달 방식에 따른 장단점을 정리해 놓았다. 부품조달이나 노동력 구입에 고민하는 경영자는 샐러리맨이 점심식사 때 하는 고민(매식을 할 것인가? 식당을 정해 놓고 먹을 것인가? 구내식당을 만들 것인가? 도시락을 싸 올 것인가?)과 매우 유사하다는 사실을 알 수 있다. 시장에서 그때그때 구입할 것인가? 장기 계약을 맺어 구입할 것인가? 직접 생산을 할 것인가?에 고민하고 있다.

| 표 36 | 부품조달 방법의 장단점

	장점	단점
시장거래	· 전문화된 부품업체와의 거래가능 · 다양한 메뉴 이용가능	· 매번 결정을 내려야 함 · 고비용 가능성 높음
부품 업자와의 장기 계약	· 안정적인 부품조달 가능 · 가격하락 가능성 높음	· 기회주의적 행동에 속수무책 · 부품의 다양성 하락 · 기업비밀 누설의 위험
내부 생산	· 거래비용하락 · 시간 절약 · 안정적인 부품조달 가능 · 가격하락 가능성 높음	· 전문성하락 위험 · 노사문제 발생 높음 · 건설·관리비용 많이 듬 · 인력수급의 유연성 저하

따라서 경영자는 어느 선까지 어떤 방법으로 거래를 하는 것이 합리적인가에 대해 늘 고민하여야 한다. 어느 정도까지 표준화되어 있고 생산자도 수요자도 많을 때는 시장거래가 유리하다. 한 번 거래한 사람과 관계가 단절되어도 언제든지 시장에서 원하는 상품을 구입할 수 있기 때문이다. 그러나 상당히 전문화·특정화된 투자가 필요로 할 때에는 시장거래 보다는 계약이 더 효율적이다. 지속적인 관계가 유지되면서 안정된 거래가 이루어지게 되면 효율적인 생산이 가능하다. 어떤 경우에는 부품회사에 주문자의 수요에 맞는 투자를 유도하거나 보조함으로써 주문자가 원하는 생산품을 얻을 수 있다는 장점도 있다. 하지만 계약이 복잡해지고 기회주의적 행동이 나타나며 시장여건이 불확실 할 때는 직접 생산을 하는 것이 현명한 전략이 될 수 있다.[229] 이렇게 기업이 직접 하는 일이 많아질수록 효율성이 증

229) 경제학에서는 이런 움직임을 '수직적 통합(vertical integration)'이라고 부른다.

가하는 경향을 보이지만 노사문제의 어려움, 인력수급의 유연성 저하 및 관리비용의 상승 등 상당한 대가도 각오하여야 한다. 이 때 시장여건의 변화를 예의 주시하면서 조직구축과 구성원 간 역할분담을 신축적으로 운용하는 것이 매우 중요하다고 하겠다. 기존의 기업이 경쟁력을 강화하기 위해 아웃소싱(outsourcing)을 전략적으로 추구하는 경우가 있는데 그 범위를 놓고 고민할 때도 이 원리가 적용되고 있으며, 경영자는 늘 시장여건에 맞는 사업규모를 찾으려는 노력이 필요하다고 하겠다.[230]

프리랜서의 길이냐? 안정된 직장인의 길이냐?

이번에는 이 원리를 노동자 입장에서 생각해 보기로 하자. 노동자들은 직장에 얽매이지 않고 자유롭게 프리랜서(free lance)가 될 것인가, 계약직으로 일 할 것인가, 직장에서 정년을 맞는 방법을 택할 것인가를 결정해야 한다. 요즈음 들어 부쩍 프리랜서 선언이 많은 아나운서를 예로 들어보기로 하자. 아나운서들은 보통 공채를 거쳐 정년보장을 받고 방송국에 입사하여 경력이 쌓이면서 또 인기도 높아지면서 조직에 얽매이는 것보다 자유로움을 선택하게 되고 보다 나은 보수를 위해 방송사를 퇴직하고 프리랜서가 된다. 이들은 이 결정을 내리면서 무척이나 많은 고민을 하면서 여러 변수를 고려하겠지만 아마도 자신의 일생 전체의 소득과 지출에 대해 가장 많은 고려할

230) 미국 구매전문가협회에 따르면 MRO(소모성 자재 구매 대행)를 활용하는 경우 총 구매비용의 최대 30%를 절약할 수 있고 국내 기업들은 평균 15~20%의 비용을 절감하고 있다고 한다. 한국경제신문사, 한경비즈니스, 2007년 6월 8일자, p.12.

것이다.[231] 프리랜서가 되는 것이 자신에게 더 유리하다고 판단이 들면 그 길을 가게 된다. 그런 후 자유롭게 자신을 필요로 하는 여러 방송사와 고용계약을 맺고 일정기간 동안 일을 하기도 하고 프로그램에 따라 그때그때 보수를 받는 시장형 노동력을 제공하는 쪽을 택하기도 한다. 자유와 단기간의 고수입을 얻는 반면 안정적인 직장을 포기해야하는 아픔이 있는 것이다. 이런 현상은 변호사, 의사, 방송작가 등 전문직에서 두르러지게 나타나고 있다.

어떤 방식으로 노동력이나 재료를 살 것인가 고민하는 CEO이든 어떤 방식으로 노동력을 공급할 것인가를 고민하는 직장인이든 식사를 해결을 위해 사용했던 경제 원리를 적용하면 성공적인 결정을 할 수 있을 것이다.

231) 일생동안의 소득과 지출에 대해서는 이 책 제 3부 11장을 참고하기 바람.

404

차별화된 시장친화적인 전략을 구사하라

✎ 월마트·까르푸를 이긴 국내 대형유통업체의 힘에서 배우는 교훈

절대 강자 표도르와 어느 약골 개그맨이 결투를 벌인다면 누가 이길까? 체격, 기량, 전술, 경험 등 모든 면에서 약골 개그맨은 표도르의 상대가 되지 못할 것이다. 그런데 골리앗과 다윗의 싸움에서 보듯이 약자가 예상을 뒤엎고 이기는 경우가 종종 있다. 유통시장 개방이후 우리 나라 대형 유통시장이 바로 이 경우에 해당한다고 할 수 있다. 절대강자인 외국 자본 대형 유통점과 국내 대형 유통점과의 대결에서 예상을 깨고 국내 자본이 승리를 거둔 것이다. 다윗은 신앙의 힘으로 골리앗을 이겼지만 국내 대형 유통점은 무엇으로 막강한 외국 자본 대통 유통점을 이겼을까?

"강한 자가 싸워서 이기는 것이 아니라 싸워서 이긴 자가 강한 자다"

1993년 우리나라의 유통시장이 개방되면서 국내 자본인 이 마트가 개장하였고 1996년 프랑스 자본의 까르푸(Carrefour)와 미국자본의

월마트(Wal-mart)가 국내시장에 진출하였다. 이 무렵 대부분의 사람들은 막강한 자본과 경영 노하우를 가지고 있는 외국의 대형 유통점에 의해 국내 소매업은 초토화될 것으로 우려하였다. 10여년이 지난 2007년 현재 예상대로 동네 구멍가게와 재래시장은 초토화되었지만 압도적 지위를 차지 할 것으로 예상되었던 까르푸와 월 마트는 2006년 국내 기업인 이랜드 계열과 이 마트에 인수되는 전혀 예상치 못한 일이 발생하였다. 〈표 37〉에 시장 개방이후 2005년 까지의 대형 유통점 수 추이를 보여주고 있는데, 이 마트는 매년 10개정도 점포가 증가하여 2005년 78개로 늘었고 홈 플러스도 1987년 비교적 늦게 진출하였으나 안정된 성장을 하면서 40개까지 점포수가 증가하였다. 하지만 1996년 같은 해 진출한 까르푸와 월마트는 정체상태에 있음을 알 수 있다. 특히 세계 최대의 개형 유통점인 월마트의 고전은 세계적인 화제 거리가 되기에 충분하다고 하겠다. 순수 국내 자본인 이 마트와 국내외 합작형인 홈 플러스가 막강한 까르푸와 월 마트를 물리치는 이변을 낳은 것이다. 특히 이 마트는 국내에서 얻은 성공을 기반으로 중국에도 진출하는 등 약진에 약진을 거듭하고 있다.

이렇게 예상과는 다른 결과가 나타난 이유는 무얼까? 한마디로 이 마트와 홈 플러스가 국내의 소비문화의 특성과 변화를 정확히 읽고 그에 적합한 차별화 전략을 구사했다는 점이다. 먼저 매장의 건축구조에서부터 차별화 전략을 사용하였다. 까르푸와 월마트는 자국에서와 같이 단층건물에 창고 형 매장을 고집한 반면 이마트와 홈 플러스는 다층 구조를 채택하였다. 백화점과 슈퍼마켓의 장점을 결합한 건물구조를 채택함으로써 안락함과 편이성을 제공하였다. 각종 부대 서비스에서도 외국 자본에 우위를 점할 수 있었다.

❙ 표 37 ❙ 시장 개방이후의 대형 유통점 수 추이

구분＼년도	1993	1995	1996	1997	1998	1999	2000	2001	2002	2003	2004	2005	합계
이마트	1	2	2	4	4	6	8	12	8	9	11	10	78
롯데마트				1		2	5	8	8	8	5	6	43
까르푸			3			5	8	3	3	4	1	4	31
월마트			2	2	1	1	1	3	6				16
홈플러스				1	2	4	3	4	7	7	3	9	40
5개사 합계	1	2	7	8	6	18	25	30	32	28	20	30	208

자료: 유통업체 연감(2006), 체인스토아협회 자료를 토대로 정리.

두 번째 이유로는 층별 차별화 전략을 들 수 있다. 이마트와 홈플러스는 음식료품은 1층 매장에 2, 3층은 공산품 매장을 두었다. 모든 상품을 한 층에 진열한 까르푸와 월마트와는 극명하게 대비되는 점이다. 사실 반찬을 구입하려는 주부에게 까르푸와 월마트와 같은 넓은 공간은 필요 없다. 까르푸와 월마트의 매장은 넓기 때문에 상품이 어디에 진열되어 있는지 알기가 쉽지 않아 이동하는 거리가 길 수 밖에 없을 뿐 아니라 마땅히 쉴 곳도 없다. 하지만 이마트와 홈플러스에서는 1층에서 쉽게 '장보는 것'이 가능하며 필요한 경우에만 2층이나 3층을 이용하면 된다. 때마침 본격화되기 시작한 맞벌이 부부의 증가는 이런 전략에 날개를 달아주었다. 세 번째 가격 면에서도 까르푸와 월마트에 뒤지지 않았다는 점을 들 수 있다. 또 보너스 카드제 활용 등 부대 서비스를 적극 활용함으로써 가격 면에서 적어도 열세에 놓이지는 않았다.

이런 차별화 전략 때문에 소비자들은 이마트와 홈 플러스에 가면 까르푸와 월마트만큼 싸게 살 수 있는 동시에 백화점에서와 같이 편

리하고 안락하게 쇼핑을 즐길 수 있었다. 다시 말해 이마트와 홈 플러스의 성공의 비결은 국민들의 애국심 때문이 아니며 창고형 할인점의 장점과 백화점의 장점을 잘 조화시킨 전략의 승리라고 평가할 수 있다.

한미 FTA타결로 많은 국내 기업들이 불안해하고 있다. 그 불안은 분명히 근거 있는 것이지만 시장 친화적인 전략을 펴는 자가 국적에 관계없이 최후의 승자가 될 수 있음을 대형 유통시장은 우리에게 보여주고 있다.

우리 속담 '호랑이에 물려가도 정신만 차리면 살 수 있다'라는 말에서 알 수 있듯이 '정신만 차리면' 약골도 절대 강자 표도르와의 대결에서 이길 수 있다. 개인이나 조직의 SWOT(Strength, Weakness, Opportunity, Threat)분석을 기초로 즉 내부 능력 중에서 강점(強點)과 약점(弱點)을 잘 찾아내고 강점은 살리면서 약점을 보완하는 동시에 위협(威脅)적 외부요인을 슬기롭게 극복하며 기회(機會)를 적극 활용하는 전략적 행동을 취한다면 성공할 가능성이 그 만큼 높아진다고 하겠다. 이 때 강점, 약점, 기회 및 위협이 목표에 따라 달라질 수 있으며[232] 시간 경과에 따라 가변적이라는 사실을 명심하여야 할 것이다.

232) 박찬희·한순구, 『게임의 법칙』, p.17.

405

'선택과 집중' 그리고 분산 투자의 원칙을 적절히 활용하라

✎ 눈사람 만들기에서 배우는 투자에 관한 지혜

어린 시절 눈 오는 날 가장 추억에 남는 일은 눈싸움과 눈사람을 만드는 일이다. 형제끼리 만들어 옆집 형제가 만든 것과 비교하기도 하고 학급 친구들과 만들어 옆 반 친구들이 만든 것과 시합하던 일은 누구에게나 있는 추억일 것이다. 눈사람을 크고 실하게 만들기 위해서 우선 뭉치기 쉬운 눈을 고르고 탄탄하게 뭉쳐야 한다. 그리고 언덕과 같이 눈이 많이 쌓여있는 곳을 찾아 잘 굴리면 쉽게 크게 만들 수 있다. 이런 과정을 거친 여러 개를 합치면 큰 눈사람을 만들 수 있다. 저자는 직업상 재테크 경험이 없지만 그 기본은 눈사람 만들기와 같다고 본다.

"계란은 한 바구니에 담는 것이 아니여"

사람들은 완벽하게 미래를 예측할 수 없으며 이로 인해 여러 가지 손해나 해로움, 즉 위험(危險, risk)에 빠질 수 있다는 사실을 알기 때문에 이를 줄이기 위해 몸부림치고 있다. 위험을 대비하는 방법을 보면 크게 볼 때 예측력 자체를 높이려는 노력을 하고 다음으로는 위험에 대비하는 방법을 강구하는 두 단계를 거치고 있다.

먼저 예측력을 높이기 위해 자연과학과 사회과학을 발전시켰고 이에 힘입어 기후나 생태계 변화와 같은 자연현상은 물론 사회 현상에까지도 상당한 정도로 정확하게 예측할 수 있는 능력을 가졌다고 볼 수 있다. 또 보다 더 정확하게 예측력을 증진시키기 위해 지금도 노력 중이다. 일반적으로 사람들이 예측을 함에 있어 가능한 경우와 그 가능성에 대해 판단을 한다. 이 때 예측 대상과 사람의 성격에 따라 매우 다양한 결과가 나타난다. 예컨대 동전 던지기와 같이 누구나 동의하는 경우와 확률을 나타내는 일이 있는가 하면 증권투자와 같이 누구나 동의할 수 있는 경우와 확률을 가지고 있지 않은 대상도 있다. 불행하게도 우리 주변에서 발생하는 거의 대부분의 일은 '동전던지기'보다는 '증권투자'에 가까운 것들이다. 따라서 백인백색의 예측이 나타나는 것이다.

1,000만 원을 투자하려고 하는 용세와 용미 두 사람이 있다고 하고 이들에게 A회사 주식의 한 달 후 기대 수익률을 물어 보았다고 하자. 이 회사 경영에 비관적인 자세를 취하는 용미와 반대로 낙관적인 자세를 취하는 용세의 예상을 〈표 38〉와 〈표 39〉에 나타내 보았다. 두 사람 간에 예상 수익률의 범위와 확률이 다른 예이다.[233] 용미는 비관적인 예측을 근거로 더 이상의 투자를 하지 않은 반면 용세

---

233) 이 외에도 두 사람의 예상 수익률의 범위는 같으나 확률이 다른 경우도 있을 수 있다.

는 적극적으로 1,000만 원을 투자를 하였다고 하자.[234] 한 달 후 수익률이 10%가 실현되었다면 용미는 전혀 수익을 얻지 못한 반면 용세는 100만 원의 수익을 얻게 된다. 반대로 10%하락으로 나타났다면 용미는 손해 본 것이 없지만 용세는 100만 원 손해를 보게 된다. 두 사람 모두 정확한 예측을 위해 많은 노력을 기울였음에도 불구하고 위험에 놓이기는 마찬가지다. 이렇게 불가피하게 나타나는 위험에 대해 사람들은 다른 반응을 보이게 된다.

❙표 38❙ 용미의 증권 수익률 예측

10%하락	5%하락	변화 무	5%상승	10%상승
1/5	3/10	3/10	1/5	0

❙표 39❙ 용세의 증권 수익률 예측

10%하락	5%하락	변화 무	5%상승	10%상승	15%상승
0	1/10	1/5	2/5	1/5	1/10

위험에 대한 사람들의 태도를 알아보기 위해 아래와 같은 제안이 주어졌다고 하자.

제안 1: 현금 100만 원을 받는다.
제안 2: 주사위를 던져 앞면이 나오면 200만 원을 받지만 뒷면이 나오면 한 푼도 못 받는다.

234) 용미의 기대 수익률은 −2.5%이지만 용세의 기대 수익률은 5.5%이다.

3가지 유형의 사람, '그저 그래', '돌다리도 두드려 보고 걷기', '못 먹어도 고'

제안 1에서 얻는 돈은 확실한 100만 원인 반면 제안 2는 기댓값이 100만원이다. 이 두 제안을 같다고 생각하는 사람을 위험에 대해 중립인 자(risk neutral, 제안 1과 제안 2를 같다고 생각하는 사람)라고 정의한다. 또 손에 확실하게 100만 원을 쥐는 것을 기댓값으로 100만 원 얻는 것보다(확실히 100만 원이 손에 쥐어진다는 보장 없음) 선호하는 사람을 위험회피자(risk averter)라고 부른다(제안 1을 선호하는 자). 돌다리도 두드려 보고 걷는 사람이 이 유형에 속한다. 마지막으로 제 2안을 선호하는 사람으로서 최악의 경우 한 푼도 못 건지는 수도 있지만 최고 200만 원을 얻을 수 있다는 생각에 위험을 도전하는 사람(위험애호가, risk lover)이라고 부른다. 속된 말로 '못 먹어도 고'를 외치는 사람이다.

사람에 따라 또 같은 사람이라도 대상이나 경우에 따라 위험을 대하는 태도가 달리 나타난다. 예컨대 평소에는 무엇이든지 소심하던 사람이 음주 후 에는 과단성 있는 행동을 하는 것을 가끔 볼 수 있다. 하지만 경제학에서는 보통사람들은 위험을 회피하려는 경향을 가지고 있다고 보고 이런 유의 사람을 대상으로 이론을 구성하고 있다. 현실적으로 많은 사람들이 위험 회피적 행동을 보이고 있기 때문에 합리적인 가정이라고 평가할 수 있겠다.

A회사에 대해 낙관적인 예측을 한 용세는 비관적인 현실이 나타났을 때, 비관적인 예측을 한 용미는 낙관적인 현실이 나타났을 때 손

해를 보게 된다. 이 때 용세나 용미의 위험에 대한 태도에 따라 다른 반응을 나타내는데 두 사람 모두 위험회피자라고 하면 자신의 예측과 반대되는 현실이 나타났을 때 보는 손해를 다른 곳에서 만회하려고 할 것이다. 이 때 생각할 수 있는 것 중의 하나가 A회사와 반대로 움직일 가능성이 높다고 예측되는 회사의 주식을 사는 것이다. 용세와 용미는 자연스럽게 반대로 움직이는 것이 기대되는 두 회사의 주식에 투자하게 된다. 즉 한 쪽에서 손해 보면 다른 쪽에서 만회가 자연스럽게 되는 조합을 만들어 놓고 두 다리를 쭉 펴고 잠을 청할 수 있게 된다.[235] "계란은 한 바구니에 담는 것이 아니여", '우산회사와 짚신회사에 동시에 투자'로 웅변되는 분산 투자(分散投資)는 보통 사람으로 하여금 위험을 회피할 수 있게 해주는 좋은 방법 중의 하나이다. 여기에서 효율적인 포트폴리오 구성의 필요성을 느끼게 된다. 포트폴리오(portfolio)란 '각각 다른 수익률과 위험을 가진 여러 가지 자산의 결합'이라고 정의할 수 있으며 효율적인 포트폴리오를 구성하기 위해서는 각 투자대안의 수익률과 위험이 시장 전체의 수익률과 위험과 어떤 관계가 있는지에 대해 면밀한 분석이 필요하며 평균수익률 획득을 일차적인 목표로 삼는 것이 현명하다.[236] 이런 측면에서 보면 문어발식 투자라고 비판받는 재벌의 다각화(多角化, diversification)도 분산투자의 일종인 것이다.

235) 그러나 용세가 위험애호가라면 A와 같은 방향으로 움직일 것이라고 예상되는 회사의 주식을 살 것이다.

236) 임경, 『소설처럼 재미있는 금융이야기』, 평단, p.135.

일단 하나 단단히 뭉친 후, 언덕을 찾고 굴리고, 여러 개를 합쳐라

분산투자와 정반대로 '선택과 집중'을 강조하는 경우를 볼 수 있다. 한 쪽에서는 분산투자를 다른 한 쪽에서는 '선택과 집중'을 권하고 있다. 어느 장단에 춤을 추어야 옳은가? 투자금액이 적을 때 먼저 어디에 투자해야 하는지를 철저하게 분석하고 그 곳에 집중하여야 한다. 보다 크고 튼튼한 눈사람을 만들기 위해 우선 뭉치기 쉬운 눈을 고르고 탄탄하게 뭉치고 눈이 많이 쌓여있는 언덕을 찾아 잘 굴려야 하는 것과 같이 '선택과 집중'을 하여 눈을 크게 하여야 한다. 그리고 어느 정도 크기가 되면 한 곳에서만 눈덩이를 크게 할 것이 아니라 여러 곳에서 뭉침으로써 위험을 분산시킬 수 있으며 마지막에는 이런 과정을 거친 여러 개를 합치면 큰 눈사람을 만들 수 있다. 흔히 "돈이 돈 번다"라고 할 때 처음 돈은 절약을 통해 모으고 선택과 집중의 원리를 통해 살찌게 한 후 분산투자를 하여야 한다.

'선택과 집중'이냐 '분산'이냐의 문제는 결국 선택의 문제인데, 한 쪽을 선택하면 다른 쪽은 도외시하는 것이 아니라, 자금의 규모 및 투자가의 나이에 따라 어느 한 쪽이 더 강조되는 것이다. 작은 자금일 때나 투자가의 나이가 젊을 때는 '선택과 집중'쪽에 큰 자금일 때나 나이 들면서는 '분산'쪽에 더 치중하는 것이 현명하다. 앞으로 사람의 수명이 90세에 가까이 간다는 사실을 염두에 둔 즉 자신의 일생 전체를 감안한 현명한 투자가 점점 더 필요해지고 있다.

눈사람을 만들 때의 지혜를 투자에 적용하면 큰 부자는 못되어도 실패하지는 않을 것이라고 믿는다.

406

인센티브 제도를 잘 활용하라

✎ 미식축구 룰에서 배우는 교훈

미국을 대표하는 스포츠를 꼽으라면 누구나가 미식축구를 꼽는데 주저하지 않을 것이다. 그 이유가 뭘까? 아마도 가장 중요한 이유는 미국에서 처음 시작된 스포츠이고 미국의 개척정신을 반영하기 때문이라는 주장에 이론의 여지가 없다고 하겠다. 그렇다고 하더라도 세계 거의 모든 사람들이 열광하는 축구의 인기는 매우 낮은 것은 왜일까? 같은 서양인인 영국, 독일, 프랑스 사람들은 축구라면 사족을 못 쓰는데, 미국인은 그렇지 않다. 역사·문화 이외에 다른 요인으로 꼽을 수 있는 것은 없는가? 저자는 미국축구의 독특한 경기 방식과 득점인정방식이 시장경제 원리와 일치하기 때문인 점도 중요하게 작용한다고 본다.

미식축구의 매력에 푹 빠져 봅시다!

먼저 미식축구가 매우 전문화되어 있다는 점을 들 수 있다. 공수

교대가 확실하기 때문에 수비수는 수비만 공격수는 공격에만 전념하는 체제를 가지고 있다. 이 점에서는 야구와 비슷하지만 야구에서 보다 더 철저히 분업화되어 있다. 야구 선수는 공격도 하고 수비도 해야 하지만 미국축구에서 수비수는 수비만 공격수는 공격만 한다. 따라서 축구에서는 높게 평가하는 올라운드 플레이어가 성공하기 매우 어렵다.[237) 238)] 전문성이 높기 때문에 그들의 플레이는 매우 고급상품이라고 평가할 수 있다.

둘째 득점의 다양성이 존재한다는 점을 들 수 있다. 축구에서는 한 번의 공격에서 최고 1점이지만 미국축구에서는 2, 3, 6, 7점 중 어느 것이 될 지 아무도 모른다. 한 번의 공격에서 동점을 거치지 않고 역전이 가능하다. 반드시 동점을 거쳐야만 역전이 되는 축구와는 너무나도 대조적이다. 5점 차이로 뒤지던 팀이 한 번의 공격에서 7점을 얻음으로써 일순간에 역전승을 하게 된다. 이와 같이 한 번에 순식간에 역전이 되는 것은 미식축구나 야구 그리고 농구에서는 가능하지만 축구에서는 절대 불가능한 일이다. 다양한 메뉴를 가진 미식축구라는 식당에 익숙한 미국인들이 단순한 메뉴를 가진 축구라는 식당을 찾지 않는 것은 어쩌면 당연한 일이라고 할 수 있다.

---

237) LG 이택근선수가 진정한 의미의 올 그라운드 선수에 가깝다고 생각한다. 포수 출신인 그는 팀의 필요에 따라 내외야수 전 포지션에 출전하여야 하기 때문에 여러 포지션용 글러브를 넣고 다닌다고 한다.

238) 2006년 슈퍼볼의 영웅 하인즈 워드는 패싱(passing), 러닝(rushing), 대싱(dashing) 3분야에서 탁월한 능력을 가지고 있지만 야구나 축구에서 말하는 모든 포지션을 소화할 수 있는 의미의 올라운드 플레이어와는 거리가 있다.

셋째 '고위험-고수익 인센티브(high risk high return incentive) 원칙'이 잘 지켜지고 있다. 골킥으로 얻는 점수는 3점에 불과하지만 상대방 앤드라인(end line)을 넘어 터치다운을 하면 6점 또는 7점을 얻는다. 앤드라인을 넘었다고 동일한 점수를 주는 것이 아니라 쉽게 넘는 것과 어렵게 넘은 것을 차별하여 점수를 주는 것은 경제학의 가장 기본원리라고 할 수 있는 '고위험- 고수익 원칙'이 적용되고 있다고 보아도 무방할 것이다.

넷째 상과 벌칙이 확실하다는 점을 들 수 있다. 반칙이 발견되면 그에 상응하는 벌칙이 주어진다. 반칙을 한 쪽은 반칙 내용에 따라 5야드, 10야드 등 거리상의 손해를 보아야 한다. 축구에서는 파울이 일어난 그 지점에서 프리킥을 찬다. 좀 과한 경우 옐로우 카드나 아주 심한 경우 레드카드를 주어 반칙한 선수나 팀에게 처벌을 가하지만 미국축구만큼 합리적이지 못하다.[239] 미식축구에서는 파울이 즉각 거리의 손해로 나타나고 그로 인해 득점에 영향을 미치며 나아가 승패에 영향을 미치는 경우가 자주 있지만 축구에서는 흔히 볼 수 있는 일이 아니다.

다섯째 개인과 팀의 조화가 다른 어느 스포츠보다도 중요하게 작용한다. 생산성 향상의 기본 원칙인 분업과 협업의 조화를 크게 요한다. 선수 중 한 사람이라도 자기 몫을 다 하지 못하면 그대로 상대에게 큰 기회를 주게 된다. 마치 일류기업일수록 조직원 개개인도 우수하지만 조직 전체가 더 큰 힘을 발휘하는 것과 매우 유사한 현상이다.

239) 축구에는 가끔 핸들링에 의한 득점, 일명 신의 손 사건이 발생하며 그 책임을 누구에게도 묻지 않지만 미국축구에서는 그와 같은 비 신사적인 일은 엄격한 처벌로 인해 거의 발생하지 않는다.

여섯째 첨단 통신기기를 이용하여 감독, 코치, 선수들 간의 의사소통이 어느 정도 가능하며 상대의 움직임을 간파할 수 있기 때문에 다양한 전술이 구사될 수 있다. 또 정지된 상태에서 게임을 시작한다는 점도 다양한 전술의 구사를 가능하게 한다. 상대가 어떤 전술을 사용할 것인가를 미리 예측하여 대비할 수 있다. 하지만 상대도 이 점을 알고 있기 때문에 이를 역으로 이용하는 전술을 택할 수 있다. 감독간의 치열한 머리싸움이 승패에 크게 영향을 미치며 관중들의 흥미를 이끌기에 충분하다. 선수교체의 폭이 좁은 축구에서는 감독이 할 수 있는 역량이 한정되어 있다는 점과는 매우 대조적이다.

마지막으로 이런 제도들이 정착하는 과정에서 미식축구협회와 구단 등의 적극적인 스포츠 마케팅이 작용하였다. 특히 쿼터제를 실시함으로써 다양한 화제 거리를 만들 수 있으며 광고 수입도 올릴 수 있으며 팬과 선수들에게 적절한 휴식과 새로운 전의(戰意)를 다지게 한다.[240] 먼저 광고 측면을 보면 전 후반 밖에 없어 두 번 밖에 광고를 할 수 없는 축구와는 크게 대비된다. 쿼터제는 팬들에게 이야기 거리를 많이 만들어 준다. 축구의 경우 게임의 흐름을 전반, 후반으로 두 번에 나누어 설명할 수 있지만, 미식축구와 농구에서는 4번에 걸쳐, 야구에서는 무려 18번에 걸쳐 이야기 거리가 존재한다. 15분 정도의 긴박한 경기가 끝나면 팬들도 휴식을 취할 수 있고 선수와 감독은 새로운 각오나 전술로 시합에 임할 수 있다. 휴식시간은 광고주, 방송국, 구단, 협회에게는 수입을 가져다주는 시간이 되고 팬들에게는 휴식시간으로 작용하며 선수와 감독에게는 앞 쿼터를 반성하

---

240) 광고가 많음으로써 시청자들에게 흥미를 절감시키는 면도 없지 않지만 광고주의 입장에서는 좋은 기회가 아닐 수 없다.

고 상대를 압도하기 위한 활기찬 준비의 시간이 되는 것이다.

이상의 논거를 종합해 보면 미식추구는 다른 스포츠에 비해 경제 원리을 충실히 반영하는 제도로 운영되고 있다는 점이다. 이런 제도에 익숙해져 있는 미국인이 다양성도 적고, 역전의 묘미도 적고, 화제 거리도 적으며, 전문성도 적은 축구에 매력을 느끼기란 매우 어려운 일이라고 아니할 수 없다. 즉 미국인이 축구보다 미식축구를 좋아하는 것은 DNA에 설명되는 것이 아니라 역사와 문화적 배경에 경기룰에 적절한 인센티브가 녹아있기 때문이라고 할 수 있겠다.

맛있는 당근을 그대 주머니에

어느 중소기업에서 있었던 일이다. 직원들이 전국으로 배달을 다녀야 하는데, 차 한 대에 한 달이면 거의 10만 원 정도, 1년이면 약 100여만 원의 교통위반 스티커가 날아오는 것이다. 차가 3대이니까 연간 약 300만 원이라는 적지 않은 돈이 범칙금으로 쓰여지고 있는 것이다. 업무상 발생한 일이니까 사장입장에서는 직원에게 책임을 물을 수가 없고, 그렇다고 의미 없는 돈을 그냥 허비하는 것 같아 묘수를 찾고 있었다. 이 때 생각해 낸 것이 인센티브제도이다. 사장은 다음과 같은 제안을 직원들에게 하였다.

"우리 회사가 일 년에 교통 범칙금으로 차 1대당 100만 원 정도이다. 분초를 다투는 배달 때문에 여러분이 교통법규를 위반하고 있지만 기왕이면 이 금액을 줄여 보기로 하자. 오늘부터 1년간 교통법규

위반 벌금에 대해 차 한 대당 최대 50만 원까지는 회사가 갚아준다. 만약 벌금이 이보다 적은 액수라면 100만 원과의 차액을 연말 보너스로 여러분에게 돌려주겠다. 예컨대 범칙금 합이 30만 원이 나왔다면 70만 원을 종업원 여러분에게 연말 보너스로 주는 것이다. 차가 세 대이니까 210만 원의 수입이 여러분의 몫으로 나누어지는 셈이다."

1년 후 이 회사의 범칙금은 얼마가 되었을까? 불문가지이다. 범칙금은 줄었고, 직원들의 수입은 증가하였다. 개인의 이익과 회사의 이익을 연결시키는 적절한 인센티브제의 활용이 개인, 회사, 나아가 국가 발전의 중요한 수단이 된다.

아내를 비롯한 주위 사람들에게 어떤 인센티브를 주어야 좋은가 고민해 보자. 그들에게 적시 적소에 적절한 인센티브를 줄 수 있는 능력을 발휘하는 것이 또 하나의 성공의 열쇠가 된다.

407

칭찬은 많이 꾸지람은 적게 쳐라

✎ 내기 골프에서 패한 사장의 고통에서 배우는 교훈

내기 골프에서 1만 원의 체감가치: 임원 20만 원… 고수는 더 높아

주요 기업 30명 임원을 대상으로 설문조사한 결과 내기 골프에서 1만 원의 체감가치는 20만 원 정도로 여기고 있다. '20만 원 정도 가치가 있다'고 답한 임원은 전체 중 60%인 18명에 달했고, 40만 원 이상(3명) 30만 원(3명) 10만 원(6명) 순이었다. 또 고수일수록 그 금액이 더 높은 것으로 조사되었다. 최근 700억 원대 애니메이션 펀드를 조성해 관심을 모으고 있는 C벤처캐피털의 K 대표(41)는 "내기 때 1만 원은 일상 생활에서의 1만 원이 아니다"면서 "자존심이 걸린 만큼 순간적인 체감가치는 10만 원을 능가한다"고 말했다.[241)]

이 기사는 '잃는다는 것'이 사람에게 상당한 고통을 가져다준다는 사실을 극명하게 보여주는 좋은 예라고 생각한다. 흔히 우리 일상에서 쓰는 말로 "당해 보지 않은 사람은 모를 거야"라는 표현은 손해에

241) 매일 경제신문 2007년 7월 10일.

대한 주관적 느낌과 객관적 느낌에 상당한 차이가 있음을 나타내는 말이다.

"돈 잃어 기분 좋은 사람 아무도 없다"

이 기사를 카너먼과 트버스키의 비대칭적 가치평가 함수로 표현하면[242)]

1만 원을 잃었을 때의 고통(양수로 표시)(V(-1만 원)의 절대 값)=
평소 20만 원을 가졌을 때의 만족(20만 원)

와 같이 나타낼 수 있을 것이다.

이 기사의 내용과는 반대로 1만 원을 땄을 때 느끼는 기분 좋음은 평소 얼마의 돈이 주는 만족과 같은가? 비대칭적 가치평가 함수를 근거로 추축컨대 내기에서 딴 만원은 아마도 잃었을 때의 고통인 20만 원보다 적다고 생각해도 무리가 없을 것이다. 평상시 10만 원에 해당하는 만족이라고 하자.

1만 원을 땄었을 때의 만족(V(+1만 원)의 값) =
평소 10만 원을 가졌을 때의 만족(10만 원)

따라서 1만 원을 잃었을 때의 고통(양수로 표시)(V(-1만 원)의 절대 값, 20만 원) 〉 1만 원을 땄었을 때의 만족(V(+1만 원), 10만 원)

242) 이 책 3부 16장 참고하기바람

로 나타낼 수 있다. 이렇게 볼 때 같은 남에게 고통을 주는 일을 함에 있어서는 상대방 입장에서의 배려가 필요하다는 사실을 확인할 수 있다.

"일곱 번 칭찬하고 세 번 꾸짖어라"243)

"일곱 번 칭찬하고 세 번 꾸짖어라" 또는 "한 번의 꾸지람은 세 번의 칭찬에 의해 보상된다."라는 교육전문가들의 조언은 꾸지람이 주는 부정적 효과가 매우 크다는 사실을 알리고 있으며 꾸지람을 되도록 삼가라는 말로 풀이할 수 있다. 한편 '칭찬은 고래도 춤추게 한다' 라는 말이 있다. 칭찬이 인간에게 가져다주는 긍정적인 효과를 잘 나타낸 표현이며 칭찬의 중요성을 강조하는 말이다.

위 말은 합쳐 보면 "고래도 춤추게 할 수 있는 엄청난 힘을 가진 칭찬도 세 번 합하여야 꾸지람 한 번에서 받은 상처를 씻을 수 있다"는 표현으로 바꾸어 쓸 수 있겠다. 이 표현은 비대칭 가치 함수에 의거하여 설명해 보면

1번 꾸지람을 들었을 때의 고통의 증가분(양수로 표시) =
3번 칭찬을 들었을 때의 만족의 증가분로 나타낼 수 있다.

칭찬을 받으면 누구나 좋듯이 꾸지람을 들으면 누구나 기분 나쁘다. 요는 똑 같은 정도의 칭찬과 꾸지람에 대해 받는 사람의 느낌이

243) 하타노 미키 지음, 신현호 역, 『좋은 꾸지람 나쁜 꾸지람』, 노벨과 개미.

다르다는 점이다. 여기서 똑 같은 정도의 칭찬과 꾸지람이란 매우 추상적인 개념이지만 칭찬으로 1만 원을 주는 경우와 벌금으로 1만 원을 부과하는 경우를 생각하면 좀 더 구체적으로 느낄 수 있을 것이다. 꾸지람이 더 큰 상처를 준다. 고래도 춤추게 할 정도의 능력을 가진 칭찬도 한 번의 꾸지람으로 상처받은 마음을 달랠 수 없을 수 있으며 심지어 근거 없는 꾸지람이나 막무가내 식 꾸지람은 더욱 그럴 것이다. 칭찬을 아껴서도 안 되지만 꾸지람은 되도록 삼가는 것이 성공을 위한 또 하나의 지혜다. 부모 자식 간에도, 형제간에도, 친구 간에도, 사제 간에도, 직장 상사와 부하 간에도…

따라서 칭찬의 긍정적 효과를 극대화하고 꾸지람의 부정적 효과를 최소화하는 방법으로 "칭찬 할 때는 공개적으로, 질책을 할 때는 남모르게" 하는 지혜가 필요하다. 실제로 미국 육군 사관학교 리더십 교육에서는 꾸지람을 줄 때는 남들이 보지 않는 늦은 시간이나 장소를 이용하라고 가르치고 있다.[244]

244) 육군사관학교 리더십센터 홈페이지 참고.

408

세계 60억 인구의 아쉬운 곳을 긁어 줘라

✎ 빌 게이츠의 성공이 주는 교훈

지난 1999년 워싱턴 포스트 지는 지난 천년(1000년에서 1999년까지)의 인물로 징기스칸(1155~1227)을 꼽았으며 비단 길을 연결시킴으로써 동서양의 교류를 본격적으로 가능하게 한 인물이라는 점을 그 근거로 들었다. 인류 최대의 정복자인 그가 천년의 인물로 뽑힌 것이다. 오늘날 최대의 정복자는 누구인가? 당시에는 땅의 정복자였지만 요즈음은 시장의 정복자일 것이며 누구나가 빌 게이츠를 꼽는데 주저하지 않을 것이다. 그의 재산은 세계 경제위기로 인해 줄어들긴 했지만 500억 달러이며 10여 년 째 세계 최고의 부자로 뽑히고 있다. 그 뿐 아니라 그는 지난 25년간 세계에서 가장 영향력을 미친 인물로 레이건 전 대통령을 제치고 1위로 올라 있다. 앞으로 그의 독주는 계속될 것으로 본다.

빌 게이츠, 그는 살아있는 징기스칸이다

누구나가 부자가 되고 싶어 한다. 빌 게이츠를 부러워하고 그 비결을 알고 싶어 한다. 겨우 하루 먹고 살기 바쁜 보통 사람과 빌 게이츠는 어떤 점이 다른가? 보통 사람의 대명사인 동네 구멍가게 주인 아저씨와 빌 게이츠를 비교해 보기로 하자. 먼저 수요의 크기에서 엄청난 차이를 보이고 있다는 점을 지적할 수 있다. 동네 구멍가게 아저씨의 고객이 3천 명 정도라고 하면 빌게이츠의 고객은 60억 세계인구라고 해도 과언이 아닐 것이다. 빌게이즈는 구멍가게 아저씨보다 무려 수백만 배 큰 시장을 가지고 있으니 당연히 수입도 그 이상으로 차이가 나는 것이다.

둘 째 독점력에서 차이가 있다. 동네 구멍가게 아저씨가 약간만 가격을 올리거나 불친절하게 하면 손님들은 당장 다른 가게로 옮겨 가지만, MS제품 외에 다른 대체상품을 쉽게 찾을 수 없기 때문에 빌 게이츠는 자신에게 유리한 가격이나 판매조건을 제시할 수 있다.

이러한 독점력의 근저에는 MS의 뛰어난 기술력에 바탕을 둔 제품의 우수성이 있음을 명심하여야 할 것이다.[245] 다시 말해 동네 구멍가게 아저씨는 소수의 동네 사람들을 대상으로 어디에서나 구할 수 있는 상품을 팔고 있는 반면 빌 게이츠가 세계를 대상으로 자기만 독점적으로 생산하고 있는 상품을 팔고 있다. 그는 지금까지 있었던 그 어느 황제보다도 전 세계에 영향력을 미치고 있는 황제 중의 황제다. 그는 살아있는 징기스칸이다.

---

245) 독점금지기관에 의해 MS가 끼워팔기와 같은 불공평한 거래를 하고 있다는 비난을 받고 있지만 MS제품의 우수성 자체에 대해서는 부정하지 못할 것이다.

부~자 되세요~~

돈을 번다는 말을 다시 말하면 남이 가진 돈을 내 소유로 바꾼다는 말과 같다. 하지만 다른 사람들도 돈의 유용성을 알고 있기 때문에 쉽게 나에게 주지 않는다. 불법적인 방법으로는 좀 쉽게 돈을 벌 수 있지만 보통 사람이 적법한 방법으로 많은 돈을 번다는 것은 낙타가 바늘 구멍을 통과하기 보다 더 어려운 일이라고 해도 과언이 아닐 것이다. "남의 아쉬운 곳을 긁어 주어 상대가 스스로 주머니를 열게 해야 한다"라고 원칙을 말하고 싶다. 빌 게이츠는 바로 60억 세계 모든 사람을 대상으로 아쉬운 곳을 긁어 주었고 그들이 스스로 주머니를 열어 그에게 자신들의 돈을 준 것이다.

이 원칙을 설명하기 위해 초코렛 장사인 경태와 그의 소비자들의 행동에 대해 예화를 만들어 보았다. 경태는 3천 원에 생산한 맛있는 초코렛을 이윤 2천 원을 추가하여 5천 원에 팔려고 한다고 하자. 100명의 친구들에게 이 한 통을 얻기 위해 얼마를 지불할 의사가 있느냐를 물어 보았다. 영심이는 1만 원을, 용미는 8천 원을, 용세는 6천 원을, 용기와 나머지 96명은 4천 원을 주고서라도 살 의사가 있다고 대답하였다.

경태는 5천 원을 받고 영심이, 용미, 용세에게 팔아 6천 원의 이윤을 얻을 수 있다. 이 때 생산자인 경태만 이윤을 얻은 것이 아니라 소비자들도 행복해졌는데 영심이도 1만 원을 주고서라도 사고 싶었던 것을 5천 원에 샀으니까 5천 원을 벌은 기분이고, 용미는 3천 원, 용세는 1천 원을 번 기분일 것이다. 이렇게 소비자가 어떤 상품을

소비하기 위하여 지불할 용의가 있는 가격과 실제로 지불한 가격과의 차이를 소비자 잉여(消費者剩餘, consumer's surplus)라고 부르며 생산자가 어떤 상품을 판매하여 얻은 실제 수입이 생산자가 꼭 얻어야겠다고 생각한 수입(상품생산의 기회비용)보다 초과한 부분을 생산자 잉여(生産者剩餘, producer's surplus)라고 부르며[246] 이 양자의 합을 총잉여(總剩餘, total surplus)라고 부른다. 이 예에서는 소비자잉여는 9천 원이고 생산자잉여는 6천 원, 총 잉여는 1만 5천 원이다.

경태는 더 많은 수익을 얻기 위해 고민을 하게 될 것이다. 그는 각고의 노력 끝에 생산원가를 1,500원으로 낮추고 판매가를 3,500원으로 책정하였다고 하자. 기존의 3명의 소비자는 초콜렛 값이 싸졌다고 싱글벙글할 것이다. 각자 소비자 잉여가 1,500원씩 증가한 것이다. 5,000원일 때는 초콜렛을 그림의 떡으로 보았던 용기와 나머지 96명의 친구도 소비할 수 있게 된다. 경태의 이윤 역시 20만 원으로 증가한다. 모두가 윈-윈한 셈이다. 위 내용을 〈표 40〉에 정리해 보았다.

경태가 생산가를 낮추는 노력이 성공한 결과 6천 원의 이윤이 무려 33배로 늘어난 20만 원이 되어 대박을 터트린 즐거움을 맛보게 되었다. 혼자만 기분 좋은 것이 아니다. 동창회에 가니 과거 보다 많은 친구들이 그에게 다가와 초코렛 값이 싸져 누구나 먹을 수 있게 되었다고 고마워한다. 경태도 돈 벌어 좋고 친구들은 소비하고 싶어 하던 물건을 값싸게 사서 좋고… 즉, 사회 전체의 소비자 잉여는 9천

246) 김대식 외, 앞의 책, p.114.

원에서 6만 2천 원으로 늘었으며 사회 총 잉여는 1만 5천 원에서 26만 2천 원으로 증가하였다. 또 연말에는 우수 경영자로 뽑혀 대통령상도 받았다. 소비자 잉여는 친구들의 만족으로 나타나고 있으며 생산자 잉여는 경태 자신을 부자로 만들었고 사회적 총 잉여는 그에게 대통령상이라는 명예도 안겨 주었다. 원가 절감을 실천함으로써 얻게 된 부와 명예이다. 만약 그가 20만 원을 도박을 해서 벌었다면 소비자 잉여도 생산자 잉여도 사회적 총 잉여도 전혀 생산하지 못한 채 도박에서 잃은 사람만 있을 뿐이다.

❙표 40❙ 생산 활동을 통해 부자가 되는 과정

개당 생산 원가, 가격, 이윤	생산자 잉여(PS)	소비자 잉여(CS)	총잉여 (PS+CS=SS)
생산원가 3천 원 가격 5천 원 이윤 2천 원	6천 원	영심의 소비자 잉여 5천 원 용미의 소비자 잉여 3천 원 용세의 소비자 잉여 1천 원 용기 외 96명 구입 불가	1만 5천 원
		합계: 9천 원	
생산원가 1천 5백 원 가격 3천 5백 원 이윤 2천 원	20만 원	영심의 소비자 잉여 6천 5백 원 용미의 소비자 잉여 4천 5백 원 용세의 소비자 잉여 2천 5백 원 용기 외 96명의 소비자 잉여(일인당) 5백 원	26만 2천 원
		합계: 6만 2천 원	

위에 말한 경태와 같은 역할을 한 사람으로 자동차의 왕 포드(Ford), 발명왕 에디슨, MS의 빌 게이츠, 구글의 래리 페이지(Larry

Page)와 세르기 브린(Sergey Brin), 이병철, 정주영 회장을 들 수 있다. 부자가 되려면 소비자의 아쉬운 부분을 긁어 주라. 그러면 그들이 고맙다고 스스로 지갑을 연다. 그뿐만 아니라 존경까지 한다.

우리는 세계 시장에서 빌 게이츠와 같은 살아있는 징기스칸과 경쟁하고 있다. 어렵고 힘들 수밖에 없다. 하지만 이것이 우리의 숙명이라면 즐기면서 세계에 도전해 보는 것이 좌절하는 것보다 옳지 않은가하는 생각이 든다.

"나의 무대가 좁다고 생각해 본 적이 없어요. 제 무대는 한반도만이 아닌 전 세계이니까요"

피겨의 요정 김연아 선수가 모 은행 광고에서 한 말이다. 많은 사람들이 이 광고를 보고 광고의 진실성에 대해 의심하지 않을 것이다. 세계 최고를 목표로 하지 않은 사람은 세계 최고의 자리에 갈 수 없다는 것을 누구나 알고 있기 때문이다.

세계 시장을 보고 뛰는 사람이 많을수록 우리나라는 부강한 나라가 될 수 있음을 모두가 명심하여야할 것이다.

'팔방미인 형 리더'가 되라

✎ 무한 경쟁 시대의 성공한 리더의 모습

과거에 비해 인재를 다양한 기준과 방법으로 뽑는 경향이 뚜렷이 나타나고 있다. 명문 KAIST는 심층 면접을 통해 단순히 수능 점수만 좋은 학생을 선발하지 않고 창의적이고 유연한 사고를 하는 인재를 선발할 계획이라고 한다. 왜 이런 결정을 내렸을까?

새 술은 새 부대에 새 시대는 새 인재로

정보화·세계화·고령화시대에 접어들게 됨에 따라 전문성, 창의성, 자율성, 민첩성을 겸비한 인재가 필요한 시대로 접어들게 되었으며 새로운 스타일의 인재를 선발하려는 노력은 도처에서 만날 수 있다. 이제는 비교적 보수적인 전통이 강한 군 장교, 공무원, 법조인 선발에서도 나타나고 있다. 여성의 사관학교입학과 민간 대학에 군사학과 창설 등을 통해 군대도 과거보다 훨씬 다양한 방식으로 장교를 선발하고 있다. 의학전문대학원과 법학전문대학원도 같은 맥락에

서 이해할 수 있다. 특히 치열한 국제 경쟁에 내몰려 있는 기업에서 새로운 리더상을 제시하고자 노력하고 있는데 박현주 미래에셋금융그룹 회장은

"주어진 틀에서 벗어나지 못하고 과도하게 자격증을 쌓기에만 열중한 사람에게 점수를 깎아야 한다. 영업부서는 좀 다르겠지만 본사에 근무할 신입사원에게 필요한 것은 다양한 경험과 창의적인 사고다. 여러 자격증을 모으는 데만 몰두한 나머지 큰 그림을 보지 못하는 지원자가 많다. 많은 자격증보다는 건전한 철학을 가진 사람이나 '창조적 소수의 시각'을 가진 사람이 궁극적으로 회사를 이끌 인재로 성장한다."

고 하면서 '창조적 시각'을 강조하고 있으며[247], 또 서울대 경영학과 조동성 교수는

"기업이나 군대나 정부와 같이 큰 조직의 아랫자리로 들어가 높은 자리로 한 걸음 한 걸음 나아가는 길을 장미꽃 삶에 비유한 것이다. 장미꽃은 단 한번 큰 꽃을 피우기 위해 1년을 인내한다. (중략) 조직은 전문성과 신뢰성이라는 두 가지 덕목 중 하위직에는 전문성을, 고위직에는 신뢰성을 더 요구한다고 볼 수 있다. 장미 밭의 찔레는 쉽게 눈에 띄지만, 결국에는 장미 밭의 장미가 더 오랜 기간 아름다움을 유지하는 셈이다. (중략) 한 분야에 집중하는 사람은 시간이 지나면서 자연스럽게 그 분야를 이끌어 가는 리더가 될 수 있는 반면, 두 개 이상의 분야에 걸쳐 자격을 가진 사람은 상이한 분야를 통합하는 데서 얻어지는 특수성을 기반으로 해 자신만의 고유한 영역을 구축할 수 있다."

247) 동아일보 2007년 10월 13일자.

고 하면서 '전문성과 신뢰성을 바탕으로 하는 통합능력'을 새로운 리더상으로 제시하고 있다.

새로운 시대를 살아가야 하기 때문에 새로운 인재상을 사회는 원하고 있고 우리 개개인은 시대가 원하는 상으로 만들어가야 할 것이다. 이를 위해서는 개인은 물론 가정, 학교, 회사 등 사회의 체계적인 육성책이 필요한 것이다.

그대 있음에 나는 회사를 그만두고 싶다.

우리가 한 개인으로서 성공하기 위해서는 개인의 능력이 중요한 것은 두말할 나위가 없다. 또 조직의 도움이 필요하다. 개인의 발전은 조직에 의해 설명되는 면이 있기도 하지만 역으로 조직의 발전을 이끄는 견인차이다. 그래서 조직 내에서 인간관계가 매우 중요하다고 할 수 있다.

직장에서의 인간관계의 중요성을 잘 보여주는 자료를 〈표 41〉에 소개해 보았다. 2007년 10월 23일 직장인 2,439명(남자 1,309명, 여자 1,130명)을 대상으로 한 조사에 의하면 97.54%가 회사를 그만두고 싶을 때가 있었다고 조사되었고 그 이유로 임금이나 성과 평가에 대한 스트레스가 아닌 인간관계가 위를 차지한 것은 시사하는 바가 매우 크다.[248] 이 조사를 담당했던 관계자는 "기업들이 팀워크를 놀리기 위해 부단한 노력을 하고 있지만 직장문화의 보다 효율적이고

248) 스카우트 www.scout.co.kr 홈페이지 참고바람.

근본적인 개선을 위한 투자가 설비나 시설에 대한 투자만큼이나 중요하다"고 말하고 있다. 저자는 개별회사 차원에서도 이런 투자가 중요하지만 사회 전체적인 투자도 중요하며 그 중심에 학교와 군대가 있다고 본다.

▌표 41▐ 직장을 그만두고 싶은 이유

	남	여	전체
직장상사나 동료, 후배와의 마찰	41.5	40.8	41.2
적은 임금(상대적, 절대적 포함) 또는 불안정한 급여체계	33.5	34.7	34.1
성과평가에 대한 심한 스트레스	17.0	14.0	15.6
육아, 살림 등에 대한 압박	2.4	5.7	3.9
잦은 부서(또는 자리)이동, 술자리 등으로 인한 스트레스	5.6	4.9	5.3
합계	96.9	98.3	97.5

김덕수 교수는 시대가 산업화 사회에서 디지털 사회로 변화하였고 이에 따라 리더십의 패러다임도 과거 제왕적 리더십이나 관리자형 리더십이 아닌 CEO형 리더십으로 바뀌어야 한다는 게 우리 사회의 공론인 것 같다고 주장하면서 CEO형 리더십의 7가지 절대 덕목을 제시하고 있다. '지혜', '감성(感性)', '신뢰'를 바탕으로 '휴먼-네트워크를 견고하게 설정할 수 있는 능력', '깨끗한 도덕성', '변화와 혁신에 대한 강한 열정', '미래의 비전과 분명한 목표의 제시' 그리고 '과언다문(寡言多聞)과 언행일치(言行一致)'를 들고 있다.[249] 또 리

더십을 제대로 발휘하기 위한 전제조건으로 테일러는 '두뇌', '교육', '전문적 내지 기술적 지식', '수완 또는 요령', '용기 또는 담력', '합리적 판단과 상식', '에너지', '정직', 그리고 '건강'을 제시하고 있다.

또 시대의 변화에 따라 새로운 리더십이 필요한데 Lim& Daft는 〈표 42〉에서 보는 바와 같이 안정이 아닌 변화를, 통제가 아닌 임파워먼트[250]를, 경쟁이 아닌 공동협력을, 사물 중심적 사고가 아닌 사람과의 관계를 중시하는 사고를, 통일성이 아닌 다양성을 지향하는 새로운 리더십 패러다임을 제시하고 있다.

▌표 42▐ 시대의 변화와 새로운 리더십

과거 패러다임	새로운 패러다임
산업사회	정보 사회
안정	변화
통제	임파워먼트
경쟁	공동협력
사물 중심적 사고	사람과의 관계를 중시하는 사고
통일성 지향	다양성 지향

Ghee Soon Lim& Richard L. Daft, *The Leadership Experience In Asia*, Thomson, 2004, p.11

249) 김덕수, 앞의 책, pp.28~31.

250) 임파워먼트(impowerment)란 실무자들의 업무 수행능력을 제고시키고, 과닐자들이 지니고 있는 권한을 실무자에게 이양하여 그들의 책임범위를 확대함으로써 종업원들이 보유하고 있는 잠재능력 및 창의력을 최대한 발휘하도록 하는 방법이다.

‖표 43‖ 창조적인 조직과 사람의 특성

창조적인 조직	창조적인 사람
■ 얼라인 먼트	• 신뢰성 높은 행동 • 일관된 접근
■ 자기 주도적 행동	• 상호의존 • 인내심 • 에너지
■ 비공식적 행동	• 자신감 • 규율에 너무 얽매이지 않음
■ 우연한 행운 만들기	• 즐거움 • 호기심 • 자유로운 탐구정신
■ 다양한 자극	• 열린 마음 • 개념적인 풍부함 • 다양성을 즐김
■ 조직 내 의사소통	• 사회적 능력 • 감성적인 표현 풍부 • 사람사랑

Lim, Ghee Soon& Daft Richard L., ibid. p.640

이상에서 본 바와 같이 새로운 리더로 학자도 기업가도 '창조력을 갖고 조직을 변화시킬 수 있는 리더'를 제시하고 있음을 알 수 있다. 〈표 43〉에 Lim&Daft가 지적하고 있는 창조적인 조직과 사람의 특성을 정리해 놓았다. 전통적인 조직과 비슷하거나 같은 요건이 대부분이지만 '우연한 행운 만들기(serendipity)'는 창조적 조직의 독특한 측면이라고 볼 수 있다. 리더는 위험부담이나 모험에 가치를 두는 문화를 창조함으로써 우연한 행운을 자극할 수 있으며 그 결과가 창조적인 성과를 낳을 수 있다. 자기가 속하고 있는 조직의 특성상 강점을 가지고 있는 요소와 그렇지 못한 요소를 구별하고 적절한 대처를 하는 것이 조직 활성화의 관건이다. 예컨대 정부나 군에서는 규율이 엄하고 폐쇄적인 조직이기 때문에 창조적 조직의 육성 간에는 상충관계(trade-offs)가 있을 수 있다고 본다. 본연의 규율을 잘 지키면서도 유연성을 갖는 조직을 만드는 노력을 하여야 할 것이다.

인간이 진화하듯 진화하는 리더십 모형

〈그림 44〉에는 시대의 변화에 따라 변하고 있는 이상적인 기업의 리더십 모형을 보여 주고 있다[251]. 성공한 사람의 리더십, 합리적인 경영, 팀 리더십, 학습하는 리더십으로 진화해 가고 있다. 리더는 조직 내는 물론 사회 전체 더 나아가 시대에도 영향을 미쳐야 한다. 전자상거래의 활성화로 인해 기업 리더들은 실시간(real time) 결정을 내려야하는 급박한 상황에 처해 있다.

시대 1은 안정된 규모가 작은 사회에서 한 사람의 자질이 우수한 리더에 의해 특징지어지는 시대이다. 시대 2는 조직이 커지고 관료가가 진행되는 비교적 안정된 사회에서 리더가 원칙과 기준으로 합리적인 관리를 하던 시대이다. 시대 3에서는 경쟁이 격화되고 외부여건이 불안정한 시대로서 이 때 리더는 임파워먼트, 다양성 추구, 그리고 공개적인 의사소통을 통해 리더십을 인정받는다. 시대 4는 디지털 정보시대로서 리더는 부하들에게 권력과 통제보다는 비전제시, 가치공유, 그리고 원만한 인간관계를 기초로 리드를 하여야 한다. 리더들은 큰 그림(big picture)을 그리고 새로운 도전에 대비하며 위계적인 통제보다는 정보와 가지 공유를 통해 부하들의 복종심을

251) Lim, Ghee Soon& Daft Richard L., ibid., p.586

이끌어 내는 시대이다.

어느 조직이나 시대의 변화에 따라 자신에게 적합한 새로운 리더십상을 만들어 가야 할 것이다. 하위 리더에게는 시대 1과 시대 2의 모형이 중위 리더에게는 시대 2와 시대 3의 모형이 상위 리더에게는 시대 3과 시대 4의 모형이 중심이 되어야 하지만 상황에 따라서는 적절한 조화가 필요하다고 하겠다.

▮표 8▮ 리더십의 진화

범위 \ 환경	안 정	혼 란
미시	시대 2 합리적인 경영 행동이론 조건부수적 이론 여건 위계제, 관료제 경영 기능	시대 3 팀 리더십 혼란 임파워먼트 질 위주 여건 수평적인 조직 역할교차 팀 다운사이징
거시	시대 1 성공한 사람의 리더십 자질론 여건 전(前) 관료제 조직 관리론	시대 4 학습하는 리더십 가치공유, 어라인먼트, 관계 중시, 변화수용과 적응 여건 학습조직, 전자상거래

Lim, Ghee Soon & Daft Richard L., ibid. p.586

새 시대는 새로운 사고, 새로운 인재, 새로운 조직 문화, 새로운 패러다임을 요구하고 있다. 이 수요에 잘 부응하는 사람, 조직, 국가는 성공하지만 그렇지 못하면 도태될 수밖에 없다. 1993년 이건희 삼성 회장이 "부인과 자식 빼고는 모두 바꿔야 살아 남는다"라고 변화의 필요성을 강조하였고 그 덕분인지 이후 삼성은 한국의 삼성에서 세계의 삼성으로 도약하였다. 남모다 빠르게 시대의 흐름을 읽고 대처한 것이 성공의 밑거름이 되었다고 할 수 있다.

세계는 경쟁력있는 전문성은 물론 폭넓은 지식과 경험을 갖춘 인재를 필요로 하고 있다. 세계를 향한 열린 마음을 가지고 있으며 삶의 여유를 즐길 줄 알면서도 통찰력을 갖춘다면 세계 어디에서도 환영받는 인재가 될 것이다. 전문성과 다양성을 동시에 갖춘 새로운 유형의 팔방 미인형 인재를 사회는 요구하고 있다.

참고문헌

공정거래 위원회, 『2007년판 공정거래 백서』, 2008.
기하라부이치 엮음, 황소연 옮김, 『리더가 되기 전에 읽어야할 명품 고전 50』, 새로운 제안, 2008.
김대식 외, 『현대 경제학원론』, 2007.
김덕수, 『게임의 지배법칙으로 자기경영을 하라』, 지인미디어, 2007.
김민경 외, 『국가통계의 이해』, 방송통신대학교 출판부, 2001.
김수행, 『알기 쉬운 정치경제학』, 서울대학교 출판부, 2008.
김영세, 『게임의 기술,』, 웅진 지식하우스, 2007.
김영세, 『제 2판 전략과 정보』, 박영사, 2003.
김정호, "좋은 기부, 나쁜 기부", 자유 기업원 전문가 칼럼, 2007년 12월 21일.
김종석 김경환 역, 『맨큐의 경제학』, 교보문고 , 2008.
대통령 자문 정책기획위원회, 『국방개혁 2020』, 2008.
마빈 해리스 저 서진영 번역, 『음식 문화의 수수께기』, 한길사, 1992.
박경철 지음, 『시골 의사의 부자경제학』, 리더스북, 2006.
박우희, 『경제학의 기본원리 』, 서울대학교 출판부, 2005.
박원기·이상돈, 『방송광고시장 예측에 관한 연구』, 한국방송광고공사, 2009.
박주현, 『게임이론의 이해 제 2판』, 해남, 2001.
박찬희·한순구, 『게임의 법칙』, 경문사, 2007.
안서원, 『노벨경제학상을 수상한 심리학자들 사이먼 & 카너먼』, 김영사, 2006.
왕규호·조인구, 『게임이론』, 박영사, 2004.
유동운, 『신제도주의 경제학』, 선학사, 1999.
이어령, 『축소지향의 일본인』, 기린원, 1989.
이준구, 『미시 경제학』, 법문사. 2008.
이규억·이성순, 『기업과 시장』, 지민사, 2005.
임 경, 『소설처럼 재미있는 금융이야기』, 평단, 2007.
임상일, 『실감나는 스포츠@살아있는 경제학』, 두남출판사, 2001.
임상일, 『너 경제 아니』, 보보스, 2003.
임상일, 『통계는 성공의 나침반이다』, 2005.
존 케네디 갈브레이스 지음, 이해준 옮김, 『경제의 진실』, 한국방송통신대학 출판부, 2007.

중국CCTV다큐멘터리, 『대국굴기 강대국의 조건, 미국』, 아그라픽스, 2007.
전진문, 『경주 최부자집 300년 부의 비결』, 황금가지, 2004.
정기웅, 『경영경제학』, 한올출판사, 2004.
산림청 국립산림과학원 '산림의 공익적 가치 연구 결과', 2007.
신석훈, "기업의 본질과 경쟁 - 경쟁개념의 법 경제학 접근" 규제연구 제 15권 제 2호 2006년.
스티글리츠, 『스티그리츠의 경제학』, 제2판, 한울아카데미, 2002.
제임스 맥그리거 번스 지음 조중빈 옮김, 『역사를 바꾼 리더십』, 지식의 날개, 2006.
배리 슈워츠 지음· 형선호 옮김, 『선택의 파라독스』, 웅진닷컴, 2004.
콜·박영철, 『한국의 금융발전: 1945~80』, 한국개발연구원, 1984.
하타노 미키 신현호 역, 『좋은 꾸지람 나쁜 꾸지람』, 노벨과 개미, 2006.
한국은행, 『2000년 산업연관분석해설』, 2003.
한국자동차공업협회, 『자동찬산업 50년사』, 2005.
홍훈, 『경제학의 역사』, 박영사, 2007.

Coase, 1960. "The Problem of Social Cost," *Journal of Law and Economics,* 1960,
Edward P. Lazear, "Performance Pay and Productivity," *American Economic Review*, December 2000,
Ghee Soon Lim& Richard L. Daft, *The Leadership Experience In Asia*, Thomson, 2004,
Jonathan Gruber, *Public Finance and Public Policy,* Worth, 2005.
J. McMillan, J. Whalley, and L. Zhu, "The Impact of China's Economic Reform on Agricultural Productivity Growth," *Journal Political Economy*, 97,4,1989,
Michael R. Baye, *Managerial Economics and Business Strategy*, 7th ed. McGraw Hill, 2009.
Robert H. Frank, *Microeconomis and Behavior,* 8th ed. McGraw Hill, 2009.

찾아보기

ㅌ

ㅍ

ㅎ

▌저자 약력▌

■ **임상일(任相一)**

학력

고려대학교 경제학과 경제학 박사
일본 구마모도 학원대학 교환교수
University of Illinois at Urbana Champaign 방문교수
한국방송통신대학교 법학과 졸업
충남대학교 특허법무대학원 법학 석사

저서

경제학으로 엿본 스포츠 현장이야기, 도서출판 두남, 2000
실감나는 스포츠 @ 살아있는 경제학, 도서출판 두남, 2001
너 경제 아니, 보보스, 2003
통계학은 성공의 나침반이다, 한솔아카데미, 2005

스킨십 경제학

초 판 1쇄 인쇄 — 2010년 8월 15일
초 판 1쇄 발행 — 2010년 8월 20일
지은이 — 임 상 일
펴낸이 — 전 두 표
펴낸데 — 도서출판 **두남**
서울시 강동구 성내 1동 455-12 두남빌딩
신고 : 제25100-1988-9호
(구 제2-624호, 1988. 7. 21)
TEL : (02) 478-2065~7, 478-2311
FAX : (02) 478-2068
E-mail : dunam1@unitel.co.kr
http://www.dunam.co.kr

정가 15,000원

ISBN 978-89-6414-073-4 13320